구독경제

订阅经济

ISBN 9787121361869

This is an authorized translation from the SIMPLIFIED CHINESE language edition
entitled ≪订阅经济≫published by PUBLISHING HOUSE OF ELECTRONICS
INDUSTRY Co., Ltd, through Beijing United Glory Culture & Media Co., Ltd.,
arrangement with EntersKorea Co.,Ltd.

일러두기

『구독경제』 중국 원서에 나온 해외 도서의 제목은 본문에서 한국 국내에 출간된
도서 제목으로 넣고 그 옆에 해외 원서의 원제를 넣었습니다.
참고문헌에서는 중국에서 출간된 제목으로 넣고 밑에 한국어로 번역을 넣었습니다.

artificial intelligence

car lental

delivery service

subscribe & like

구독경제

마오웨이 지음 · 이지은 옮김

cloud computing

global network

individual preference

youtube creator

Subscription Economy

보^{BOAZ}아스

저자의 말

넷플릭스에서 최신 인기드라마를 밤새 시청하거나, 멜론에서 최신곡을 감상한다. 교보문고의 샘(Sam)이나 예스24의 크레마(crema)로 전자책을 읽는다. 클로젯셰어에서 마음에 드는 옷을 빌려 입는다. 세일즈포스(Salesforce)에서 판매 보고양식을 찾아보거나 통신운영업체에 매달 휴대폰 비용을 납부한다.

만약 이런 경험들이 있다면 당신은 이미 구독경제의 일부분이라 할 수 있습니다. 이러한 상황 뒤에 숨겨진 비즈니스 모델이 바로 이제부터 이 책에서 심도 있게 다룰 주제입니다.

세계가 구독경제 시대를 맞이함에 따라 점점 더 많은 기업과 소비자가 구독경제의 조류에 참여하고 있습니다. 2018년 맥킨지(McKinsey)는 구독경제가 점점 더 많은 사람의 일상생활의 한 부분이 되어가고 있다고 지적했습니다. 쇼핑을 즐기는 동시에, 일회성 구매가 아니라 구독을 통해 자신만의 개인화 소비 니즈를 충족하려는 젊은 소비층이 점차 늘어나고 있습니다. 기업들 역시 마찬가지입니다. 지난 수년 동안 구독경제에 대해 회의적인 시선을 보내며 상황을 지켜보던 많은 기업의 의사결정자와 경영진도 편견을 버리고 클라우드 서비스를 이용해 날로 복잡화, 개인화, 다양화하는 고객의 니즈에 대응하고 있습니다.

　대부분의 사람에게 구독은 오래되고 익숙한 것이지만, 한편으로는 생소한 비즈니스 모델이기도 합니다. 수백 년 동안 존재했지만 지금처럼 인터넷, 클라우드 컴퓨팅, 빅데이터, 인공지능 등 신기술과 긴밀히 결합해 많은 소비자와 기업에 커다란 영향을 준 적은 없었습니다. 구독경제는 전통적인 구독 모델의 한계를 극복하고, 새로운 활력과 생기를 불어넣으며 다양한 업계에서 변혁을 일으키고 있습니다.

　오늘날 구독경제는 기업의 의사결정자, 고위 임원, 경영진 및 투자자가 반드시 직시하고 이해해야 하는 비즈니스 모델이 되었습니다. 오랫동안 구독 분야에 몸담고 있는 실무자 겸 운영자로서 이 책을 통해 구독 모델의 본질과 운영 법칙을 설명해 보고자 합니다. 또한 유명 구독제 기업의 모범 사례를 분석해 이들 기업이 구독 비즈니스를 성공적으로 운영할 수 있었던 노하우를 밝히고자 합니다. 창업자 또는 전환을 계획 중인 기업의 의사결정자 또는 고위 임원, 혹은 구독제 기업에 투자를 고려 중인 투자자라면 이 책을 참고하고 인사이트를 얻을 수 있을 거라고 생각합니다.

　책을 집필하는 과정에서 줄곧 구독제 기업을 창업하고 운영하는 실무자의 입장에 서서 다음 몇 가지 중요한 문제들의 답을 찾는 데 주력했습니다.

　구독이라는 오래된 비즈니스 모델이 디지털 시대에 다시 제2의 전성기를 누리게 된 원인은 무엇일까?

　구독 모델의 운영 구조는 어떤 모습인가? 주요 구성 요소 및 각 요소 사이에는 어떤 관계를 갖고 있는가? 구독제 기업은 어떠한 사고방식을 가져야 하는가? 구독 모델은 기업과 고객에게 각각 어떤 가치가 있는가? 구독은 전통 비즈니스의 모델을 어떻게 바꿀 것인가?

구독이라는 비즈니스를 구축하고 운영하는 과정에서 그것을 어떻게 평가할 것인가? 또 그 기준과 방법은 무엇인가?

디지털 시대에 중요한 세분화 구독 모델로는 무엇이 있는가? 각 세분화 구독 모델의 본질과 운영 법칙은 무엇인가? 그들의 현황과 발전 추이는 어떠한가?

창업자라면 어떤 구독 비즈니스 전략을 세워야 하는가?

전환을 고민한다면 목표 달성을 위해 어떠한 전략을 선택할 것인가? 혁신을 어떻게 이끌 것인가? 전환의 길에 놓인 장애물을 뛰어넘고 성공을 거두려면 어떤 전략을 취해야 하는가?

어떤 특성을 가진 업계가 구독으로 인한 타격을 쉽게 받을 것인가? 어떤 업계가 구독에 의해 변화를 겪고, 또 어떻게 변화할 것인가?

사실 저 역시 맨땅에 헤딩하듯 기업형 클라우드 서비스 회사를 창업하고 운영했는데, 점진적으로 규범화와 규모화를 추진하는 과정에서 위에 나열한 문제를 풀기란 결코 쉽지 않았습니다. 서로 다른 업종과 분야의 열 가지 구독 모델을 완벽하게 분석하는 것은 결코 쉬운 일이 아니지만, 또 한편으로 이러한 문제들에 대한 해답을 찾을 수 있다면 구독 비즈니스에 대한 이해와 발전에 도움이 될 것이라 생각했습니다.

문제들에 대한 해답을 찾기 위해 수많은 자료 속에서 가치 있는 정보를 모으고 가공하는 과정을 거치며 많은 선구자를 발견할 수 있었습니다. 20세기 초의 서양 학자들, 20세기 말 언론계의 거물들, 지금도 기업계와 창업 투자계에서 활약 중인 기업가와 투자자들이 모두 이러한 문제들의 해답을 찾기 위해 노력했음을 알 수 있었습니다. 그들은 한 가지 또는 몇 가지 문제에 대한 해답을 구하는 데 좀 더 치중한다는 점이 다를 뿐입니다. 학술 연구, 구독 비즈니스의 창업 및 운영, 또는 기업의 전환 등 어떤 목적이 됐든, 또 성공을 했든 실패를 했든 모두 소중한 경험과 교훈을 남겼습니다. 그들의 발자취는 후대의 지속적인 창조를 위한 소중한 자산과 행동 지침이 될 것입니다.

기존 인물들의 발자취를 찾는 동시에, 남다른 견해와 의지를 갖춘 구독제 기업의 창업자와 고위 임원들을 탐방했습니다. 그들은 각 분야의 선두주자이자 제 소중한 친구들로 이 책을 집필하는 과정에서 자신들이 실제로 맞닥뜨린 문제와 해결 방안을 제공해준 동시에 구독 모델에 대한 심도 있는 생각과 건설적인 의견을 제시해주었습니다.

이 책의 특징은 보편성, 스토리텔링, 객관성, 디지털화라는 네 가지의 키워드로 정리할 수 있습니다.

보편성: 구독경제는 하나의 비즈니스 모델로서 다양한 업종과 분야에 광범위하게 존재합니다. 여기에는 개인 소비자 시장과 기업형 시장이 포함됩니다. 이 책에서는 특정 업종과 업무에 국한하지 않고 보편적으로 적용될 수 있는 구독 구조, 즉 구독 순환을 확립했습니다. 구독 순환 구조의 보편성을 현대 구독 모델에 적용해 구독 비즈니스 시스템의 핵심 요소와 상호관계를 설명했습니다.

스토리텔링: 일반적으로 이론과 실행은 거리가 있는데 구독경제 역시 마찬가지입니다. 이 책에서는 15가지 사례를 소개하고 있습니다. 이 사례들 모두 세분화 시장의 선두기업이자 모범 사례입니다. 예를 들면 동영상 스트리밍 서비스로 글로벌 미디어 산업 구조를 바꿔놓은 넷플릭스(Netflix), SaaS(서비스형 소프트웨어, Software as a Service) 서비스를 통해 소프트웨어 산업을 변화시킨 기업형 클라우드 서비스업계의 강자 세일즈포스(Salesforce), 데이터와 알고리즘을 이용해 패션 소매 산업에 센세이션을 불러일으킨 스티치 픽스(Stitch Fix) 등입니다. 이러한 기업들의 성공스토리는 많은 사람에게 인사이트를 주고 자극제가 되고 있습니다.

객관성: 이 책을 쓴 목적은 구독 모델의 본질과 운영 법칙을 알리기 위함일 뿐 구독 모델을 추켜세우고 다른 모델들을 폄하하려는 의도가 없음을 밝힙니다. 어떤 경제 모델도 좋은 일면과 나쁜 일면을 함께 갖고 있으며, 각 모델은 저마다의 생존 및 발전 기반을 갖고 있습니다. 구독 모델도 마찬가지입니다. 그래서 구독 비즈니스의 법칙을 설명하거나 구체적인 사례를 이야기할 때도, 심지어 책에 사용된 표현 등에서도 최대한 객관성을 유지하려 노력했습니다. 근거 없이 칭찬을 늘어놓거나 과장하기보다는 데이터, 도표 등 객관적인 표현 방식을 최대한 활용했습니다.

디지털화: 구독경제는 이미 사람들의 일상생활과 일의 전반에 파고들었습니다. 세분화 구독 모델이 얼마나 존재하는지 확실히 알 수는 없지만, 이 책에 소개된 10가지의 구독 모델보다 실제로 더 많은 종류

의 모델이 존재한다는 점만은 분명하게 말할 수 있습니다. 이 책에서는 디지털화 시대의 대표적인 10가지 구독 모델을 소개하고 있으며, 책에 소개된 15가지의 사례 역시 디지털화를 기반으로 하는 구독 모델입니다. 전통적인 오프라인 구독 모델은 포함하지 않았습니다. 그러나 구독 순환의 보편성에는 전혀 영향을 미치지 않습니다.

구독경제 시대가 도래함에 따라 사람들은 소유가 아닌 구독에 더 많은 관심을 두기 시작했습니다. 맞춤형을 특징으로 하는 개인화 소비는 더 이상 일부 계층의 특권이 아니라 대중의 소비 패턴이 되었습니다. 구독 모델은 기업과 상품이 주도하던 시대에서 고객 중심의 시대로 전환하고, C2B(소비자와 기업 간 인터넷 비즈니스) 스마트 비즈니스의 탄생과 발전을 이끌었습니다.

고객이 구독을 취소하거나 또는 갱신하지 않는다면, 고객의 충성도와 고객생애가치를 높일 수 없고, 기업은 고객 이탈의 손실을 벗어나지 못하고 쇠락의 길을 걷게 될 것입니다. 반면, 건전한 구독 순환 시스템을 구축하고 지속적으로 사용자의 경험을 업그레이드하며 고객생애가치를 높인다면 안정적이고 예측 가능한 순환매출을 확보할 수 있습니다. 이를 토대로 기업은 선순환을 통해 지속적인 발전을 이루어 성공의 길로 들어설 수 있습니다.

그렇다면 우리는 어떤 선택을 해야 할까요? 이 책이 그 해답을 찾는 데 조금이나마 도움을 줄 수 있을 거라 생각합니다.

– 저자 마오웨이

프롤로그

'Subscribe'는 라틴어 'Subscribere'에서 기원한다. '~의 아래'라는 뜻을 가진 'sub-', '쓰다'라는 뜻을 가진 '-scrib'이 합쳐지면서 '계약 아래 서명'이라는 의미가 되었다. 그리고 여기에서 '구독, 주문, 구매 신청, 서명, 원조' 등의 의미로 파생했다.

옥스퍼드 대사전에서는 'Subscribe'를 '특정 물건을 받거나 사용하기 위해 일정 금액을 정기적으로 지불하는 것'이라고 설명하고 있다. 예를 들면 데이비드가 특정 스포츠 채널을 구독했다는 것은 특정 스포츠 채널의 프로그램을 시청하려고 일정 금액을 정기적으로 지불했음을 가리킨다.

여기에서 파생된 단어 'Subscriber'는 '(간행물의) 구독자, 주문자, 정기 구독자' 또는 '정기 기부자' 또는 '소비자, 사용자'를 의미한다.

그런 점에서 '구독'이라는 단어는 그 자체로 일종의 비즈니스 행위 또는 모델을 대표한다. 구독은 계약을 토대로 이루어지는 상업적 행위로, 사용자와 사물 사이의 정기 지불을 허용하고 사용하는 관계를 확정하는 것이다.

구독의 역사적 유래

최초의 구독은 17~18세기 영국에서 시작되었다. 당시 구독 출판물이 등장하면서 구독은 영문 도서 무역을 통해 점차 보급되기 시작했다.

당시의 구독자는 작가에게 다양한 금액의 비용을 선지급하여 작가의 도서 출판을 지원했다. 구독자는 이에 대한 보답으로 자신의 이름이 적힌 책을 한 권 받을 수 있었다. 지금의 관점으로 보자면, 당시의 구독은 협찬에 가깝다고 할 수 있다. 사실상 구독이라는 단어에는 '기부, 협찬'의 함의가 들어 있다.

존 민슈(John Minsheu)는 영국 런던의 언어학자이자 사전 편찬자였다. 1599년 영어 사용자를 위한 스페인어 사전과 문법서 두 권을 출판하려 했지만 어떤 협찬도 받지 못한 데다 호응도 얻지 못했다. 언어학에 대한 학술적 열정을 갖고 있던 민슈는 출판을 통해 학술 연구에 매진할 수 있도록 케임브리지 대학교와 옥스퍼드 대학교에 후원을 요청했다.

1611년 민슈는 내용을 설명한 《Glosson-Etymologicon》을 인쇄해서 곧 출판될 다국어 사전을 위한 정기 구독자를 모집했다. 그는 최종적으로 417명의 구독자를 확보했는데, 17세기 초 잉글랜드에서 이는 꽤 괜찮은 성적이었다. 그의 구독 명단에는 국왕, 왕비, 왕자 등 왕실 사람들을 포함해 주교, 훈작, 백작, 공작 등의 귀족, 의회 구성원, 궁정대신, 목사, 대학 연구원 및 학생들 그리고 자칭 '런던의 시민'이라는 상인 등이 들어 있었다.

1617년 여섯 명의 대출자(Sir John Law-rence, Sir Henry Spelman, Henry Briggs, Paul Peart, Richard Booth, Dr.Aileworth of Great Milton)의 재정 지원을 통해 민슈는 11가지 언어로 사전《Ductor in Linguas, The Guide to Tongues》를 출판할 수 있었다. 민슈는 이들 여섯 명의 이름을 구독자 명단에 넣고 '가장 위대한 종결자'라고 이름 붙였다. 또한 자신의 작품을 보유한 모든 구독자의 이름을 인쇄했고, 새로운 구매자가 나타날 때마다 새로운 이름을 계속해서 추가했다.

이 사전은 서양에서 공인한 역사상 최초의 구독 출판 서적이자, 모든 구독자의 이름을 기입한 최초의 서적이다. 이와 함께 민슈는 서적의 내용을 미리 소개하는 방식을 통해 정기 구독자를 모집하는 선례를 남겼다. 그는 사료에 기재된 완전한 구독 프로세스를 준수한 최초의 인물로, 정기 구독자로부터 자금을 받은 뒤에 그들에게 서적을 돌려주는 프로세스를 구축했다.

1931년 시카고대학교 출판사가 출간한 잡지《현대 언어학》에서 사라 클랩(Sarah LC Clapp)은 '17세기 구독 출판의 흥기'라는 글을 발표하며 민슈의 책을 다음과 같이 평가했다.

"어떤 의미에서 민슈의《Ductor in Linguas(언어에 대한 안내서)》는 협찬과 구독 시스템의 요소를 분명하게 담고 있다. 그는 황실과 귀족의 이름을 내세워 자신의 사업에 든든한 기반을 마련했으며, 식견 높은 평론가들로부터 호평을 이끌어냈다. 또 한편으로 그는 다수의 지지자를 확보하고 있었는데 그중 상당수가 사회적, 경제적 지위가 명단에 오른 사람들보다 낮았다…… 민슈는 더 많은 독자를 확보할 수 있는 방법을 찾은 것이다."

민슈의 다국어 사전은 구독 출판의 기원이 되었지만, 본격적인 대중화는 1670~1680년대에 이르러서야 이루어졌다. 도서 무역을 통해 유행하면서 대중에게 받아들여지기 시작한 것이다.

서적 외에도 17세기의 런던에서는 구독 극장이 등장했다. 배우이자 극장 매니저였던 배터턴(Betterton)은 구독을 통해 도싯 가든 시어터(Dorset Garden Theater)를 세웠다. 5000파운드를 들여 설계하고 건설한 이 극장은 1671년에 개장되었는데 런던 최고의 극장으로 떠올랐다. 구독자는 사실상 주주들이었는데, 그들은 극장의 개장일 개막사에서 관심사는 극장의 수익이라고 말했다. 오늘날의 관점에서 봤을 때 이는 전형적인 크라우드 펀딩이다. 17세기 말, 잉글랜드의 학자들은 구독 수업을 제공하기 시작했다. 그들은 구독 출판의 모델을 참고해 자신의 축적된 지식을 구독자들에게 공유했다. 1693년 몇몇 학자는 광고를 통해 자신들이 개설한 구독 지리 수업을 홍보했는데 그 내용은 이러하다. "단기간에 지리를 배우고 싶은 사람은 다음 중 어느 한 지역을 여행하고 싶다면(여덟 곳의 지명 나열) 관련된 제안을 받을 수 있습니다."

18세기에 이르러 잉글랜드에서 구독 수업이 빠르게 늘어나기 시작했는데 그중에서도 수학과 화학 수업이 큰 인기를 끌었다. 1707년, 잉글랜드에서 시작된 구독 수업은 스코틀랜드로 확산되었다.

17, 18세기의 구독은 가격이나 결제 방식이 제각각이었다. 구독자가 돌려받은 '결과물' 또한 천차만별이었다. 이런 이유로 초기의 유료

정기 구독자는 모험가, 후원자, 기부자 또는 구독자라고 불린다.

훗날 구독은 정기 간행물과 신문, 잡지 등 분야의 주류 모델이 되어 언론 및 정보 서비스 산업의 눈부신 발전을 이끌었다.

디지털 시대에 제2의 전성기를 누리게 된 구독

4~5세기 동안의 발전을 거친 뒤 구독은 사라지지 않고 오히려 디지털 시대에 이르러 제2의 전성기를 누리며 새로운 가능성을 보여주고 있다. 우리는 시대적 변화의 이면에 깔린 시대적 흐름을 발견할 수 있다.

소비자는 상품을 '소유'하는 것보다 '구독'하는 추세에 있다. 현대는 물질이 풍족한 시대로 상품의 공급-수요 관계가 과거와 비교해 크게 변화했다. 상품이 풍부해질수록 대부분의 시장에서 공급은 수요를 훨씬 넘어선다. 이런 상황에서 구독을 통해 상품의 사용권을 획득할 수 있게 되면서 상품의 소유권에 대한 소비자의 태도에 변화가 일어났다. 즉, 그들은 더 이상 '소유'하기보다 '구독'하는 쪽으로 점점 선회하고 있다. 이러한 변화는 구독경제에 성장의 발판이 되었다.

기업은 생존을 위해 외부 환경에 민첩하게 적응해야 한다. 모든 것이 빠르게 변화하는 오늘날 전통산업이든 신흥산업이든 기업들은 도전에 직면해 있다. 빠르게 변화하는 비즈니스 환경에 놓여 있는 동시에, 날마다 바뀌는 기술 변혁에 적응해야 한다. 일회성 구매에 비해 구독은 기업이 보다 빨리, 보다 저렴한 비용으로, 보다 탄력적으로 빠르게 변하는 외부 환경에 적응할 수 있도록 돕는다. 이것은 구독경제에 발전의 동력을 제공하고 있다.

개인화 소비가 일으킨 체험경제, 공급망의 변혁을 이끌다

미래학자 엘빈 토플러(Alvin Toffler)는 21세기를 소비문화의 세기라고
정의했다. 1980년 이후 태어난 이른바 MZ세대가 소비문화의 중심으
로 등장함에 따라 자아의식의 각성은 개인화 소비라는 새로운 물결을
일으켰고, 사용자 경험을 가장 우선시하는 소비 형태로 이어졌다.

　개인화 소비의 주요 특징은 크게 세 가지다. 첫째, 사용자 경험은
상품 기능과 똑같이 중요한 요소다. 상품의 기능만을 따지던 소비 방
식에서 점차 사용성, 환경 보호, 건강성, 사용자 친화적 등 사용자 경
험을 중시하는 경향으로 바뀌었다. 둘째, 사용자의 심리에 대한 상품
의 투사 효과가 더욱 뚜렷해지고, 상품의 유행·문화 속성과 실용성
이 똑같이 중요하다. 사용자에게 상품은 기능성과 실용성에 대한 니
즈를 만족시켜 주는 매개체다. 뿐만 아니라 특정한 심리를 반영한 결
과물로서의 역할이 더욱 강조되면서 상품이 대표하는 유행 및 문화적
품질이 더욱 중시되고 있다. 셋째, 쇼핑 또는 서비스 경험은 소비의 중
요한 일환이 되었다. 사용자가 점차 쇼핑 또는 서비스 경험을 중시함
에 따라 쾌적한 쇼핑 환경, 섬세한 서비스 태도, 편리한 전자상거래 지
불 방식, 신속한 물류 배송 등이 중요해지고 있다.

　사용자의 개인화 소비 추세는 업스트림(제품 설계, 원재료 및 부품을 공
급하는 단계) 공급망에 기존보다 더 까다로운 요구조건을 제시하고 있

다. 기존의 규격화된 대규모 생산 방식과 '대량 상품+빠른 배송'으로 대변되는 전자상거래 모델은 더 이상 이러한 개인화 소비 추세에 완벽하게 적응할 수 없다. 디지털 시대에 구독은 사용자 빅데이터와 개인화 추천 서비스 등 디지털 기술을 기반으로 사용자의 개인화 소비 수요를 만족시킬 수 있어 '사람이 상품을 찾아가던 시대'에서 '상품이 사람을 찾아가는 시대'로의 전환을 이끌었다. 개인화 소비는 민첩한 공급망의 혁신을 이끌어 구독경제가 디지털 시대에 제2의 전성기를 맞이하는 데 탄탄한 공급망을 제공했다.

디지털 기술과 인프라 서비스의 보급, 기술적 밑바탕을 제공하다

클라우드 컴퓨팅 기술의 점진적 발전, 아마존의 아마존웹서비스(AWS), MS의 애저(Azure), 알리바바 클라우드 등으로 대표되는 클라우드 컴퓨팅 서비스의 대규모 보급은 구독의 온라인화에 없어서는 안 되는 연산 능력을 뒷받침한다. 모바일 인터넷, 빅데이터 기술의 빠른 발전과 보급은 사용자 데이터의 대규모 수집 및 분석을 위한 데이터와 기술적 기반을 제공했다. 개인화 추천 알고리즘과 기술의 점진적 발전, 대규모 상용화는 개성을 추구하는 사용자의 니즈를 만족시키는 데 기술적 토대가 되었다. 창고 물류 기술과 인프라 서비스의 점진적 발전은 상품의 빠른 배송을 가능하게 했고, 모바일 결제와 신용 결제 기술의 발전과 보급은 사용자의 결제 편이성을 크게 끌어올렸다. 그 밖에도 인공지능, 민첩한 공급망 등의 기술 발전과 보급화 역시 구독경제의 발전에 탄탄한 기술력을 제공했다.

　그런 점에서 디지털 시대에 구독이 제2의 전성기를 맞이한 데는 기술 및 인프라 서비스의 발전과 보급이 불가분의 관계에 있다. 일정 수준의 기술과 인프라 서비스가 이루어져야만 진정한 구독경제가 탄생할 수 있기 때문이다.

구독경제 차례

제2부
10가지 디지털 구독 모델

제3부
구독으로의 변혁과 전환

artificial intelligence

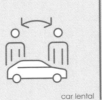

car lental

delivery service

subscribe & like

제1부
구독 비즈니스 이해하기

cloud computing

global network

individual preference

youtube creator

Subscription Economy

구독의 구조

모든 비즈니스 모델은 하나의 시스템으로 그것의 기본 논리와 핵심 요소, 각 요소 간의 상호 관계를 명확히 밝혀야 한다. 구독은 비즈니스 모델이자 시스템으로서 어떠한 기본 논리와 핵심 요소, 요소 간의 상호 관계를 갖고 있는가?

이번 장에서는 구독 모델의 기본 논리인 복리(複利)식 사고방식과 구독 모델의 구조 및 운영 규칙을 소개하고자 한다.

구독경제 시대에 소비자를 상대하거나 기업을 상대하는 영역에서 기업은 자신만의 구독 순환 시스템을 구축하고, 복리 효과를 통한 장기적인 성장을 실현해야 한다. 그렇다면 기업에 적합한 구독 순환을 어떻게 정의하고 또 구축할 것인가? 장기적 성장을 위한 구체적인 방법으로는 무엇이 있는가?

이것이 이 책에서 알아보고자 하는 문제이자, 이번 장의 핵심이다.

일회성 구매 위주의 거래 모델과 비교해 구독이 가져온 변화는 결제 방식에만 그치지 않는다. 기업의 비즈니스 시스템 전체에 변화를 가져왔다. 구독제 기업은 상품의 형태부터 고객과의 관계, 마케팅 모델부터 서비스 모델, 그리고 비즈니스 모델에서 재무 모델, 조직 구조에서 기업 문화에 이르기까지, 심지어 인재 능력 및 사고방식 등에 이르기까지 전통적인 거래 모델의 기업과 큰 차이를 보인다. 이는 구독 모델의 매력이자, 동시에 도전이기도 하다.

구독이 이처럼 우리에게 커다란 변화를 가져왔다면 우리가 구독경제를 받아들여야 하는 이유는 무엇일까? 또 구독 모델의 핵심 가치는 무엇인가? 이 역시 이번 장에서 알아볼 중요한 문제다.

복리식 사고방식의 힘

2006년 워런 버핏(Warren Buffett)은 《워런 버핏의 주주 서한(The essays of Warren Buffett)》에서 1900년 1월 1일부터 1999년 12월 31일까지 다우 지수가 65.73포인트에서 11497.12포인트로 176배 성장했다고 언급하며 대단한 수치라고 말했다.

그렇다면 다우 지수의 연평균 성장률은 얼마인가? 5.3%다. 이 숫자는 평년, 심지어 불경기 때 적용해도 그리 대단한 수치라고는 할 수 없다. 하지만 100년 동안 꾸준히 이 성장률을 유지할 수 있다면 그 결과는 놀라지 않을 수 없다. 왜냐하면 복리의 힘이 작용하기 때문이다.

그렇다면 복리(Compound interest)란 무엇인가? 복리는 금융학 용어인데, 쉽게 말해 일정 기간의 원금과 그 원금에 대한 이자까지 곱해서 이자를 계산하는 방식을 가리킨다. 즉, 이전 회차의 원금과 이자 총액이 다음 회차의 원금이 된다는 특징을 지닌다.

예를 들어 샤오밍은 2018년에 10,000위안(元)을 투자했다. 연이자율 또는 투자수익률이 5.3%라고 할 때, 투자주기가 10년이라면 복리로 계산했을 때 10년 후 샤오밍이 받게 되는 원금과 이자의 총액(복리종가)은 $10,000 \times (1 + 5.3\%)^{10} = 16,760.35$위안이 된다.

그렇다면 복리식 사고는 무엇을 가리키는가? 위에서 설명한 복리의 개념에 따르면 복리의 본질은 원금과 이자에 다시 이자가 붙는 식으로 이자를 늘리는 데 있다. 이러한 특징을 토대로 사고 모델을 확장하는 것을 복리식 사고방식이라고 한다. 복리식 사고방식의 핵심 논리는 강화 회로(Enhanced Loop)다. 즉, 복리식 사고방식의 틀 안에서 사물 간의 관계는 모두 긍정적인 피드백(Positive Feedback) 관계다. 한쪽의 힘이 커지면 다른 쪽의 힘도 커지고, 반대의 경우 역시 똑같은 원리로 작동된다. 간단하게 말해서 일 A를 행함으로써 결과 B가 생겨나고, 결과 B가 반대로 일 A를 강화할 수 있다.

복리를 이자를 계산하는 방식에서 사고 모델로 확장해 보면 복리식 사고방식은 다양한 영역에서 활용될 수 있다. 예를 들면 은퇴 후에도 건강을 유지하려면 젊었을 때 매일 꾸준히 운동하는 습관을 길러야 한다. 한 분야의 전문가가 되기 위해서는 해당 영역에서 지속적으로 연구하고 실천해야 한다. 인맥을 쌓고 키우려면 자신부터 가치 있는 존재로 변하고, 다른 사람이 스스로의 가치를 높일 수 있게 꾸준히 도와줘야 다른 사람도 당신에게 더 많은 인맥을 소개해 줄 것이다.

"작은 것을 쌓을 줄 아는 사람이 빨리 이룬다(能積微者速成)"는 순자(荀子)의 말씀처럼, 장기적으로 쌓아야 '속성'의 효과를 거둘 수 있다. 선현들은 2000여 년 전에 이미 복리식 사고방식의 힘을 꿰뚫어 본 것이다.

구독 모델의 비즈니스 논리

구독 모델(Subscription Businesss Model)은 기업과 구독자 사이의 약정으로, 향후 일정 기간 동안 기업이 제공하는 구독 서비스(Subscription Service)를 사용하는 것에 대해 구독자가 정기적으로 비용을 지불하기로 약속한 것을 가리킨다. 기업은 양질의 사용자 경험과 서비스를 제공함으로써 구독자의 장기 사용과 구독 확장을 유도할 수 있다. 구독자는 기업의 서비스를 지속적으로 확보하려면 정기적으로 비용을 지불해야 한다.

구독 모델과 대응되는 전통적인 일회성 구매 모델은 기업과 고객의 일회성 상품(서비스류의 상품 포함) 매매 관계를 가리킨다. 구독 모델의 근본적인 특징은 구독자로서의 고객이 일회성으로 상품을 구입하는 것이 아니라 기업과 서비스에 관한 약정을 체결하는 데 있다. 서비스는 시간 단위에 기반해 제공되기 때문에 고객의 결제 역시 일회성이 아닌 정기적인 결제 형식으로 이루어진다.

이러한 모델은 기업과 고객의 관계에 변화를 가져왔을 뿐만 아니라 기업 운영의 밑바탕이 되는 비즈니스 논리를 바꾸어놓았다. 즉 복리식 사고방식으로 바꾸어놓았다. 그렇다면 구독 모델과 복리식 사고방식은 어떤 관계가 있을까?

복리의 계산 공식은 $F = P(1+i)^n$이다. 그중에서 F는 복리종가, P는 복리현가 또는 원금을 가리킨다. i는 이율, n은 이자계산 회차를 뜻한다. 원금 P가 얼마라고 가정하면 복리종가의 크기는 이율 i와 이자계산 주기 n에 따라 결정된다.

이자계산 주기가 정해져 있을 때 이율이 높을수록 종가는 커진다. 이율이 정해져 있다면 이자계산 회차가 길수록 종가는 커진다. 그러므로 원금이 정해졌다는 전제하에서 이율과 이자계산 회차가 복리종가에 영향을 주는 양대 변수라면, 이자계산 회차는 복리종가를 결정하는 매우 중요한 변수다.

복리 공식과 그 배후의 원인과 결과의 작동 원리와 구독 모델하에서 기업의 매출이 증가하는 비결을 알아보았다. 구독제 기업은 일정 수준의 매출이 발생한 첫해를 기점으로 잡아 기존 사용자 유지와 신규 사용자 유입을 함께 추진하면 매년 일정한 매출 성장을 이룰 수 있다. 성장이 물론 중요하지만 가장 결정적인 작용을 하는 것은 기업이 경영을 지속하는 기간이다. 그 기간이 길수록 기업의 매출(복리종가)은 높아지고 기업의 가치 역시 증가한다.

이러한 의미에서 구독 모델의 기본 비즈니스 논리는 복리식 사고방식으로, 구독 모델 역시 복리식 사고방식의 강화 회로 논리와 완전히 부합한다. 기업이 고객에게 제공하는 서비스가 양질일수록 고객의 유지율과 전환율은 높아진다. 매년 새로운 고객이 다음 해에는 기존 고객이 되고, 기존 고객의 갱신 매출이 늘어나게 된다. 기존 고객으로 인한 매출의 증가는 기업이 고객에게 더 좋은 서비스를 제공하기 위한 자금을 투입할 수 있도록 한다. 이러한 순환은 구독 매출이 지속적으로 증가하는 원동력이 된다.

구독 서비스에 오랫동안 몸담고 있는 사람으로서 구독 비즈니스의 매출을 보다 효과적으로 늘리기 위해 그동안 복리 공식과 유사한 법칙을 찾아 구독의 매출 모델을 정확하게 정의하려고 노력해왔다. 오랜 시간에 걸친 시행착오와 반복적인 검증을 통해 나는 매출 모델을 찾겠다는 생각을 끝내 접었다. 일정한 모델을 구축한다면 실행으로 유도하는 데 도움이 되겠지만 세상은 그렇게 단순하지 않다는 데 문제가 있다. A를 입력하면 B가 나오는 공식으로는 복잡다단한 현실의 문제를 설명할 수 없다. 그럼에도 구독 모델 및 그 운영 법칙에 대한 독자 여러분의 이해를 돕기 위해 이어서 구독 비즈니스의 구조를 심도 있게 분석해 보고자 한다.

전통적인 비즈니스와 구별되는 구독 순환

구독 서비스에 대해 알아보기 전에 먼저 거래의 개념을 살펴보자.《역경(易經)》에 기록된 최초의 거래는 다음과 같다. "한낮에는 시장을 열어 천하 백성을 오게 하고 천하의 재물을 모아 교환하고 바꾸게 한 뒤에 돌아가게 하여 각각 그 필요한 바를 얻게 하였다."

또 검색사이트 사전에서는 "거래는 화폐 및 서비스를 매개로 양측 간에 이루어지는 가치의 교환"이라고 설명하고 있다.

위의 두 해석 모두 '가치 교환'을 강조한다는 점에서 이를 거래의 핵심 요소로 이해할 수 있다.

구독 역시 본질적으로는 가치의 교환에 해당하지만, 전통적인 거래 방식과는 큰 차이가 있다. 구독의 가치 교환은 일회성이 아닌 장기적이면서도 지속적인 순환이 가능하다. 구독 순환(Subscription Circle)은 기업과 구독자의 상호 약정을 매개로, 타임라인에 기반을 둔 구독 서비스(Subscription Service)와 순환매출(Recurring Revenue)의 가치가 교환·순환되는 것을 뜻한다. 이러한 논리를 바탕으로 그림 1-1과 같은 구독 순환 구조도를 통해 구독 비즈니스의 구조를 설명할 수 있다.

구독 순환은 구독 비즈니스의 구조를 간단명료하게 보여주는데, 여기에는 상반되는 두 가지 방향이 포함된다. 첫 번째 방향은 구독자에서 시작되는데, 구독자가 유료 구독 및 약정을 통해 기업이 구독 서비스를

그림 1-1 구독 순환 구조도

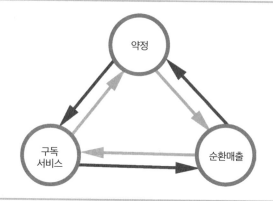

제공하도록 이끈다. 두 번째 방향은 기업에서 비롯되는데, 기업은 서비스와 약정을 통해 구독자의 유료 결제 사용 행위를 이끌어낸다.

　만약 구독자가 기업의 구독 서비스에 만족했다면 정기지불을 연장하거나 추가 구매함으로써 기업은 안정적이면서도 지속적인 순환매출을 만들어낼 수 있다. 순환매출은 기업이 장기적이고 지속적인 서비스 약정을 달성하도록 이끌며, 구독자에게 지속적으로 보다 양질의 다양한 구독 서비스를 제공하도록 한다. 기업의 지속적이면서도 다양한 양질의 구독 서비스는 구독자가 더 큰 순환매출을 일으키도록 이끈다. 이러한 순환이 반복되면서 만들어낸 나선형 상승효과는 구독 서비스, 약정과 순환매출의 구독 순환 구조를 형성한다. 이 세 요소는 서로 상승효과를 일으키면서도 동시에 상호 견제하는 역할을 한다.

　이제부터 구독 순환 구조의 몇 가지 중요 키워드에 대해 좀 더 자세히 알아보도록 하겠다.

약정: 구독 순환에서의 약정은 양방향의 특징이 있다. 한 방향은 구독자가 기업에 향후 일정 기간 동안 해당 서비스를 구매·사용하겠다고 약속하는 것이다. 다른 한 방향은 기업이 구독자에게 해당 기간 동안 그 서비스를 지속적으로 제공하겠다고 약속하는 것이다. 기업과 구독자는 일정 기간 동안 지속적인 서비스 제공, 서비스 구입·사용을 약속하고, 이를 계약이라는 방식을 통해 약정한다. 약정은 기업과 구독자가 서비스 관계를 구축하고 유지하는 기초가 된다. 일방적인 약정으로는 구독 관계를 구축할 수 없으며, 약정을 일방적으로 위반하는 행위는 양측 서비스 관계의 종결을 불러와 구독 순환이 중단되는 결과를 초래한다.

타임라인: 시간은 복리종가를 결정하는 중요한 변수이자, 구독제 기업의 장기적 매출 및 총가치를 결정하는 핵심 변수다. 전통적인 거래 모델에서 기업과 고객의 주요 관심사는 시점이었다. 고객은 기업의 인도 시점을, 기업은 고객의 지불 시점에 관심을 둔다. 이에 반해 구독제 기업의 경우, 기업이 구독자에게 구독 서비스를 제공하거나 구독자가 기업에 순환매출을 제공할 때 연도, 분기, 월간 또는 주간 같은 시계열(Time Series)을 토대로 계산한다. 독자 여러분의 이해를 돕기 위해 이를 '타임라인'이라고 정의하겠다. 타임라인은 구독 순환도에 존재하지는 않지만 구독 비즈니스 발전에 영향을 주는 중요한 요소 중 하나다.

구독 서비스: 구독자가 기업을 상대로 구독을 결제한 대상이 단일 상품 또는 서비스가 아닌 서비스 시리즈라는 점에서 일회성 구매 모델과 본질적으로 구별된다. 이 서비스 시리즈는 약정 기간 동안 기업이

구독자에게 지속적인 서비스를 제공해야 함을 의미한다. 예를 들면 1년간의 동영상 스트리밍 시청 서비스, 3개월간의 SaaS 서비스(서비스형 소프트웨어), 또는 한 달간의 패션 렌탈 서비스 등등이다. 그런 점에서 내가 정의하는 '구독 서비스'란 타임라인에 기반을 둔 서비스의 조합으로 단발성 서비스와는 구분된다. 구독 서비스의 중요한 특징은 지속성으로, 이 책에서 다루는 구독 서비스가 사실상 인터넷을 기반으로 한 '온라인 구독 서비스'라는 점을 감안하면 구독 서비스를 '7×24시간'의 전천후 논스톱 서비스로 이해할 수 있다. 그러므로 구독제 기업은 본질적으로 모두 서비스 업체다.

순환매출: 전통적인 거래 모델이 단발성 매출 방식이라면, 구독은 순환매출 방식에 속한다. 구독자는 정기적으로 구독료를 지불해야 구독 서비스에 대한 사용 권리를 유지할 수 있다. 일반적으로 구독제 기업은 월순환매출(Monthly Recurring Revenue, MRR)과 연순환매출(Annual Recurring Revenue, ARR)에 따라 순환매출 수준을 평가한다.

재무적 관점에서 봤을 때, 구독제 기업의 매출은 일회성으로 계산할 수 없고, 사용주기에 따라 분할 계산된다. 예를 들면 한 구독자가 텐센트 채널의 198위안짜리 연간 구독 서비스를 결제했다면 이것을 12개월로 나누어 텐센트의 매출로 계상되고, 매달 수익인식은 16.5위안이 된다. 이처럼 구독제 기업의 '순환매출'과 전통적인 거래 모델 기업의 '매출'이 서로 다른 개념이라는 것을 알 수 있다.

자본의 관점에서 보자면, 구독제 기업에 대한 투자 기관의 가치 평가 모델로는 현금흐름할인법(DCF)이라는 것이 있다. 한 기업의 현재 가치는 해당 기업의 미래에 발생하는 현금흐름의 현재 가치 총합과 동일하다고 여기는 것이다. 순환매출은 구독제 기업의 현금흐름(Cash Flow)의 주요 공급원이다. 그래서 구독제 기업의 경우 순환매출은 기업의 경영 건전성을 결정하는 주요 지표라 할 수 있다. 기업의 수익력과 기업 가치에서 순환매출이 차지하는 중요성은 단순히 재무적 의미의 매출의 가치를 훨씬 뛰어넘는다.

순환: 앞에서 설명한 강화 회로의 논리를 '순환'은 정확히 구현하고 있다. 고객 유지율과 전환율을 높여 순환매출을 확대하려면 기업은 양질의 서비스와 우수한 고객 경험 서비스를 제공함으로써 고객의 입소문 효과를 유도할 수 있다. 또 한편으로 기업은 서비스를 지속적으로 업그레이드하거나 업데이트함으로써 나날이 다양해지는 구독자의 니즈를 만족시킬 수 있다.

구독자는 사용자 경험의 업그레이드와 니즈의 만족이라는 수요가 있고, 기업은 순환매출의 지속적인 성장이라는 목표가 있어 구독자와 기업은 구독 서비스와 순환매출 사이에서 일종의 순환을 형성하게 된다. 뛰어난 서비스를 제공할수록 순환매출은 증가하고, 증가한 순환매출이 또다시 기업이 더 나은 서비스를 제공할 수 있도록 한다. 이는 단순한 반복이 아닌 나선형 상승효과, 계속해서 진화하는 선순환이다.

구독 서비스와 순환매출이 타임라인에서 순환·작동하려면 구독 서비스를 통해 순환매출을 이끌어내고, 여기서 생겨난 순환매출이 구독 서비스를 다시 견인해야 한다. 이를 통해 구독 서비스와 순환매출 모두 성장하고 발전한다.

상품 중심이 아닌 서비스 중심의
구독 사고방식

구독은 단순히 비즈니스 모델의 전환이 아니라 전통적인 일회성 구매 모델과 완전히 다른 사고방식을 의미한다. 사고방식이 근본적으로 전환되지 않으면 구독 사고방식을 형성할 수 없는 것은 물론, 궁극적으로는 구독 비즈니스를 구축하고 운영할 수 없다.

첫째, 고객은 단기적 매출과 이윤을 제공하는 공급원에 그치는 것이 아니라 나아가 기업의 장기적 매출 증대 및 총가치 상승을 이끄는 초석이자 원천으로서 구독제 기업의 가장 중요한 자산이다. 재무적 관점에서 자산은 기업이 상품을 생산하고 서비스를 제공하는 데 필요한 핵심 인프라를 가리킨다. 전통적 기업의 자산으로는 공장, 설비, 지적 재산권, 은행 예금, 외상매출금 등이 포함된다. 전통적 기업의 재무제표에서 고객은 매출과 이윤 부문에 기여한다는 점에서 손익계산서와 직접 관련된다.

구독제 기업에 있어 매년 유입되는 신규 고객이 그해의 매출과 이윤에 기여하는 것 이외에 더 중요한 것은 이들의 향후 재결제와 추가 구매다. 고객이 구독을 취소하지 않거나 만기 전에 구독 갱신을 한다면 해당 고객은 순환매출에 지속적으로 기여할 뿐만 아니라 나아가 기업의 장기적 매출을 높여주고 기업의 총가치를 올려주는 역할을 한다. 회계준칙의 통일성을 감안해 기업은 고객을 회사의 대차 대조표에 넣을 수 없지만, 실무적인 관점에서 볼 때 고객이야말로 구독제 기업에게 매우 중요한 자산이다. 구독자 수가 늘었다는 것은 곧 기업의 장기적 매출이 증가하고 기업 가치가 높아졌다는 의미다.

2018년 3월 중국 동영상 플랫폼 아이치이가 미국 나스닥에 상장하는 데 성공했다. 아이치이는 상장 후 주가가 계속해서 최고치를 기록했다. 아이치이의 투자 설명서에 제시된 데이터에 따르면 2015년, 2016년, 2017년 동안 아이치이의 순손실액은 각각 25억 7,500만 위안, 30억 7,400만 위안, 37억 3,600만 위안으로, 순손실율이 각각 -48%, -27%, -22%에 달했다.

아이치이가 연달아 손실을 보는 상황에서 월스트리트 투자자들의 인정을 받을 수 있었던 원인은 무엇일까? 그 주요 원인은 유료 구독 서비스를 사용하는 구독자의 수가 그 3년 동안 크게 늘어났기 때문이다. 2015~2017년 동안 유료 구독자 수는 각각 1,070만 명, 3,020만 명, 5,080만 명으로, 2017년의 수치가 2015년의 4배 이상에 달한다. 유료 구독자 수의 폭발적 증가로 유료 구독 매출이 아이치이의 수익 구조에서 차지하는 비중이 대폭 증가하면서 아이치이는 월스트리트 투자자들로부터 기업 가치를 인정받을 수 있었다.

이는 앞에서 말한 주장을 증명하기도 한다. 즉, 구독제 기업은 순환 매출의 중요성이 '수입'의 가치를 크게 뛰어넘는다는 것이다.

손익계산서가 아닌 대차 대조표라는 관점에서 고객을 대하고, 그들을 단기 매출과 이윤의 공급원이 아닌 장기적 자산으로 이해해야 한다. 그래야 기업 경영자가 고객의 장기적 가치에 보다 관심을 기울임으로써 고객에게 더 나은 서비스를 제공할 수 있게 된다.

둘째, 구독제 기업은 모두 서비스 기업에 속한다. 서비스 중심의 사고방식은 구독 비즈니스를 이끄는 사고방식으로, 상품과 거래 중심의 사고방식을 대체한다.

전통적 기업을 주도하는 사고방식은 상품이 중심이고, 그 비즈니스 모델은 상품의 가치 교환에 기반을 둔다. 예를 들어 텔레비전 생산업체가 매출을 늘리고 싶다면 그만큼 더 많은 상품을 팔면 된다. 이러한 논리에서는 기업은 영업력을 강화하는 것 외에도, 유명 스타가 등장하는 광고를 대대적으로 내보내거나 판매 루트를 적극 확대해야 한다. 기업이 다양한 유통 경로를 통해 텔레비전을 소비자에게 판매하면, 소비자와의 관계는 기본적으로 종료된다. 기업은 소비자가 누구인지 알지 못하기에 소비자가 좋아하는 텔레비전 프로그램이 무엇인지 등의 수요는 전혀 알 수 없다. 텔레비전 생산업체는 소비자에게 품질보증 서비스를 제공해야 하지만, 이러한 서비스는 텔레비전 상품에서 제공하는 부수적 서비스에 속하기 때문에 텔레비전 생산업체의 재무제표에서는 수입이나 이윤이 아닌 비용으로 구분된다. 그런 점에서 일회성 구매 모델이 주가 되는 전통적 기업은 상품을 중심으로 하는 거래 논리를 내세우게 된다.

만약 구독제 기업이 전통적 기업처럼 상품과 거래 위주의 사고방식을 따라간다면 커다란 위기를 맞이하게 될 것이다. 앞에서 이야기한 것처럼 구독자가 기업을 상대로 구독하는 것은 단일한 상품이나 서비스가 아닌 '일련의 서비스'다. 이에 따라 구독제 기업이 고객에게 제공하는 것 역시 '일련의 서비스'라는 점에서 구독제 기업은 모두 서비스 기업에 속한다고 할 수 있다.

그래서 구독제 기업을 주도하는 사고방식은 서비스 중심의 사고방식이 되어야 한다. 상품과 거래 중심의 사고방식에서 서비스 중심의 사고방식으로 전환되어야 지속적이면서도 건전한 구독 비즈니스를 구축하고 운영할 수 있다. 기업은 고객과 서비스 약정을 체결하고 첫 결제 이후에도 고객에게 지속적으로 양질의 서비스를 제공해야 한다. 이와 함께 끊임없이 변하고 업그레이드되는 고객의 니즈를 실시간으로 파악해야 한다. 여기에 맞춰 서비스를 업데이트하고 업그레이드함으로써 고객의 만족도를 계속해서 높여야 한다. 만약 이러한 행동이 뒷받침되지 못하면 고객이 지속적으로 대량 이탈하면서 기업에 커다란 손실을 가져다줄 수 있다.

그렇다면 구독제 기업은 상품에 관심을 갖지 않아도 되는가? 물론 그렇지 않다. 온라인 구독 서비스는 기본적으로 인터넷에서 제공된다는 점에서 대부분의 구독제 기업의 경우 상품은 곧 서비스를 의미한다. 예를 들어 텐센트 채널의 경우, 텐센트 채널의 사이트와 App이 동영상 스트리밍 서비스의 매체가 되고, 사이트와 App 상품은 서비스의 중요 구성 요소가 된다. 텐센트는 구독자에게 양질의 상품 사용 경험을 제공해야 하고, 그렇지 않을 경우 구독자는 재약정을 하지 않아 구독자 이탈을 초래하게 된다.

셋째, 운영 사고방식을 구축하고 효과적인 운영 시스템을 마련하며, 관련된 평가 지표에 지속적으로 관심을 기울이고 최적화함으로써 고객 유지율과 전환율을 지속적으로 높여야 한다.

구독 순환에서 양질의 구독 서비스는 양질의 순환매출을 이끌고, 양질의 순환매출은 기업이 더 나은 고객 서비스를 제공하는 밑거름이 된다. 이러한 논리에 따라 고객이 만족스러워할 만한 서비스를 지속적으로 제공해 줄 수 있는 능력이 고객 유지율을 직접적으로 결정하게 된다. 고객 유지율은 입소문 효과를 만드는 데 도움이 될 뿐만 아니라 나아가 기업의 신규 고객의 전환율을 높이는 데 도움이 된다.

건전하고 지속적인 발전이 가능한 구독 비즈니스는 '양질의 서비스- 높은 고객 만족도-높은 사용율-높은 유지율-좋은 입소문-높은 전환율'이라는 선순환을 형성하게 된다. 이는 구독제 기업이 전력을 다해 추구해야 하는 목표다. 그렇다면 이를 어떻게 이룰 것인가?

그 비결은 바로 운영에 있다. 전통적 기업이 마케팅 시스템에 주로 의존하는 것과 달리, 구독제 기업은 운영 중심의 사고방식을 세우고, 강력한 운영 시스템을 구축해 지속적으로 서비스 및 사용자 운영을 통해 핵심 운영 지표를 최적화함으로써 고객 유지율과 전환율을 높여야 한다.

구독 비즈니스 평가 지표와 평가 방법에 관한 내용은 제2장에서 자세하게 설명할 예정이다.

구독 모델의 혁신적인 가치

인터넷 시대에 클라우드 컴퓨팅, 빅데이터, 모바일 인터넷 등과 같은 새로운 기술이 구독 모델에 완전히 새로운 힘을 불어넣어줌으로써 구독 모델은 전통적인 일회성 구매 모델과 다른 새로운 가치를 갖게 되었다.

장기 약정을 통해 고객과 안정적이고 지속적인 관계를 구축한다

전통적인 매수 방식에서는 업체와 고객은 주로 일회성 거래 관계다. 고객이 업체에 돈을 지불하면 업체는 고객에게 상품을 제공하고, 고객이 상품의 소유권과 사용권을 획득하면 둘 사이의 거래는 종료된다. 이러한 일회성 거래 관계로 인해 고객과 업체 사이의 관계는 단기적이고 불안정하다. 업체는 상품을 더 많이 팔기 위해 상품의 기능, 품질을 과장해서 마케팅을 하고, 이러한 마케팅이 고객의 구매에 효과가 있기는 하지만 장기적이면서 안정적인 고객과의 관계를 만드는 데는 오히려 불리할 수 있다.

구독 모델은 이러한 상황을 완전히 뒤바꿔 놓았다. 구독 모델의 핵심은 약속이다. 고객은 약정된 일정 기간 동안 양측이 약정한 상품과 서비스를 구매·사용하겠다고 약속한다. 업체는 약정된 일정 기간 동안 고객에게 약정된 상품과 서비스를 정기적으로 제공하겠다고 약속한다. 고객이 자발적으로 구독을 취소하거나 약정 만기 시 갱신을 하지 않는 경우를 제외하고 이러한 약속은 계속 유지된다. 이러한 약속은 고객과 업체 간의 관계가 장기적·안정적으로 유지될 수 있도록 하며 또 고객의 충성도를 확보하는 효과를 지닌다. 이러한 상황에서 고객이 구독을 시작하는 때가 곧 양측 약정 관계의 시작이며, 업체가 약정된 기간 안에 고객이 만족할 만한 양질의 상품과 서비스를 제공해야 고객은 약정 관계를 장기적으로 유지하려 할 것이다. 그렇지 않은 경우 고객은 한 치의 망설임도 없이 구독을 취소하거나 또는 갱신하지 않을 것이다. 반대로 업체가 제공한 상품과 서비스가 고객을 만족시키고 나아가 고객의 기대를 뛰어넘는다면 고객은 구독을 취소할 이유나 동기가 없다.

이를 통해 구독 모델에서 업체와 고객 모두 이러한 약정 관계를 장기적으로 유지하려는 의사와 동기를 지니고 있음을 알 수 있다.

고정 소비를 통해 고객 ARPU를 높인다

서비스 가입자당 평균 수익(Average Revenue Per User, 약칭 ARPU)은 일정 기간 동안 기업이 각 가입자에게서 얻는 평균 수익을 가리킨다. 서비스 가입자당 평균 수익은 구독 비즈니스의 중요한 평가 지표로, 기업이 고객에게서 수익을 얻는 능력을 보여준다.

아마존 프라임 회원은 고객 고착성(Stickiness)과 충성도를 대폭 끌어올리고, 고객이 아마존 사이트에서 더 많은 상품과 서비스를 구입하도록 자극한다. 모건스탠리의 연구 보고서에 따르면, 아마존 프라임 회원이 아마존 플랫폼에서 매년 지출하는 평균 소비액이 2,486달러에 이르고, 비구독자의 평균 연 소비액은 544달러로 그 차이는 4배에 달한다고 한다. 연간 주기로 보자면 아마존 프라임 회원의 연평균 서비스 가입자당 평균 수익 또한 비구독자의 5배에 달한다. 이러한 사실에서 그것이 아마존 사용자의 서비스 가입자당 평균 수익을 높이는 데 매우 효과적임을 알 수 있다.

그렇다면 그 이유는 무엇일까? 아마존 프라임 회원의 수익 구조를 살펴보면 크게 두 가지로 구성된다. 첫째는 구독료 수익이다. 2017년 아마존 미국의 프라임 구독료는 99달러로 이는 직접수익으로 반영된다. CIRP의 조사 데이터에 따르면 2017년 6월 아마존 프라임 회원 수는 8,500만 명으로 이것만으로 84억 1,500만 달러의 직접수익을 벌어들였다고 한다. 소매업체로 보자면 대단한 금액이지만, 사실 이는 구독 모델의 가장 표면적인 가치에 불과하다.

구독료 매출 이외에도 아마존 프라임 회원은 구독자 자격에 따른 고정 소비와 보복적 소비라는 더 큰 가치를 가져온다. 이는 아마존이 소비심리학을 적절히 응용한 덕분이다. 고객이 구독료를 결제하면 특정 상품을 구매할 때 필요한 상품의 기능, 품질, 가격, 편의성 등에서 큰 차이가 없는 한 집 근처에 있는 편의점이나 대형마트가 아닌 아마존을 자연스레 우선순위에 두게 된다.

미국 아마존 프라임 회원은 무료 익일 배송 서비스를 누릴 수 있고, 이에 반해 일반 사용자는 보통 3~5일 정도 걸리는 배송 서비스를 받게 된다. 그래서 아마존 프라임 회원은 심리적 영향을 받게 된다. 이를테면 구독료를 냈으니 필요한 게 있으면 가능한 아마존에서 사겠다, 더 이상 추가 구매 없이도 무료 배송 서비스를 이용할 수 있다, 구독료를 냈으니 본전을 뽑겠다 등등. 이러한 심리적 영향에 따라 아마존에 필요로 하는 상품이 있다면 구독자는 아마존 사이트에서 상품을 주문해서 구매할 것이다. 심지어 구독자가 자발적으로 아마존 사이트를 둘러보며 마음에 드는 상품이 있는지 검색하는 상황으로 이어질 수도 있다.

아마존은 지속적으로 상품 카테고리를 확장해 고객이 떠올릴 수 있는 거의 모든 상품을 자사에서 최대한 구매할 수 있도록 유도해 고객에게 원스톱 쇼핑이라는 경험을 제공했다. 뿐만 아니라 아마존 프라임 회원의 무료 배송 서비스는 구독자의 부담을 완전히 해결해준다는 점에서 보복적 소비가 더 이상 충동적 소비가 아닌 구독자의 이성적 선택이 될 수 있도록 한다.

아마존 프라임은 구독자에게 영향을 주는 소비 심리를 이용해 구독자를 아마존 사이트에 붙잡아둔다. 이러한 고정 소비는 아마존 프라임 회원의 서비스 가입자당 평균 수익을 크게 끌어올림으로써 아마존 프라임 회원의 연간 서비스 가입자당 평균 수익이 비구독자의 것보다 크게 상회하는 결과를 가져왔다.

고객 유지율을 높여 고객생애가치를 끌어올린다

고객생애가치(Life Time Value, LTV)는 고객이 상품 또는 서비스를 이용하는 총 기간 내에서 기업이 획득하는 모든 경제적 수익의 총합을 가리킨다. 구독 비즈니스에서 고객생애가치는 반드시 중요시해야 하는 지표다.

서비스 가입자당 평균 수익이 고객의 단기적 가치를 획득하는 기업의 능력을 대표한다면, 고객생애가치는 고객의 장기적 가치를 획득하는 기업의 능력을 대표한다고 할 수 있다. 서비스 가입자당 평균 수익이 고객생애가치의 기반이라면 고객생애가치는 서비스 가입자당 평균 수익의 확장된 결과다. 그리고 이 두 가지 요소를 결합해야 구독제 기업이 건전하고 지속 가능한 발전을 꾀할 수 있다.

아마존은 자사의 프라임 회원이 서비스를 이용한 첫해 갱신율이 90%에 달한다고 공개했다. 이는 프라임 회원의 유지율이 매우 높다는 의미다. 프라임 회원의 갱신 기간이 길어질수록 그 고객생애가치는 증가한다.

이러한 상황은 비단 전자상거래 업체에만 해당되는 것이 아니라 SaaS 기업에도 적용된다. 전통적인 소프트웨어 라이선스 기업의 경우 소프트웨어 상품에 기반을 둔 맞춤 개발 및 기술 서비스 등 추가 가치를 제외하면, 고객의 단발성 구매 가격은 기본적으로 고객의 절대적인 가치가 된다. 그러므로 전통적인 소프트웨어 라이선스 기업이 고객의 서비스 가입자당 평균 수익을 높이려면 라이선스 상품의 가격을 계속해서 올려야 한다. 하지만 이러한 상황은 장기적으로 지속될 수 없다.

이에 반해 SaaS 기업은 거래할 때마다 가격을 올리는 데 애쓸 필요 없이 단지 고객을 유지하는 데 초점을 맞추어 고객에게 양질의 상품과 서비스를 지속적으로 제공하는 일에만 집중하면 된다. 현재의 상품과 서비스에 대해 고객이 만족하기만 하면 그들은 구독을 취소하지 않고 상품과 서비스를 지속적으로 사용할 것이다. 높은 수준의 고객 유지율을 유지할 수 있다면 SaaS 기업의 고객생애가치는 지속적으로 상승하게 된다.

안정적이면서도 예측 가능한 순환매출을 제공한다

전통적인 거래 모델의 기업과 비교해 구독제 기업은 안정적이면서도 예측 가능한 순환매출을 만들 수 있다. 기업 경영이라는 관점에서 보자면, 구독제 기업은 구독자의 정기적인 결제를 통해 장기적이면서도 안정적인 구독 수입을 얻고, 이를 통해 안정적이면서도 예측 가능한 현금흐름을 확보할 수 있다. 기업 가치라는 측면에서 보자면 구독제 기업은 안정적이면서도 예측 가능한 순환매출을 통해 기업의 총가치를 끌어올릴 수 있다. 기업 가치가 향상되었다는 것은 곧 기업이 투자자로부터 더 많은 돈을 끌어올 수 있다는 의미로, 자본 시장에서 지속적인 주가 상승과 시가총액 상승을 통해 궁극적으로 주주 권익과 투자 수익률을 지속적으로 높이는 효과를 가져온다.

　존 버 윌리엄스(John Burr Williams)는《투자 가치 이론(The Theory of Investment Value)》에서 모든 기업의 가치는 기업의 자산이 존속하는 기간 동안 발생할 수 있는, 적당한 할인율로 할인한 순환매출에 달려 있다고 설명했다. 이러한 개념을 토대로 미국의 엔론(Enron)이나 월드컴

(Worldcom) 사태를 겪은 후 잉여순환매출 평가법이 현재 전 세계에서 가장 유행하는 기업 가치 평가 방법으로 자리 잡았다. 그것의 근본적인 원리는 평가 기업의 총가치는 해당 기업이 미래에 벌어들일 수 있는 모든 순환매출의 현재 시점에서의 가치의 총합과 같다는 것이다.

잉여순환매출 평가법 덕분에 구독제 기업은 자본 시장에서 열렬한 환영을 받고 있다. 전통적인 거래 모델 기업과 비교해 구독제 기업은 장기적인 충성 구독자 그룹을 보유하고 있어 보다 장기적이고 안정적이며 예측 가능한 잉여순환매출을 확보할 수 있다. 이 때문에 자본 시장에서는 더 높은 평가 가치를 부여해 단기적인 손실에도 상대적으로 관용적이다.

스몰데이터를 발굴해 사용자 개인화 니즈를 만족시킨다

전통적인 전자상거래 업체들의 사용자에 대한 빅데이터 수집, 저장, 분석 및 사용에 대한 의존도가 날로 높아지고 있다. 이는 본질적으로는 데이터 위주의 사고방식으로, 방대한 태그를 사용해 다양한 사용자를 세분화하고 그룹의 페르소나 작업을 진행한다. 이에 반해 구독제 전자상거래 업체는 전혀 다른 솔루션을 제공한다. 사용자 개인에 대한 일련의 스몰데이터를 활용해 사용자를 분석한 뒤 페르소나를 부여함으로써 사용자의 개인화 니즈를 심도 있게 분석하고 한층 더 정확한 서비스를 추천하거나 매칭한다.

코넬 대학교 에스트린(D.Estrin) 교수는 많은 사람이 소셜미디어, 검색 엔진, 전자상거래, 게임, 생활 서비스 등 애플리케이션 영역에서 대량의 '데이터 부스러기'를 남기고, 다양한 애플리케이션에서 비롯된 이러한 수많은 사용자의 개인 데이터가 한데 모여 사용자 스몰데이터를 형성한다고 지적했다. 빅데이터는 사용자 전체 범위, 대규모 데이터의 수집 및 처리, 분석과 응용에 중점을 두며 사용자 데이터의 정량적, 다양성과 상관 관계를 강조한다. 이에 반해 스몰데이터는 개인 사용자의 데이터를 전방위적으로 발굴하고 이용하는 데 중점을 두며 사용자 데이터의 개체성, 정확성과 인과 관계를 강조한다.

기능 위주에서 서비스 위주로의 전환을 통해 위기를 돌파한다

SaaS 기업은 고객에게 온라인 소프트웨어를 일정 기간 사용할 수 있는 권리를 제공한다. SaaS 기업은 클라우드에 일련의 소프트웨어를 배포한 상태에서 소프트웨어의 운용 및 유지보수, 정기적인 소프트웨어 업그레이드를 책임진다. 고객은 소프트웨어 이용 허가권을 유료 구매할 필요 없이 SaaS 기업에 정기적으로 비용을 지불하면 된다. 인원수, 사용 기간 등에 따라 그 비용이 결정된다.

전통적인 소프트웨어 라이선스 모델에서는 고객은 소프트웨어 기업에서 소프트웨어의 라이선스를 단발성 구매해야 했다. 만약 고객이 새로운 기능이 필요하지 않으면 해당 소프트웨어를 평생 사용할 수 있었지만, 새로운 기능이 필요하면 소프트웨어 기업에 비용을 지불해야 했다. 그러나 소프트웨어 업계의 경쟁이 치열해지자 소프트웨어 기업들은 새로운 기능을 끊임없이 추가하는 방식으로 상품 경쟁력을 확보했다. 이러한 상황에서 소프트웨어 업체들은 상품 경쟁력을 높이기 위해 새로운 상품 기능과 업그레이드된 소프트웨어 버전을 끊임없이 연구 개발해야 했다. 이렇게 하는 또 다른 목적은 기존 고객으로부터 더 많은 비용을 얻어내기 위해서임은 말할 필요가 없을 것이다.

반면, SaaS 기업의 경영 논리는 이와는 완전히 다르다. SaaS 기업의 경우 고객이 인원수와 사용 기간 등에 따라 비용을 결제하기 때문에 고객이 구독을 취소하지 않는 한 고객은 소프트웨어를 계속 사용할 수 있고, 비용을 계속 지불할 것이다. 그러므로 SaaS 기업은 새로운 기능을 개발하는 데 애쓸 필요 없이 고객에게 양질의 소프트웨어 상품과 서비스를 제공해 주면 된다. SaaS 기업의 경우 신규 고객을 확보하는 것보다는 기존 고객을 유지하고 갱신하도록 하는 것이 더 중요하다. 고객 유지율과 갱신율이 높다면 SaaS 기업은 장기적이고 안정적인 순환매출을 확보할 수 있다.

사용자 운영 부문에서 SaaS 기업은 사용자가 자사의 상품을 사용하는 데서 발생하는 관련 데이터를 확보하거나, 심지어 모든 기능 버튼에 대한 개인 사용자의 클릭 현황도 실시간으로 모니터링할 수 있다. 이렇게 구축한 사용자 데이터를 기반으로 SaaS 기업은 고객 니즈에 실시간으로 빠르게 반응하고, 고객의 니즈를 만족시키는 상품을 빠르게 반복해서 개발할 수 있다. 전통적인 소프트웨어 기업이 고객 니즈에 대한 연구 조사, 상품 기획, 디자인 및 연구를 필요로 하는 것과 달리 SaaS 기업은 민첩한 개발 메커니즘 덕분에 고객의 니즈에 대한 피드백 속도와 비용을 크게 개선할 수 있다. 또한 고객의 니즈를 좀 더 구체적으로 파악할 수 있다.

전통적인 소프트웨어 라이선스 업체의 경우, 불법복제물은 업체의 지속적인 발전을 가로막는 커다란 장애물이었다. SaaS 기업은 그런 걱정이 없다. 저렴한 비용, 선택적 서비스, 하드웨어 무관, 월등한 사용자 경험 등을 통해 고객이 불법복제물을 사기보다는 기꺼이 비용을 지불하도록 이끈다. 예를 들어 Adobe가 클라우드 서비스로 전환한 뒤로 기존의 수많은 불법복제물 사용자가 유료 사용자로 전환했다. 이러한 변화는 불법복제물을 없애는 동시에 사용자 수를 늘려 시장 전체 규모를 확대하는 결과를 가져왔다.

전통적인 소프트웨어 라이선스 분야에서 곤경에 처한 창업자에게 구독 모델을 기반으로 하는 SaaS 서비스는 구원의 손길이 되어줄 수 있을 것이다.

더 많은 선택권, 더 저렴한 비용, 더 뛰어난 경험을 제공한다

기업에게만 유리하고 사용자에게 불리한 비즈니스 모델은 지속적으로 발전하기 어려운데, 구독 모델 역시 마찬가지다. 이러한 사실은 구독제 기업이 다양한 가치를 갖도록 하며, 더 중요한 점은 고객에게 더 큰 가치를 누릴 기회를 제공한다는 것이다.

동영상 스트리밍 서비스 업체인 넷플릭스가 보유한 2억여 명에 이르는 유료 구독자는 매달 8.99~17.99달러(2019년부터 비용이 인상되기 시작함)의 비용을 지불함으로써 넷플릭스에서 제공하는 수백만 편의 영상을 온라인에서 시청할 수 있는 권리를 가진다. 10달러를 내야 영화한 편을 볼 수 있는 극장에 비해 넷플릭스의 사용자는 영화 한 편을 볼 수 있는 비용으로 수백만 편의 영화를 선택해서 볼 수 있는 권리를 얻는다.

넷플릭스는 2013년부터 거액을 투자해 오리지널 콘텐츠를 제작하기 시작했다. 〈하우스 오브 카드(House of Cards)〉, 〈오렌지 이즈 더 뉴 블랙(Orange Is the New Black)〉, 〈살인자 만들기(Making a Murderer)〉, 〈나르코스(Narcos)〉 등 다양한 인기 프로그램 모두 넷플릭스의 손을 거쳐 탄생했다. 넷플릭스가 매년 오리지널 콘텐츠를 제작하는 데 투자하는 비용은 워너브라더스, 디즈니, 21세기 폭스 등 전통적인 영화사를 훨씬 뛰어넘는다. 'Made by Netflix'의 오리지널 콘텐츠를 살펴보면 넷플릭스 구독자는 더 많은 선택권은 물론, 더 좋은 선택권도 가질 수 있다. 보다 다양하고, 보다 좋은 선택권을 얻는 데 매달 8.99~17.99달러만 내면 된다니 가성비가 뛰어나다고 할 수 있다.

보다 다양하고 보다 좋은 선택, 저렴한 비용 이외에도 넷플릭스는 사용자 경험에서 전통적인 영화사가 갖추지 못한 장점을 지니고 있다. 전통적인 영화사들은 작품 하나를 통해 수익을 확보하는 비즈니스 모델을 가지고 있기 때문에 대중적인 콘텐츠를 제작해서 대중의 입맛을 사로잡으려고 한다. 하지만 넷플릭스는 어떤 콘텐츠가 얼마나 많은 돈을 벌 수 있느냐가 아니라 세분화된 사용자를 공략하는 콘텐츠를 확보하는 일에 관심을 기울인다. 그래서 대중적인 내용이 아니어도 일부 세분화된 사용자를 사로잡을 수 있다고 판단하면 넷플릭스는 제작에 나선다. 비즈니스 모델의 전환을 통해 넷플릭스는 월등한 사용자 경험을 만들어내는 데 초점을 맞추고 있다. 이와 함께 넷플릭스는 사용자 데이터와 백엔드 알고리즘을 결합해 각 구독자에게 제각각 다른 내용을 추천해준다. 구독자 개인화 니즈에 맞는 콘텐츠를 정확히 매칭함으로써 '취향대로 골라본다'는 목표를 궁극적으로 구현하는 것이다.

제2장

구독 비즈니스를 어떻게 평가할 것인가?

피터 드러커는 다음과 같이 말했다. "측정할 수 없으면 관리할 수 없다(If you can not measure, you can not manage)." 이 말은 비즈니스를 성장·발-전시키고자 하는 모든 기업에 통용되는 말이다. 구독 비즈니스에 이를 적용해 보면 구독 비즈니스를 평가할 수 없으면 개선할 수도, 이상적으로 성장하도록 이끌 수도 없다는 말로 바꿀 수 있다.

일회성 구매 위주의 전통적 모델과 비교해 보면 구독 비즈니스는 그 관련된 요소가 더욱 다양하고 복잡하기 때문에 전통적 모델에 적용되는 지표를 적용할 수 없다. 구독 비즈니스를 창업하거나 확장하려는 창업자 또는 기업 관리자라면 구독 비즈니스의 생존과 발전에 영향을 미치는 중요 평가 지표를 제대로 이해하고, 이것을 구독 비즈니스를 분석하고 개선하는 데 활용할 수 있어야 한다. 이는 마치 자동차를 안전하게 몰려면 계기판의 각 숫자가 무엇을 의미하는지 이해하고, 액셀러레이터와 브레이크는 언제 밟아야 하는지 파악해야 하는 것과 같다. 그렇지 않고 단지 감각에만 의존해 운전을 하면 장애물을 피하지 못하거나 가장 유리한 결정을 내리고 행동할 수 없을 것이다.

이번 장에서는 구독 비즈니스의 평가 지표와 방법을 주로 소개하고자 한다. 상품과 시장이 서로 매칭되는지 평가하는 법, 기업이 개인 고객에게서 이윤을 획득할 수 있는지 평가하는 법, 고객과 매출의 유지 또는 유실을 평가하는 법, 그리고 가장 중요한 구독 비즈니스에서 획득 가능한 순환매출을 평가하는 법 등에 대한 문제를 주로 다룰 것이다.

이번 장에서는 디지털 시대 구독 비즈니스의 열 가지 유형을 자세히 소개하고자 한다. 각 구독 모델의 구체적인 평가 지표와 방법을 일일이 설명하기란 쉽지 않지만, 현재 통용되고 보편화된 방법으로 구독 비즈니스를 평가하는 방법을 이야기하고자 한다. 독자마다 관심을 갖는 분야가 다르겠지만 여기에 소개된 방법을 통해 자신에게 맞는 평가 시스템을 탐색하고 구축함으로써 지속적으로 건전하게 성장할 수 있는 길을 찾기를 희망한다.

상품-시장의 적합성: 스타트업의 성장 기초 평가

상품-시장의 적합성(Product-Market Fit, PMF)은 상품이 시장의 니즈에 부합되는지를 보여준다. 언뜻 단순해 보이는 이 개념은 구독제 기업이 궁극적으로 성공할 수 있는지를 결정하는 중요 요소이자 린스타트업(Lean Startup, 아이디어를 빠르게 상품으로 제조한 뒤 시장의 반응을 파악해 다음 상품에 반영하는 것을 반복해서 성공확률을 높이는 경영 전략)의 핵심 개념 중 하나다. 실리콘밸리의 유명한 투자사인 안드레센 호로위츠(Andreessen Horowitz)의 창립자인 마크 안드레센(Marc Andreessen)은 심지어 상품-시장의 적합성을 단 하나의 중요 요소라고 주장했다. 스타트업이 성장을 위한 액셀러레이터를 밟을지 판단하려면 먼저 해당 업체의 상품-시장의 적합성에 도달했는지를 파악해야 한다.

2007년 안드레센은 자신의 블로그에 '상품-시장의 적합성'이라는 개념을 제시하며 이를 "해당 시장을 만족시킬 만한 제품으로 좋은 시장에 진입하는 것"이라고 정의했다. 이와 관련해 안드레센은 다음과 같이 구체적으로 설명했다.

"상품-시장의 적합성이 생기지 않았다면 사용자는 당신의 상품 가치를 충분히 얻지 못할 것이고, 입소문 효과를 통한 사용자의 대규모 증가도 이루어지지 않았을 것이다. 한 해를 돌이켜 보면 쓸데없는 말만 늘어놓거나 매출 주기가 예상을 크게 벗어나 있기도 하다. 또한 처리하지 못한 주문이 잔뜩 쌓여 있을 것이다. 하지만 상품-시장의 적합성에 도달했다면 사용자는 앞다투어 당신의 상품을 구매할 것이다. 당신의 사용자 수는 당신이 제공한 서비스 수량에 따라 대규모로 증가할 것이고, 소비자의 주머니에 들어 있던 돈이 회사의 주머니로 쉽게 굴러 들어올 것이다. 그러니 고객 지원 인력을 더 많이 최대한 빨리 고용해야 한다. 상품이 날개 돋친 듯 팔리면 언론사의 인터뷰 요청이 쇄도할 것이다."

엄격하게 말해서 이는 표준적인 정의가 아니라 상품-시장의 적합성에 대한 묘사에 가깝다. 상품-시장의 적합성을 개선하려면 상품-시장의 적합성을 평가할 수 있는 중요 지표를 알아야 한다.

그로스 해킹(Growth Hacking)의 창시자인 숀 엘리스(Sean Ellis)는 상품-시장의 적합성 선행지표를 제시했다. 그 내용은 간단하다. 고객에게 '해당 상품을 다시는 쓸 수 없다고 하면 기분이 어떨 것 같나요?'라고 묻기만 하면 된다. 그리고 사용자의 대답 비율을 계산하면 되는데, 이때 '무척 실망스럽다'고 대답한 사용자의 비율을 눈여겨봐야 한다. 해당 상품을 더는 사용하지 못하게 되어서 '무척 실망스럽다'고 답한 사용자의 비율이 40%에 달하거나 초과한 경우 해당 상품은 상품-시장의 적합성에 도달했다고 볼 수 있다. 그 비율이 40% 미만이라면 상품-시장의 적합성에 도달하지 못했다는 뜻이다. 해당 비율이 낮을수록 상품-시장의 적합성은 점점 떨어진다.

엘리스의 이 지표를 나는 '실망 지수'라고 부른다. 이는 일종의 역발상으로, 실리콘밸리의 많은 창업자들로부터 그 효용성을 인정받았다. 역발상이 아닌 정발상의 관점으로 상품-시장의 적합성을 평가해 보자. 만약 사용자가 특정 상품을 잘 사용하고 있다면 그들은 어떻게 행동할 것인가?

안드레센의 말처럼 상품-시장의 적합성에 도달한 상품은 입소문을 만들어내고, 그것은 사용자 사이에서 퍼지게 되고, 그 정보를 공유하기 시작한다. 마치 눈덩이가 굴러갈수록 커지는 것과 같다. 그런 점에서 상품-시장의 적합성은 좋은 입소문을 수반하지만, 반대로 입소문이 좋지 않은 상품은 상품-시장의 적합성에 도달하지 못했다는 뜻으로 해석될 수 있다.

그렇다면 입소문을 어떻게 측정할 수 있는가? 여기에는 K-factor, 순추천고객지수(Net Promoter Source, NPS)라는 두 가지 핵심 지표가 동원된다.

K-Factor

K-factor는 바이럴 계수(Viral Coefficient)라고 부르기도 한다. 전염병학에서 비롯된 용어로 바이러스에 감염될 확률을 계량화한 것인데 바이러스에 이미 감염된 숙주가 접촉 가능한 모든 숙주 중 바이러스에 감염시킬 수 있는 확률을 가리킨다. 고객 확보를 위한 마케팅에서 K-factor는 각 사용자의 추천 수에서 신규 사용자로 전환된 인원수를 가리킨다. K-factor의 계산공식은 다음과 같다.

◆ K = (사용자가 친구에게 보낸 추천 수)×(추천에 응해 신규 사용

자가 된 전환율)

어떤 구독 서비스의 각 사용자가 평균적으로 친구 10명에게 추천했는데 평균 전환율이 15%라면, K = 10×15% = 1.5가 된다. 다시 말해서 해당 구독 서비스의 각 사용자가 입소문을 통해 1.5명의 신규 사용자를 데려온다는 의미로 이는 매우 이상적인 결과라 할 수 있다. 사실상 이러한 수준에 도달할 수 있는 구독 서비스는 극히 드물다.

K〉1인 경우 사용자 그룹은 눈덩이처럼 점점 늘어나지만, K〈1인 경우 사용자 그룹은 어느 정도 규모까지 성장한 후에는 입소문을 통한 자력 성장이 중단된다. 소셜 네트워킹 어플리케이션 분야에서도 K-factor가 1보다 큰 경우는 매우 드물다. 그래서 입소문만으로 빠른 성장을 실현하기는 어렵고, 고객 확보를 위한 다른 방식과 함께 사용될 때 비로소 더 좋은 효과를 거둘 수 있다.

순추천고객지수(NPS)

순추천고객지수(NPS)는 어떤 고객이 다른 사람에게 특정 기업 또는 서비스를 추천할 가능성을 계량한 지수를 말한다. 이를 주장한 인물은 베인 & 컴퍼니(Bain & Company)의 고객 충성도 비즈니스를 창시한 프레데릭 라이헬드(Frderick Reichheld)로, 2003년《하버드 비즈니스 리뷰(Harvard Business Review)》에서 이 개념을 제시해 알려졌다.

이것은 고객의 충성도가 기업의 성장에 어떻게 영향을 주는지 분석하는 데 사용되며, 현재 고객 충성도를 가늠하는 가장 보편적인 분석

지표가 되었다.

순추천고객지수의 계산공식은 다음과 같다.

◆ 순추천고객지수(NPS) = (추천자 수/전체 인원수)×100%-(비추천자 수/전체 인원수)×100%

순추천고객지수는 설문조사에 기반을 둔 분석 도구로, 주로 고객에게 두 가지 핵심 질문을 조사한다.

첫째, 우리(기업의 브랜드/상품/서비스)를 친구 또는 동료에게 추천해 줄 가능성이 얼마나 됩니까? 0~10점까지 중 점수를 매겨주세요.

둘째, 위와 같은 점수를 준 이유는 무엇입니까?

설문조사 결과 프레데릭은 고객 충성도에 따라 고객을 세 가지 그룹으로 분류했다. 추천자(Promotor), 중립자(Passive), 비추천자(Detractor)가 그것이다.

추천자는 9~10점 응답자로 높은 충성도를 보이며 다른 사람에게 기꺼이 추천해주려는 성향이 있다. 중립자는 7~8점 응답자로 전체적으로 만족하지만 충성하지는 않으며, 다른 경쟁사의 상품을 고려하기도 한다. 비추천자는 0~6점 응답자로 상품에 매우 만족하지 않으며 충성하지도 않는다. 추천자는 대개의 경우 지속적으로 구매하며 친구나 동료에게 추천해 준다. 비추천자는 구매를 중단할 뿐만 아니라 부정적인 정보를 유포해 나쁜 입소문을 퍼뜨릴 가능성이 크고, 나아가 기업의 성장에 영향을 줄 수도 있다.

중국 최대 검색엔진 기업 바이두의 사용자 체험 센터(UXC)는 연구 보고서에서 순추천고객지수에 대한 프레데릭의 주장을 구체적으로 설명하는 글을 발표했다.

"첫째, 프레더릭은 순추천고객지수가 충성도를 평가하는 효과적인 지표로, 사용자의 충성도를 평가하는 방식을 통해 기업의 '나쁜 이익'과 '좋은 이익'을 구분하는 데 도움이 된다고 주장했다. 즉, 사용자의 이익 또는 경험에 손해를 입히는 것을 대가로 획득한 이익과 사용자와의 적극적인 협력을 통해 획득한 이익이 무엇인지 구분해 좋은 이익을 추구하고 나쁜 이익을 피하는 행동은 기업이 미래와 장기적인 이익을 획득하는 데 중요한 요소라는 것이다.

둘째, 충성도를 평가하는 다른 지표와 비교해 순추천고객지수와 기업의 수익 증가 사이에는 매우 강한 연관성이 존재한다. 그림 2-1에서 볼 수 있듯이, 순추천고객지수가 높은 업체의 연평균 성장률은 일반 업체의 2배 이상에 달한다. 다른 지표, 이를테면 만족도, 유지율 및 성장률은 관련성이 비교적 약해서 사용자가 충성도 때문인지 아니면 다른 원인 때문에 특정 상품을 사용 또는 구매하는지 정확하게 정의할 수가 없다. 그 밖에 전통적인 만족도 모델은 비교적 복잡하기 때문에 이해하는 데 많은 비용이 소요되고, 설문 내용 또한 길어서 사용자의 참여 의지를 떨어뜨린다."

일반적으로 순추천고객지수가 50% 이상인 경우 긍정적인 평가를 받고 있다고 볼 수 있다. 순추천고객지수가 70~80%라면 기업이 이미 높은 충성도, 입소문으로 정의될 수 있는 사용자를 확보했다는 의미로 이해할 수 있다. 순추천고객지수가 50% 미만이라면 자사의 상품을 진지하게 되돌아볼 필요가 있다. 왜냐하면 그 제품은 핵심 가치 제

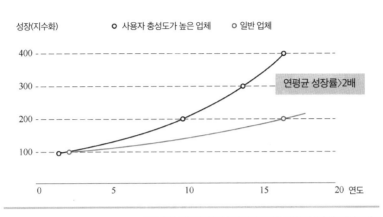

그림 2-1 고객 충성도가 기업 성장에 미치는 영향

성장(지수화)   O 사용자 충성도가 높은 업체   O 일반 업체

연평균 성장률〉2배

자료 출처: 2016년 베인 & 컴퍼니 중국 대중 브랜드의 순추천고객지수 연구

안이나 사용자 경험 등의 부분에서 큰 문제가 발생할 수 있음을 의미
하기 때문이다.

단일 고객의 경제성: 수익력 평가

구독 비즈니스를 평가할 때 우선 단일 고객의 경제성부터 평가해야 한다. 이는 아래의 세 가지 중요한 문제에 답하는 데 도움이 된다.

첫째, 단일 고객에게서 수익을 창출할 수 있는가?

둘째, 단일 고객에게서 수익을 창출할 수 있는 능력은 얼마나 되는가?

셋째, 수익 창출 능력은 대규모 재현성을 갖고 있는가?

위의 세 가지 문제에 답하기란 결코 쉽지 않다. 그래서 단일 고객의 경제성을 평가할 수 있는 구체적인 지표를 마련해야 한다. 또한 해당 지표들은 결코 독립적인 것이 아니라, 상호작용을 통해 단일 고객에게서 수익을 창출할 수 있는 능력에 영향을 준다.

고객획득비용

구독제 기업의 경우 고객획득비용(Customer acquisition cost, CAC)과 고객생애가치(Life Time Value, LTV)는 기본적이면서도 핵심적인 평가 지표에 해당한다.

고객획득비용은 기업이 한 명의 고객을 획득하는 데 드는 비용을 가리키는데, 모든 시장 및 마케팅 비용이 포함된다.

이론적으로 고객획득비용의 계산공식은 다음과 같다.

◆ 고객획득비용(CAC) = (총시장비용 + 총마케팅비용)/신규 고객 수

위의 공식은 표면적으로는 틀림이 없어 보이지만, 실제 운용 과정에서는 몇 가지 디테일한 문제에 주의해야 한다.

첫째, 고객 한 명이 처음 시장 또는 마케팅을 통해 상품과 접촉한 뒤 고객으로 전환되는 데 걸리는 주기다. 전환 주기가 매우 짧은 구독 비즈니스(예를 들어 동영상 스트리밍 서비스)의 경우 이는 문제가 되지 않는다. 하지만 일정한 전환 주기를 요하는 비즈니스, 예를 들면 SaaS 서비스의 경우 이 문제는 고객획득비용의 정확한 계산 여부와 직결된다. 예를 들어 클라우드 컴퓨팅 서비스를 제공하는 기업 세일즈포스는 모든 신규 사용자에게 30일 무료 체험 기회를 제공한다. 이 30일 기간에 발생한 비용은 무시하지 않고 반드시 마케팅 비용에 포함해야 한다. 또한 모든 체험 사용자 중에서 일부 사용자는 유료 고객으로 전환되지는 않는데, 이들 사용자의 비용을 고려하지 않는다면 총비용을 과소평가하는 결과를 초래하게 된다. 그래서 고객으로 전환되지 않는 사용자의 이탈 비용을 총고객획득비용에 포함해야 한다.

둘째, 시장과 마케팅 비용에 포함된 비용 항목이다. 많은 사람이 시장 라인을 획득한 비용 또는 직접적인 시장과 마케팅 비용의 총합을 총 시장 및 마케팅 비용으로 간주한다. 이러한 방법은 기업이 고객획득비용을 과소평가하는 결과를 초래하게 된다. 시장, 마케팅과 관련된 모든 비용을 계산하는 것이 가장 정확한 계산법이다. 여기에는 모든

시장 및 마케팅 담당자의 임금, 출장비, 관리비용, 시장 라인을 획득하는 모든 마케팅 비용, 시장 마케팅에 필요한 도구 및 설비 등의 지원비용, 무료 상품 개발 및 무료 사용자 지원 비용(The Freemium Model , Free + Premium = Freemium 모델에 해당), 신규 고객 획득을 위해 투입되는 고객성공비용(Customer Success Cost)(SaaS 서비스에 해당), 테스트 기간 동안의 물류비용(구독제 전자상거래에 해당) 등이 포함된다.

셋째, 고객별 대응이다. 구독제 기업은 일반적으로 사용자를 신규 사용자, 기존 사용자, 복귀 사용자로 구분한다. 만약 분자를 계산할 때 신규 사용자 비용만 계산하고 모든 사용자 유형을 분모에 넣으면 고객획득비용이 낮아진다. 그러므로 신규 사용자의 총비용과 고객 수를 개별적으로 계산하고, 기존 사용자, 복귀 사용자를 섞어서 계산하지 말아야 한다.

고객생애가치

고객획득비용이 고객을 획득하는 데 드는 비용을 반영한다면 고객생애가치(Life Time Value, LTV)는 고객 생애 주기 가치를 평가하는 지표라 할 수 있다. 고객생애가치의 개념을 이해하려면 먼저 고객 생애 주기부터 이해해야 한다. 고객 생애 주기란 고객이 상품을 사용하기 위해 최초로 비용을 지불한 시점부터 마지막 결제한 시점까지의 주기로, 대개 월별(Monthly)로 평균값을 계산한다.

고객생애가치는 기업이 고객 생애 주기 동안 획득할 수 있는 모든 경제적 수익의 총합을 뜻한다. 구독제 기업의 경우 고객생애가치는 사용자가 전체 생애 주기에서 공헌하는 구독료 및 관련 매출의 총합을 의미한다.

고객생애가치의 모델링에는 다음의 몇 가지 변수가 포함된다.

- 평균 고객 생애 주기: 고객 한 명당의 평균 생애 주기를 가리키는 것으로, 월간 또는 연간 단위로 계산한다.
- 고객당 평균 매출(Average Revenue Per Customer, ARPC): 일정 기간 동안 기업이 각 유료 사용자에게서 획득할 수 있는 수익
- 매출 총이익률(Gross Margin, GM): 총수익(수익에서 마케팅 비용 제외)을 매출액으로 나누기한 비율
- 이탈률(Churn Rate, CR): 일정 기간 동안 이탈한 사용자와 전체 사용자의 비율로, 고객 이탈률(Customer Churn Rate, CCR)과 수익 이탈률(Revenue Churn Rate, RCR)을 포함한다.
- 고객유지비용(Customer Retention Cost): 고객 이탈 방지와 고객 충성도 확보를 위해 기업이 사용하는 비용
- 할인율(Discount Rate, DR): 고객이 미래 시점에 지불하는 금액을 현재 시점의 가치로 할인했을 때의 이율

위의 변수 중에서 평균 고객 생애 주기는 이탈률을 통해 계산된다.

◆ 평균 고객 생애 주기 = 1/고객 이탈률

그 밖에 이탈률과 유지율은 상호 대립되는 지표로 일반적인 경우의 계산공식은 다음과 같다.

◆ 유지율 = 1 − 이탈률(특별히 SaaS 서비스의 유료 사용자 유지 및 이탈 계산을

지칭)

이탈률에 대응되는 유지율 역시 고객유지율(Customer Retention Rate, CRR)과 수익유지율(Revenue Retention Rate, RRR)로 나뉜다.

고객생애가치는 세분된 고객의 재무적 가치를 평가하는 데 매우 중요하다. 계산공식이 상대적으로 복잡한데 두 가지 기본 공식을 소개해 보겠다.

◆ 고객생애가치 = (고객당 월평균 매출×고객당 매출 총이익률)/매월 고객 이탈률

예를 들어 어떤 구독제 기업에서 유료 사용자의 월평균 지불액이 1,000위안, 매출 총이익률이 40%, 월간 사용자 이탈률이 2%인 경우 고객생애가치는 (1000×40%)/2% = 20,000위안이 된다.

위의 공식은 가장 손쉬운 계산 방법을 보여주고 있지만 실제 상황은 이보다 훨씬 복잡하다. 만약 할인율을 감안한 경우 3년 후의 1,000위안은 지금의 1,000위안보다 적은 가치로 할인되는데, 이쪽이 조금 더 현실적인 상황이라 하겠다. 할인율을 감안했을 때의 고객생애가치를 계산하는 공식은 다음과 같다(1년 주기).

$$\text{LTV} = \text{GC} \cdot \sum_{i=1}^{n} \frac{r^i}{(1+d)^i} - \text{M} \cdot \sum_{i=1}^{n} \frac{r^{i-1}}{(1+d)^{i-0.5}}$$

위의 공식에서 GC는 고객당 연간 총공헌도, M은 고객당 연간 유지(관련) 비용, n은 고객 생애 주기(연 단위), r은 유지율, d는 연 할인율을 가리킨다.

고객생애가치와 고객획득비용을 단독으로 계산하는 데는 그만한 가치가 있지만, 정말 중요한 점은 해당 지표들과 밀접하게 관련된 두 개의 숫자다. 하나는 고객생애가치와 고객획득비용의 비율(LTV/CAC), 다른 하나는 고객획득비용의 회수 주기다. 실리콘밸리에서는 크게 두 가지 지표를 통해 스타트업 SaaS 업체를 평가한다.

첫째, 고객생애가치와 고객획득비용의 비율이 3보다 큰가?

둘째, 고객획득비용의 회수 주기는 12개월 미만인가?

만일 스타트업 SaaS 기업의 고객생애가치가 고객획득비용보다 3배 이상 크고, 고객획득비용의 회수 주기가 12개월 미만이라면 실리콘밸리의 벤처투자가들은 그 기업이 투가 가치가 있다고 판단한다. 그렇지 않은 경우 그 목표에 도달할 수 있도록 지속적으로 개선해야 한다. 만약 기업이 초기 단계를 지났다면 두 가지 지표를 엄격하게 준수할 필요는 없다.

단일 고객의 현금흐름 모델

단일 고객의 경제성을 평가하는 데 있어 단일 고객의 현금흐름 모델을 구축하는 작업은 매우 중요하다. 이에 대해 데이비드 스콕(David Skok)은 자신의 블로그에 자세한 가상 수치와 관련 그래프를 제공했다. 그가 시뮬레이션한 SaaS 기업의 현금흐름 모델을 살펴보자. 기업의 고객 월간 구독료 600달러, 매출 총이익률 80%, 고객획득비용 6,000달러, 매월 이탈률 2.5%로 가정했을 때 해당 SaaS 업체의 현금흐름 모델은 그림 2-2, 그림 2-3과 같다.

그림 2-3의 누적 현금흐름 모델을 통해 해당 업체의 고객획득비용

그림 2-2 단일 고객의 현금흐름

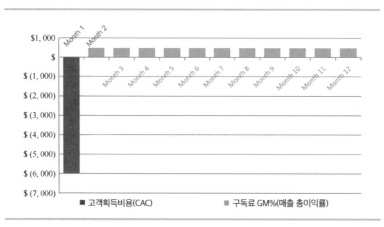

자료 출처: www.forentrepreneurs.com

그림 2-3 단일 고객의 누적 현금흐름

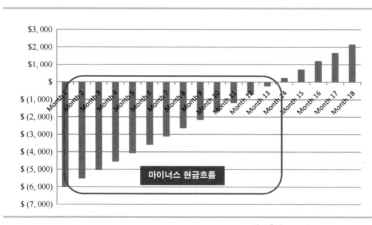

자료 출처: www.forentrepreneurs.com

의 회수 주기가 14개월이라는 것을 확인할 수 있다. 즉, 13개월까지는 마이너스를 그리다가 14개월째 되는 시점에 현금흐름이 플러스로 전환된다. 해당 데이터의 주인공이 스타트업이라면 고객획득비용의 회수 주기를 단축할 수 있도록 지속적인 개선이 필요하다.

순환매출: 재무적 타당성 평가

구독 순환에서 순환매출은 3대 핵심 요소 중 하나이자 구독 모델의 주요 수익원이다. 그런 점에서 순환매출은 구독 비즈니스의 전반적인 재무적 타당성과 관련된 중요한 평가 지표라고 할 수 있다.

일반적으로 월순환매출(Monthly Recurring Revenue, MRR)과 연순환매출(Annual Recurring Revenue, ARR)을 구체적인 평가 지표로 삼는다. 월순환매출은 기업이 일정 기간 동안 매월 고객으로부터 획득하는 순환매출을 가리킨다. 연순환매출은 기업이 일정 기간 동안 매년 고객으로부터 얻는 순환매출을 뜻한다. 월순환매출과 연순환매출에는 일회성의 진행 비용, 서비스 비용, 상품 매출 등과 같은 일회성 비순환매출이 포함되지 않는다.

고객 수익을 좀 더 종합적으로 구현하기 위해 때로는 연간 계약 금액(Annual Contract Value)을 고객 수익을 평가하는 중요 지표로 삼기도 한다. 연간 계약 금액은 고객이 당해년에 서명하는 모든 계약의 가치로, 여기에는 2년에 걸친 장기 계약 금액과 일회성 비용이 포함된다.

단일 고객 기준으로 보았을 때 월순환매출과 연순환매출의 계산은 매우 간단하다. 예를 들어 어떤 동영상 스트리밍 서비스 사이트의 연간 구독료가 120달러이고, 해당 서비스가 단일 버전/단일 가격으로 제공된다면 이는 해당 사이트를 구독하는 사용자의 서비스 가입자당 연순환매출은 120달러, 월순환매출은 10달러가 된다.

하지만 실제 상황은 이보다 훨씬 복잡하다. SaaS 서비스를 예로 들어 살펴보자. SaaS 서비스의 경우 전달 혹은 작년과 비교해 이번 달 혹은 이번 해의 순환매출을 계산하려면 세 가지 요소를 고려해야 한다.

첫째 신규 사용자에 따른 신규 월순환매출 또는 연순환매출, 둘째 기존 사용자가 구독을 확장하면서 늘어난 월순환매출 또는 연순환매출, 셋째 이탈 사용자 또는 기존 사용자가 다운그레이드되면서 유실된 월순환매출 또는 연순환매출.

이상의 세 가지 요소를 종합적으로 검토해야 이번 달 또는 이번 해의 신규 월순환매출 또는 연순환매출의 순가치를 계산할 수 있다. 그 계산공식은 다음과 같다.

◆ 순 신규 월순환매출 또는 연순환매출 = 신규 사용자의 월순환매출 또는 연순환매출 + 기존 사용자가 확대한 월순환매출 또는 연순환매출 – 유실된 월순환매출 또는 연순환매출

해당 지표의 중요 가치를 감안해 스콕은 자신의 블로그에 그림 2-4와 유사한 방식으로 추적 조사를 해야 한다고 제안했다. 해당 그래프는 1년을 평가주기로 삼아 위에서 설명한 공식 등호 양 끝의 네 가지 변수를 곡선으로 구현한 것이다. 그래프화를 통해 위의 세 가지 요소가 순 신규 연순환매출에 어떻게 영향을 주는지 추적 조사할 수 있다.

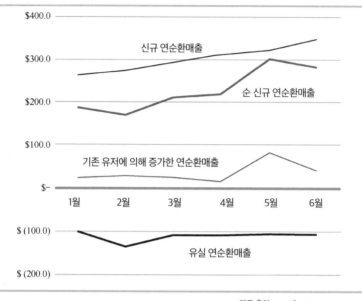

그림 2-4 연순환매출(ARR)의 영향 요소

신규 연순환매출

순 신규 연순환매출

기존 유저에 의해 증가한 연순환매출

$400.0

$300.0

$200.0

$100.0

$-

1월   2월   3월   4월   5월   6월

$ (100.0)

유실 연순환매출

$ (200.0)

자료 출처: www.forentrepreneurs.com

고객 이탈: 비즈니스 지속성 평가

구독 비즈니스가 지속적으로 성장하려면 순환매출이라는 토대가 반드시 마련되어야 하는데, 고객 이탈은 순환매출과 고객생애가치에 큰 영향을 미친다. 이런 점에서 고객 이탈 문제를 진지하게 고민하고, 고객 이탈이 구독 비즈니스에 미치는 영향력을 지속적으로 추적 및 평가해야 한다.

앞에서 이탈률의 개념을 대략적으로 소개했으니 여기에서는 쉽게 혼동되는 고객 이탈률 지표인 고객 이탈률과 매출 이탈률을 중점적으로 설명해 보겠다. 예를 들어 A기업의 지난달 유료 구독자가 100곳인데 그중 대형 업체 50곳이 매달 5,000위안, 나머지 소형 업체 50곳이 1,000위안을 지불한다고 가정해 보자. 이 경우 A기업의 월순환매출은 $5000 \times 50 + 1000 \times 50 = 300,000$위안이 된다. A기업이 이번 달에 대형 업체 2곳과 소형 업체 10곳을 잃었다면 고객 이탈률은 $(2 + 10)/100 \times 100\% = 12\%$, 매출 이탈률은 $(5000 \times 2 + 1000 \times 10)/300000 \times 100\% = 6\%$가 된다. 이처럼 고객 이탈률과 매출 이탈률은 전혀 다른 결과를 보여주며, 대형 업체의 이탈에 따른 수익의 영향력이 소형 업체의 이탈에 따른 수익의 영향력보다 훨씬 크다는 것을 알 수 있다.

물론 고객 이탈률이나 매출 이탈률 모두 작을수록 좋다. 그렇다면 이탈률이 0이라는 건 구독 비즈니스의 가장 바람직한 상태를 의미하는 것일까? 결론적으로 말하면 그렇지 않다. 고객 이탈의 문제를 해결하고자 하는 궁극적인 목표는 역이탈(Negative Churn) 상태로 만드는 데 있고, 또한 이탈률의 마이너스 값이 작을수록 좋다. 그렇다면 역이탈(Negative Churn)이란 무엇인가? 기존 사용자가 구독을 확장하면서 생겨난 추가 매출이 이탈한 고객의 구독 취소와 기존 사용자의 다운그레이드에 따른 수익의 이탈을 초과하는 경우 역이탈이 발생한다.

역이탈의 발생은 기존 사용자의 구독 확장에 달려 있다. 사용하는 사용자 수의 증가, 사용하는 서비스의 증가, 업셀링(Up Selling, 동일한 고객을 대상으로 상품을 추가 판매)과 크로스셀링(Cross Selling, 관련 상품의 구매를 유도해 판매) 등이 여기에 포함된다. 역이탈은 구독 비즈니스에 긍정적인 영향을 준다는 점에서 모든 구독제 기업이 추구해야 하는 목표다.

다양한 이탈률이 구독 비즈니스에 미치는 구체적인 영향을 소개하기 전에 그룹(Group)이라는 중요한 의미부터 알아볼 필요가 있다. 그룹은 특정 기간 동안 기업이 획득하는 고객군으로, 일간/주간/연간으로 나눠 분류할 수 있다. 그룹 분석은 특정 기간 동안 획득한 고객의 이탈 또는 유지라는 행위를 포함한 미래의 행위를 관찰하는 데 활용될 수 있다. 그림 2-5는 구독 비즈니스의 월별 고객군(Customer Group)의 이탈과 유지 행위를 분석한 결과를 보여준다.

그림 2-5에서 12월 17일의 신규 가입자 수는 146, 다시 말해서 이날 146곳의 신규 가입자가 증가했다는 뜻이다. 1일 후에는 36, 즉 12월 17일에 끌고 온 146곳의 신규 가입자 중에서 1일 후에 남은 곳이

그림 2-5 그룹 분석

신규가입자	사용자 수	당일	익일	2일 후	3일 후	4일 후	5일 후	6일 후	7일 후	8일 후	9일 후	10일 후	11일 후	12일 후	13일 후
신규가입자	1,627	100% 1,627	25.7% 384	14.1% 188	12.5% 149	11.3% 115	7.69% 67	10.8% 91	11.2% 90	9.64% 65	10.1% 54	9.70% 39	8.00% 18	10.1% 8	12.2% 5
12/15 토요일	41	100% 41	7.32% 3	24.4% 10	29.3% 12	19.5% 8	14.6% 6	12.2% 5	7.32% 3	2.44% 1	7.32% 3	14.6% 6	9.76% 4	14.6% 6	12.2% 5
12/16 일요일	38	100% 38	23.7% 9	7.89% 3	5.26% 2	2.63% 1	5.26% 2	2.63% 1	0.00% 0	5.26% 2	7.89% 3	7.89% 3	5.26% 2	5.26% 2	
12/17 월요일	146	100% 146	24.7% 36	14.4% 21	12.3% 18	15.8% 23	4.11% 6	4.11% 6	8.90% 13	8.90% 13	11.0% 16	6.85% 10	8.22% 12		
12/18 화요일	177	100% 177	27.1% 48	19.2% 34	13.0% 23	3.39% 6	1.13% 2	14.1% 25	14.1% 25	14.7% 26	14.1% 25	11.3% 20			
12/19 수요일	134	100% 134	30.6% 41	17.2% 23	2.99% 4	0.746% 1	13.4% 18	11.9% 16	11.9% 16	8.96% 12	5.22% 7				
12/20 목요일	138	100% 138	26.1% 36	7.97% 11	4.35% 6	21.0% 29	13.0% 18	12.3% 17	13.0% 18	7.97% 11					
12/21 금요일	127	100% 127	7.87% 10	2.36% 3	21.3% 27	15.0% 19	9.45% 12	14.2% 18	11.8% 15						
12/22 토요일	38	100% 38	7.89% 3	10.5% 4	2.63% 1	5.26% 2	5.26% 2	7.89% 3							
12/23 일요일	32	100% 32	21.9% 7	9.38% 3	12.5% 4	0.00% 0	3.13% 1								
12/24 월요일	150	100% 150	37.3% 56	17.3% 26	18.0% 27	17.3% 26									
12/25 화요일	169	100% 169	30.2% 51	16.0% 27	14.8% 25										
12/26 수요일	139	100% 139	24.5% 34	16.5% 23											
12/27 목요일	164	100% 164	30.5% 50												
12/28 금요일	134	100% 134													

자료 출처: GrowingIO

36곳이라는 뜻이다. 첫 번째 행은 그동안 신규 가입자 수의 전체적인 유지 상황을 보여준다. 고객군을 지속적으로 추적 조사하거나 분석해 보면 이탈에 따른 영향을 좀 더 깊이 있게 관찰할 수 있다. 스콕은 한 가지 예를 들어 SaaS 기업의 다양한 고객 이탈 상황에 따른 영향을 설명했다. 한 SaaS 기업의 매달 구독료를 6,000달러로 가정하고, 이를 40개월 동안 운영했다고 가정해 보자. 그림 2-6처럼 이탈률이 매달

그림 2-6 월간 이탈률이 2.5%일 때의 월순환매출 추세

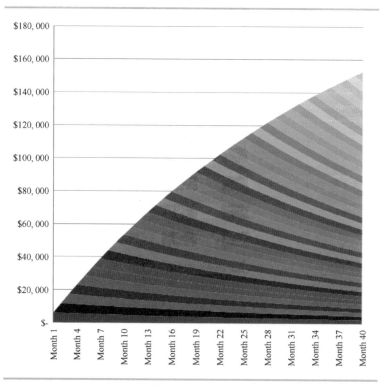

자료 출처: www.forentrepreneurs.com

2.5%라면 40개월이 지난 월순환매출은 14만 달러에 이르며 완만한 성장세를 그리게 된다. 그림 2-7처럼 이탈률이 매달 -2.5%라면 40개월 후의 월순환매출은 45만 달러로 가파른 성장세를 유지한다. 결과적으로 양측 사이의 격차가 거의 3배 이상 벌어지게 되고, 또한 전혀 다른 성장세를 보여주게 된다. 이는 다른 이탈률이 순환매출에 미치는 영향을 보여주는 것이다.

그림 2-7 월간 이탈률이 -2.5%일 때의 월순환매출 추세

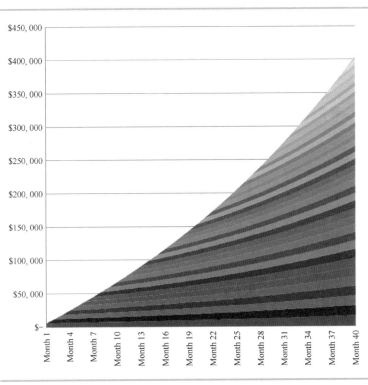

자료 출처: www.forentrepreneurs.com

허브스팟 사례 분석

허브스팟(HubSpot)은 미국에 본사를 두고 있는 마케팅 솔루션 SaaS 기업으로 그림 2-8은 2011년 1/4분기부터 2012년 2/4분기 동안 단일 고객의 경제성 평가 지표를 추적한 내용이다.

그림 2-8의 데이터에서 볼 수 있듯, 2011년 1/4분기 이후 6분기 연속 허브스팟의 중요 지표, 즉 고객생애가치와 고객획득비용의 비율이 1.7에서 4.7로 대폭 상승했다. 매출 총이익률이 눈에 띄게 변하지 않은 상태에서 월순환매출 이탈률이 3.5%에서 1.5%로 대폭 하락했는데, 하락폭이 57%에 달한다. 매출 이탈률이 대폭 감소한 덕분에 고객생애가치는 약 1만 달러에서 3만 1,800달러로 대폭 증가했고, 6분기 동안 고객생애가치는 약 2.18배 증가했다. 이와 함께 이탈률의 하락으로 고객당 평균 월순환매출이 증가하면서 증가율은 34%를 초과했다.

그림 2-8 허브스팟의 단일 고객 경제성 평가 지표 추적 조사

HubSpot	11Q1	11Q2	11Q3	11Q4	12Q1	12Q2
고객생애가치: 고객획득비용	1.7	1.9	1.9	2.6	3.5	4.7
고객획득비용	$6,025	$7,876	$8,541	$7,809	$6,880	$6,793
월순환매출 이탈률	3.5%	2.7%	2.8%	2.3%	2.0%	1.5%
평균 월순환매출	$429	$507	$548	$560	$583	$577
소프트웨어 마진	83%	81%	80%	82%	81%	82%
고객생애가치	$10,074	$14,964	$15,919	$20,325	$23,775	$31,806

자료 출처: 포브스(Forbes)

제3장

구독은 전통 산업을 어떻게 바꿀 것인가?

예로부터 지금까지 혁신은 사회의 발전을 이끄는 중요한 힘이었다. 유목문명에서 농경문명과 해양문명을 거쳐 산업혁명과 전기혁명, 정보화 기술혁명에 이르기까지 인류 사회의 모든 혁신은 앞선 생산력이 낙후된 생산력을 밀어내고 점진적으로 도태시키는 방식으로 전개되었다. 산업문명의 영역도 '모든 존재는 경쟁을 통해 자연선택의 과정을 거치는데, 이 과정에서 환경에 빠르게 적응하는 쪽이 생존한다'는 찰스 다윈(Charles Darwin)의 진화론을 따르고 있다. 구독은 완전히 새로운 비즈니스 모델이 아니다. 그것은 대항해 시대에 탄생했으며, 심지어 오랜 역사를 갖고 있다. 하지만 수세기에 걸쳐 발전을 거듭하며 시대의 흐름에 발맞춰 거대한 변혁을 이루면서 점차 디지털 시대의 주요 비즈니스 모델이 되었다. 모든 업계와 기업, 개인 모두 그 거대한 변혁의 물결 속으로 진입하고 있다. 그래서 우리는 그 변혁을 이끄는 힘을 심도 있게 이해하고, 곧 다가올 변혁에 적극적으로 적응할 필요가 있다.

이번 장에서는 구독이 어떻게 전통 산업의 변혁을 이끌 것인지, 혁신의 흐름과 법칙에 대해 알아보고자 한다.

가치 창조, 전달, 획득 삼위일체의 협동 가치사슬

가치의 창조, 전달 그리고 획득은 기업의 가장 중요한 3대 경제 활동으로, 이 세 가지가 결합해 기업의 비즈니스 모델이 형성된다. 정책이나 시장 환경의 변화가 어떠하든, 또 기술력이 얼마나 진보하든 가치의 창조 및 전달, 그리고 획득은 기업의 핵심 요소다.

전통적인 기업 경영 모델에서는 '가치 창조-가치 전달-가치 획득'이라는 선형 가치사슬을 만들어낸다. 다시 말해 기업이 상품을 연구 개발, 생산해 소비자에게 판매하면 소비자를 상대로 수익을 올리는 방식으로 구현된다. 그 가치사슬의 길이나 구조가 다양할 수 있지만 본질적으로는 기업이 주도하는 선형 가치사슬이라는 점에서는 크게 다르지 않다. 패션 기업의 경우, 기업이 의상을 디자인하면 생산 라인에서 상품을 대량으로 생산한 뒤에 도매업자, 대리업체, 판매업체 등의 중간 판매단계를 거치고, 최종적으로는 가장 아래에 속한 판매상을 통해 소비자에게 판매되어 폐쇄적인 가치사슬이 만들어진다.

네덜란드에서 현대적 의미의 회사제가 탄생한 이래, 지난 수세기 동안 대부분의 회사는 전통적인 가치사슬의 충실한 실천자였다. 회사가 하는 모든 것은 이러한 전통적인 가치사슬의 운용 효율과 성과를 끌어올리는 데 초점이 맞추어졌다. 경제학의 발전이라는 관점에서 볼 때 아담 스미스(Adam Smith)의 '보이지 않는 손', 데이비드 리카도(David Ricardo)의 노동가치설, 장바티스트 세이(Jean-Baptiste Say)의 '공급은 그 자체로 수요를 창출한다'는 세이의 법칙, 조지프 슘페터 (Joseph Schumpeter)의 혁신 이론, 폴 새뮤얼슨(Paul A. Samuelson)의 미시경제학 모두 전통적 가치사슬을 이론의 토대로 삼고 있다. '가치 창조-가치 전달-가치 획득'을 핵심으로 하는 전통적 가치사슬은 현대 기업의 모든 경제 활동을 정의하고 있을 뿐만 아니라, 고전과 현대 경제학의 학술적 기초를 닦았다. 전통적 가치사슬은 산업혁명과 정보기술혁명을 거쳐 오늘날에도 여전히 기업 경영의 주요 가치사슬 모델로서 강인한 생명력을 가지고 있다.

하지만 인터넷, 모바일 인터넷의 빠른 발전에 힘입어 새로운 형태의 비즈니스 모델이 끊임없이 등장하면서 전통적 가치사슬은 파괴의 상황에 직면해 있다. 구독 모델에서는 기업의 가치 창조, 가치 전달 및 가치 획득이라는 3대 요소의 경계가 점차 모호해지고 융합되기 시작했다. 선형 가치사슬이 점차 무너지면서 가치 창조-가치 전달-가치 획득이라는 삼위일체형 협동 가치사슬 모델로 진화하고 있다. 즉 가치의 창조과정과 전달과정이 통합되고, 기업이 가치를 창조하는 한편 가치를 전달하면서 이와 동시에 가치를 획득하고 있다.

예를 들어 중국의 기업 전문 SaaS 서비스 업체인 워크타일(Worktile)은 업체 직원의 업무 효율 해결 및 팀원 간 협력·커뮤니케이션 강화, 나아가 업체의 핵심 경쟁력을 끌어올리는 업무를 지원한다. 워크타일이 사용자에게 협업 플랫폼을 제공하면, 기업 회원은 유료로 해당 플랫폼을 사용할 수 있다. 업무 관리, 인사 관리, 고객 관리, 프로젝트 관리 등 다양한 기능 모듈에 따라 고객은 워크타일에 1인/연간 299위안부터 399위안에 달하는 차등의 비용을 지불한다. 해당 플랫폼에 가입한 뒤 일정 기간 동안의 금액을 선결제하면 고객이 구독을 취소하거나 갱신하지 않을 때까지 구매한 기능 모듈을 사용할 수 있다.

전통적인 소프트웨어 라이선스 모델의 경우, 기업이 소프트웨어를 연구 개발해 가치를 창조하면 CD 형태로 고객에게 판매해 수익을 얻고, 이를 통해 가치 전달과 가치 획득의 과정을 구현한다. 이는 전통적인 소프트웨어 업계에서 전통적 가치사슬이 작동하는 원리지만, 워크타일의 경영 활동에서는 전혀 다른 모습을 보여준다.

먼저 가치 창조와 가치 전달의 관점에서 봤을 때 워크타일은 가치를 창조해내기 위해 사전에 비용을 투입해 플랫폼을 연구 개발해야 하지만 고객인 기업에는 워크타일의 가치 창조 과정이 끝나려면 아득하게 느껴질 것이다. 기업 고객은 플랫폼을 사용하는 과정 중에 끊임없이 니즈와 의견을 피드백함으로써 플랫폼이 더욱 자신의 니즈에 맞게 운용되도록 할 수 있고, 워크타일은 대량의 고객 피드백에 근거해 플랫폼의 기능을 지속적으로 개선하거나 업그레이드할 수 있다. 또 한편으로 워크타일은 사용자가 서비스를 사용하는 동안 단절 없이 안전하게 사용할 수 있도록 7×24시간 운영 및 유지보수서비스를 제공해야 한다.

본질적으로 말해서 SaaS의 핵심 가치는 기능이나 서비스가 아니라 데이터, 고객이 오랫동안 축적한 업무 및 사무 데이터에 있다. 데이터라는 가치를 창조하는 것은 SaaS 서비스 업체가 아닌 고객을 통해서

만 가능하다는 점에서 고객이 플랫폼에 등록하고 프로그램을 활성화해야 데이터 가치가 만들어지기 시작한다. 이러한 사실을 통해 워크타일은 고객이 서비스를 사용하는 과정에서 가치를 전달하는 동시에 지속적으로 새로운 가치를 창조함으로써 가치의 창조와 전달이라는 과정이 하나로 합쳐지는 것을 알 수 있다. 즉, 이를 통해 가치 창조와 가치 전달의 통합이 이루어지는 것이다.

둘째, 가치 획득이라는 관점에서 워크타일의 선결제 시스템은 가치의 획득이 가치의 전달과 후속적인 가치의 창조 과정보다 먼저 이루어지는 형태로 전통적인 소프트웨어 라이선스 모델을 완전히 뒤엎었다. 또한 워크타일은 일회성 결제가 아닌 월간, 분기별 또는 연간 단위로 고객에게 정기적으로 비용을 받는다.

워크타일의 창립자인 왕타오(王濤)는 자사의 사용자 중 95%가 연간 결제를 선택했다고 말했다. 예를 들어 100명의 직원을 보유한 기업이 매년 사무 관리 모듈 사용권을 구매한다고 가정해 보자. 인당 연 299위안짜리 서비스를 선택했다면 해당 고객은 매년 초 워크타일에 2만 9,900위안을 지급하면 된다. 만기가 되면 이 고객은 다음 해의 플랫폼 사용권을 획득하는 데 필요한 비용을 재결제하면 된다. 만약 재결제하지 않았다면 해당 고객과 워크타일의 협력 관계가 해제되었음을 의미한다. 이 과정에서 워크타일은 전통적인 소프트웨어 라이선스 업체의 선지급-후결제 모델을 완전히 파괴하고 고객의 선결제 및 재결제 모델을 구현함으로써 가치 창조-가치 전달-가치 획득이라는 통합 구조를 구축했다.

워크타일의 사례는 SaaS 서비스 부문에서 '가치 창조-가치 전달-가치 획득'을 핵심으로 하는 전통적인 선형 가치사슬이 더 이상 통하지 않으며, 가치 창조-가치 전달-가치 획득을 삼위일체로 하는 협동 가치사슬이 그 자리를 대신했다는 사실을 보여주고 있다. 협동 가치사슬은 SaaS 서비스 부문 외에도 제2부에서 소개할 열 가지 구독모델에서 광범위하게 적용되고 있는 구독 비즈니스의 주류 가치사슬 모델이다.

전통산업에 대한 인터넷의 침투율이 점점 높아지는 상황에서 협동 가치사슬은 점진적으로 전통적 선형 가치사슬을 무너뜨리고 각 부문에서 선택되는 중요한 가치사슬이 될 것이다. 앞으로 수많은 부문에서 협동 가치사슬 시스템을 채택하지 못한 기업은 시장 경쟁에서 경쟁 우위를 잃으며 곤경에 처할지도 모른다. 이러한 추세는 소프트웨어, 동영상 스트리밍 서비스, 음원 스트리밍 서비스 등의 업계에서 이미 나타나고 있다.

기업의 가치 창조에 영향을 주는 중요 요소로서 품질 관리를 살펴보면, 품질 관리에 대한 협동 가치사슬의 요구는 전통기업의 사전 관리 및 사후 수정에 국한되지 않고, 사용자가 사용하는 과정에서 7×24시간 쉬지 않고 품질을 검사하고 관리를 강조하는 방향으로 강화될 것이다. 기업의 모든 품질 사고는 실시간으로 모든 사용자의 경험에 영향을 주는 것은 물론, 기업이 지속적으로 가치를 전달하고 획득하는 데도 영향을 미친다.

전통적인 가치사슬 시스템에서의 품질 관리는 시점, 사전 진행, 일회성 품질 관리라는 특징을 띠고 있다는 점에서 가치사슬에 대해 실시간으로 영향을 줄 수 없다. 이에 반해 협동 가치사슬 시스템에서의 품질 관리는 타임라인, 현재 진행, 전천후 품질 관리를 기초로 하기에 가치사슬에 실시간으로 영향을 주고 즉각적인 반응을 이끌어낸다.

만약 기업이 이러한 변화에 적응하지 못해서 완전히 새로운 품질 관리 시스템을 구축하지 못한다면, 기업의 협동가치 사슬은 향후 리스크에 직면하게 되고, 어쩌면 심각한 품질 사고를 한두 번 겪은 뒤에 그 충격을 견디지 못하고 전체 가치사슬 시스템이 붕괴하는 결과를 초래할 수 있다.

진정한 '고객 중심주의' 시대의 개막

전통적인 가치사슬 시스템에서 '고객 중심주의'는 기업의 가치관이자 경영 이념이다. 어떤 의미에서 '고객 중심주의'는 마치 전통기업이 벽에 내건 포스터의 문구나 구호와 같다.

창업자는 진정한 '고객 중심주의'가 말처럼 쉽지 않다는 것을 잘 알고 있다. 그것은 상품의 비(非)표준화와 높은 수준의 맞춤형, 상품 품질 기준에 대한 엄격한 평가, 고객 서비스 비용의 대규모 증가는 물론, 규모화하기 어려운 성향에 따른 비용 증가와 이윤 감소라는 의미에 한층 가깝다. 이러한 점에서 볼 때 전통적인 가치사슬 시스템에서 '고객 중심주의'는 종종 기업의 영리를 떨어뜨린다.

물론 수많은 우수 전통기업은 상품의 연구 개발 과정에서 고객의 목소리에 귀를 기울이고, 고객에게 양질의 서비스를 제공하며, 또한 고객과 기업의 이윤 사이에서 균형점을 모색한다. 그럼에도 전통기업의 '고객 중심주의'는 구독 모델의 '고객 중심주의'와 전혀 다른 개념이다.

구독 모델은 '고객 중심주의'를 재정의했다는 점에서 진정한 고객 중심의 비즈니스 모델이라 할 수 있다. 고객 사고방식은 구독 모델의 기본적인 사고방식이며, 모든 구독제 기업의 상업적 논리를 이루는 '기점'이다.

이제부터 고객 관계, 가치 창조의 고객 참여, 고객의 경험, 데이터와 알고리즘을 통한 운영 등의 관점을 자세히 다뤄보겠다.

기업과 고객의 관계가 재정의되다

전통적인 거래 모델에서 기업은 고객에게 상품을 판매하고 고객은 기업에 비용을 지불한다. 양측은 '한쪽은 돈, 다른 한쪽은 물건을 건네는' 거래 관계로, 거래가 종료되는 동시에 기업과 고객의 관계 역시 기본적으로 종료된다. 물론 대부분의 기업은 고객에게 A/S를 제공함으로써 고객이 상품을 사용하면서 생기는 각종 품질 문제를 해결할 수 있도록 지원한다. 하지만 이러한 서비스는 상품을 위한 부차적 존재일 뿐이다.

구독 모델에서의 기업과 고객 관계의 본질은 거래가 아니라 서비스에 있다. 기업과 고객 사이에 이루어지는 최초의 거래의 완성은 양측의 관계가 종료되었음을 의미하는 것이 아니라, 양측의 서비스 관계가 구축되고 시작되었음을 의미한다. 이와 함께 기업과 고객의 거래 역시 일회성으로 끝나는 것이 아니라 월간, 분기 또는 연간 단위로 거래된다. 이처럼 기업과 고객의 관계가 재정의되면서 그 관계는 일회성 거래 대상에서 장기적인 서비스 파트너로 전환된다. 기업이 고객에게 지속적으로 양질의 만족스러운 서비스를 제공해야만 고객은 기업을 장기적으로 신뢰하며 계속해서 비용을 지불할 것이다. 이것이 바로 구독제 기업이 지속적으로 건전하게 성장할 수 있는 논리다.

워크타일의 사례를 가지고 계속 살펴보자. 고객이 플랫폼에 가입해서 결제하면 워크타일과 고객 사이에 서비스 관계가 시작된다. 고객이 플랫폼을 효과적으로 활용할 수 있도록 워크타일은 고객에게 사용 매뉴얼과 가이드 동영상을 제공한다. 그 밖에도 워크타일은 고객을 위해 상품 상담자를 배치해 1:1 서비스를 제공하거나, 7×12시간 전화 상담 서비스와 논스톱 시스템 운영과 유지관리 서비스를 제공한다. 이와 함께 워크타일은 공식 블로그를 개설해 고객에게 제품 업데이트 서비스, 우수 협력업체 사례 및 고객 사연을 정기적으로 제공한다. 수백만 명에 달하는 사용자를 위해 워크타일은 사용자가 언제든지 질문을 올리거나 자신의 사용 후기를 공유할 수 있는 사용자 전용 커뮤니티를 구축했다.

이것 외에도 워크타일은 메신저, 블로그, 이메일 등 다양한 경로를 통해 사용자에게 지속적으로 서비스를 제공한다. 이를 통해 워크타일과 고객의 관계가 일회성의 거래 관계가 아닌 장기적인 서비스 관계임을 알 수 있다. 워크타일은 고객에게 만족스러운 서비스를 지속적으로 제공해야만 고객을 유지하고 갱신을 유도할 수 있다. 그런 점에서 유지율과 갱신율은 워크타일의 기업 가치를 결정하는 중요한 요소다.

기업과 고객 사이의 서비스 관계는 SaaS 영역에만 머물지 않는다. 디지털 콘텐츠 서비스 분야에서 넷플릭스와 구독자 사이는 장기적인 서비스 관계에 속한다. 넷플릭스는 자사의 회원들에게 영화, 텔레비전 프로그램 등 온라인 동영상 스트리밍 서비스를 제공한다. 월스트리트저널과 구독 회원의 관계 역시 장기적인 서비스 관계에 해당한다. 월

스트리트저널은 구독 회원에게 유료 뉴스 서비스를 제공한다.

그래서 구독제 기업은 모두 서비스 기업에 속한다. 구독제 기업의 경우 그 핵심은 고객에게 장기적인 서비스를 제공한다는 데 있다. 서비스 중심의 논리가 거래 중심의 논리를 대체하는 현상은 구독 모델이 전통 모델을 근본적으로 무너뜨리고 있음을 의미한다.

C2B 모델은 고객의 가치 창조 참여를 가능케 한다

전통적인 가치사슬 시스템에서 기업은 가치를 창조하는 유일한 주체로서 상품과 서비스의 모든 가치를 창출한 뒤에 비로소 가치를 고객에게 전달하고 최종적으로 가치를 획득하는 비즈니스 구조를 완성할 수 있다. 하지만 구독 모델에서 고객은 가치를 소비할 뿐만 아니라 가치를 창조하는 데도 참여한다. 법률적으로 보자면 기업은 여전히 가치를 창출하는 유일한 주체이지만, 상품 측면에서 보자면 고객과 기업은 가치를 함께 만들어낸다.

고객은 왜 가치를 창출하는 데 참여하는가? 또 어떻게 참여하는가? 이 문제들을 명확히 설명하기 위해 미국 구독제 전자상거래 기업인 스티치 픽스(Stich Fix)를 예로 들어 보겠다. 스티치 픽스는 유료 구독자에게 의류를 추천해주는 서비스를 제공한다. 사용자는 회원 등록을 할 때 설문지를 작성해야 하는데 이를 통해 사용자의 개인 자료, 선호도를 수집한다. 스티치 픽스의 AI가 해당 데이터를 토대로 알고리즘을 사용해 스타일리스트에게 특정 의류를 추천하면, 스타일리스트가 옵션을 선택한 후 사용자에게 의류를 추천해준다.

사용자는 스티치 픽스에서 배송한 상자에서 총 5개의 의류를 시착한 뒤 구매하거나 또는 반품할 수 있다. 반품한 의류에 대해 사용자는 자신의 의견을 피드백한다. 사용자가 추천 박스를 받은 뒤 구매하거나 의견을 피드백함으로써 스티치 픽스의 AI와 스타일리스트는 지속적으로 사용자 데이터를 업데이트할 수 있다. AI의 알고리즘과 스타일리스트의 전문적인 옵션 선택 작업을 통해 추천 의류와 사용자의 개인적 취향 사이의 매칭율을 지속적으로 향상함으로써 스티치 픽스가 추천한 상품은 더 많은 사용자에게 선택을 받게 되었다.

이처럼 상품 추천은 스티치 픽스의 핵심 수익 모델이자 가치 창출 활동의 기반임을 알 수 있다. 이 과정에서 사용자의 첫 사용과 추후 사용 데이터 피드백은 스티치 픽스가 고객의 취향에 맞는 상품을 정확히 추천해줄 수 있는 양질의 데이터 기반을 제공한다. 사용자는 스티치 픽스가 추천하는 상품을 구매할 뿐만 아니라 다음 추천 때 필요한 중요 참고 데이터를 제공한다. 정확한 대량의 사용자 데이터가 누적되지 않으면 스티치 픽스는 '사용자보다 사용자를 더 잘 안다'며 자신 있게 상품을 추천할 수 없다. 이처럼 가치 창조라는 관점에서 볼 때 사용자는 처음부터 스티치 픽스의 가치 창조 활동에 참여하면서 가치 창조 활동의 실질적인 주체 중 하나가 된다.

스티치 픽스의 사례에서 우리는 C2B 모델(소비자 대 기업 간 거래)이라는 새로운 비즈니스 모델을 볼 수 있다. 이는 전통적인 B2C(기업 대 소비자 간 거래), C2C(소비자 대 소비자 간 거래)와는 전혀 다른 모델이다.

C2B는 고객이 주도하는 비즈니스 모델로, 소비자를 가치 창조의 출발점이라는 위치로 끌어올리면서 전통 산업 시대의 B2C 모델의 핵심적인 상업 논리를 근본적으로 바꾸어 놓았다. C2B는 또한 타오바오(淘寶), 이베이(e-Bay) 등 C2C 모델과도 다른 상업 논리를 지녔다.

알리바바 그룹의 학술위원회 의장, 후판(湖畔) 대학교 교육장인 쩡밍(曾鳴)은 저서《스마트 비즈니스(智能商業)》에서 C2B 모델에 대해 이렇게 서술했다.

"2012년 마윈(馬雲)과 이야기를 나누던 중에 C2B, 즉 Customer to Business라는 방식을 갑자기 떠올리게 되었다. 우리는 그것이 인터넷 시대의 가장 중요한 기본적인 비즈니스 모델이 될 거라는 데 인식을 같이했다. C2B 모델은 전통 산업 시대를 근본적으로 뒤엎는 진정한 의미의 고객이 주도하는 비즈니스가 될 것이다. 기업은 저비용으로 고객과 지속적으로 소통할 수 있는 기반을 세우고, 논스톱 운영을 통해 고객에 대한 서비스를 궁극적으로 최적화할 수 있을 것이다.

리커창(李克強) 총리는 C2B는 소비자가 니즈를 제시하면 제조업자가 그것을 토대로 소비품, 설비를 기획하는 것이라고 강조한 바 있다. 이는 진정한 의미의 혁신이다. 기업은 더 이상 폐쇄된 구조의 개별 업체가 아니라, 인터넷과 시장과의 긴밀한 연결을 통해 소비자와 언제든지 민첩하게 소통할 수 있다. C2B 모델의 대표적 특징은 사용자가 주도한다는 점으로, 사용자는 상품을 수동적으로 받아들이는 대상에서 적극 참여자, 의사결정자의 자격으로 변화했다. 브랜드와 사용자의 관계는 한 방향의 가치 전달 구조에서 쌍방향의 가치 협동 구조로 전환되었다."

쩡밍은 미래 스마트 비즈니스의 핵심 모델은 C2B이며, 그 흐름을 주도하는 기업이 미래 비즈니스 시장의 리더가 될 거라고 강조했다.

사용자의 경험이 생산력이 되다

전통적인 산업 모델에서 사용자의 경험은 '고객 중심주의'와 유사한 존재로 취급받았다. 전통기업은 '고객의 경험이 가장 중요하다'는 구호를 즐겨 사용했지만, 상품과 서비스에 제대로 적용되지는 못했다. 또 한편으로 일부 기업들은 사용자 경험을 상품의 사용자 인터페이스(UI), 커뮤니티 설계 정도로 이해해서 그래픽 디자이너를 고용하면 사용자 경험 문제를 해결할 수 있다고 생각했다. 하지만 이것은 사용자 경험을 진정으로 중시한 것이 아니다. 그 근본적인 원인은 사용자 경험이 기업의 경영과 성과에 영향을 주지 않을 거라고 생각했기 때문이다.

구독 모델에서 사용자 경험은 더 이상 구호에 불과한 것이 아니라 생산력 그 자체다. 이는 구독제 기업과 사용자 간의 장기적인 서비스 관계에 의해 결정된다. 구독제 디지털 콘텐츠 서비스 혹은 클라우딩 서비스, 혹은 구독제 전자상거래 업체 등은 모두 사용자 경험을 강조한다. 우수한 사용자 경험을 지속적으로 제공해야만 사용자가 장기적으로 활발히 사용하며 잔류해서 지속적이고 안정적으로 재결제를 하고, 기업의 장기 충성고객이 될 수 있다. 고객이 가치 창조 과정에 참여해 구독제 기업의 협동 가치사슬을 활성화한다는 점에서 고객과 사용자 경험은 더욱 중요할 수밖에 없다.

그렇다면 사용자 경험은 어떻게 평가할 수 있을까? 화웨이 순환 (Rotation) CEO 쉬즈쥔(徐直軍)은 2015년 화웨이 글로벌 애널리스트 회의에서 이에 대해 명확하게 설명했다.

"ROADS는 업계 신규 사용자의 경험을 평가하는 기준이 될 것이다." 쉬즈쥔은 먼저 사용자 경험이라는 관점에서 업계에 대한 자신의 판단을 언급했다. "인터넷은 소비자의 소비 방식과 행위를 점진적으로 바꿔나가고 있다. 화웨이는 이를 ROADS라고 정의하는데, 실시간 (Real-time), 수요에 따른 맞춤형(On-demand), 온라인(All-online), 사용자 셀프서비스(DIY)와 사교(Social)를 가리킨다. 이러한 변화에 따른 영향은 모든 업계를 향하고 있으며, 인터넷이 소비자의 행위 모델을 바꾸고 있다는 데 주목해야 한다. 기업은 구조 전환을 위한 행동을 취해야 한다. 과거 기업은 안에서 밖으로, 아래서 위로 고객에게 상품과 서비스를 제공했다. 니즈가 철저하게 바뀐 오늘날에는 밖에서 안으로, 위에서 아래로 고객을 위한 상품과 서비스가 제공됨으로써 진정한 의미의 고객이 주도하는 상품과 서비스가 실현되었다."

소유권에서 사용권으로, 새로운 렌탈경제 시대의 개막

전통 산업에서 기업과 고객 간 거래의 목적물은 상품 소유권이었다. 기업은 상품 소유권을 양도함으로써 판매 수익을 획득하고, 고객은 돈을 지불해 상품 소유권을 획득했다. 이는 전통 산업의 핵심 논리다. 하지만 구독 모델에서 기업과 고객 간 거래의 목적물은 상품의 사용권이다. 상품 소유권이 유지되는 상황에서 기업은 상품 사용권을 양도함으로써 정기적으로 임대 수익을 올리고, 고객은 정기결제를 통해 상품 사용권을 획득한다. 소유권을 거래하던 방식에서 사용권을 임대하는 방식으로의 전환은 구독 모델과 전통 산업 모델을 구분하는 근본적인 차이다.

케빈 켈리(Kevin Kelly)는 《인에비터블 미래의 정체(원제: The Inevitable: Understanding The 12 Technological Forces That Will Shape Our Future)》에서 미래에는 자원의 사용권이 소유권보다 더 중요해질 것이며, 사람들이 서비스를 획득하는 방식을 통해 현물을 '점유'할 것이라고 소개했다. 완전히 새로운 렌탈경제 시대가 이미 도래했다는 것이다.

그렇다면 완전히 새로운 렌탈경제가 디지털 시대에 탄생한 이유는 무엇일까? 기술력의 발전, 창업 열풍, 자본력, 대기업의 지원, 정부의 관리 등 여러 요소가 함께 만들어낸 결과이자, 젊은 소비자들의 달라진 소비 관념이 반영된 변화다.

첫째, 공유경제의 발전을 통해 렌탈경제에 대한 소비자의 인식과 수용도가 높아지면서 필요한 것을 렌탈하는 소비 방식에 소비자가 익숙해지기 시작했다. 지난 몇 년 동안 전 세계 공유경제의 발전으로 숙박, 자동차, 자전거, P2P, 보조배터리 등 틈새시장을 겨냥한 스타트업들이 대거 탄생하며 거대 자본으로부터 뜨거운 관심과 러브콜을 받았다. 그 결과 에어비앤비(Airbnb), 우버(Uber), 디디(滴滴, 모바일 앱을 통해 가장 가까운 곳에 있는 택시 및 개인 자가용 차량을 배차해 주는 중국의 차량 공유 서비스 기업), 모바이(摩拜, 중국의 자전거 공유업체) 등 유명 기업이 탄생했다.

2017년부터 P2P 플랫폼의 무분별한 등장, 공유 자전거의 거품이 사라짐에 따라 공유경제에 참가하는 기업, 사용자, 투자자 또는 정부 관리 부문 등에서 공유경제가 가져온 가치와 도전을 다시금 살피고 있다. 그러나 공유경제의 거품이 아무리 크다고 해도 사용자의 소비 관념을 바꾸는 데 큰 공로를 세웠다는 점은 부정할 수 없다. 이를 통해 사용자는 '소유'에서 '사용'으로 소비의 초점을 바꾸어 상품의 구매에서 렌탈서비스 방식을 선택하기 시작했다. 이러한 전환은 단편적인 현상에서 이미 사회 전반에 이르는 추세가 되었다.

둘째, 머리말에서 말했던 것처럼 현재 젊은 소비자의 소비 관념에 커다란 변화가 나타났다. 그들은 개인화 소비, 질 높은 삶을 더욱 원한다. 그들은 상품의 소유권이 아니라 마음에 드는 상품을 사용할 수 있는가 아닌가를 더 중시한다. 예를 들어 미국 의류 렌탈 플랫폼인 렌트 더 런웨이(Rent the Runway)의 젊은 고객들은 한두 번 입다가 옷장 구석에 처박히게 될 고가의 옷을 한 벌 사는 것보다는 매달 150달러를 내고 마음에 드는 의류를 마음대로 입을 수 있는 서비스를 더욱 선호한다. 이러한 소비 관념의 변화는 렌탈경제의 가장 원초적이면서 오래 유지되도록 하는 원동력이다.

셋째, 클라우드 컴퓨팅, 빅데이터, 보관 및 물류 등 인터넷 인프라 환경의 개선으로 렌탈경제는 발전에 필요한 기술력과 리소스를 확보하면서 온라인 렌탈의 운용 비용을 대폭 낮추고 경영 효율을 높일 수 있었다. 그 결과 온라인 렌탈 분야는 많은 성장 가능성을 보여주고 있다. 이와 함께 모바일 결제 시스템과 신용 시스템이 점진적으로 개선되면서 렌탈경제는 보증금이라는 족쇄에 발목 잡혀 있던 전통적인 렌탈 비즈니스의 고충을 해결함으로써 렌탈 비즈니스의 문턱을 대폭 낮추고, 보증금 면제로 인한 젊은 소비층의 소비 열풍을 확산했다.

마지막으로 공급자로서 전통 업체의 태도에 변화가 나타났다. 전통 모델에서 생산업체는 대량의 재고를 갖고 있어야 했고, 최종 사용자와 장기적으로 안정적인 관계를 구축하거나 사용자 데이터를 통해 정확한 사용자 니즈를 확보할 수 없었다. 이에 반해 렌탈경제는 생산업체에 더 많은 선택권을 제공했다. 제조업체들은 렌탈 비즈니스를 통해 더 많은 브랜드 노출을 할 수 있고, 렌탈-판매 대행 또는 렌탈-판매 전환 방식을 통해 재고를 소화할 수 있다. 그 밖에도 소비자와 직접 소통하며 대량의 소비자 개인 정보 및 선호 데이터를 지속적으로 얻게 됨으로써 사용자에 대한 정확한 페르소나를 진행해 빠르게 최적화된 비즈니스 의사결정을 내릴 수 있다.

일용품 부문의 전통적인 강자인 유니레버(Unilever)는 10억 달러의 거액으로 구독제 전자상거래 업체인 달러 셰이브 클럽(Dollar Shave Club)을 인수했다. 유니레버는 달러 셰이브 클럽을 통해 소비자와 직접 소통할 수 있는 창구를 획득하고, 획득한 대량의 데이터로 사용자 페르소나를 구축해서 전 세계 일용품 분야에서 선두주자로서의 입지를 공고히 하고자 한 것이다.

중국 시장에서는 렌탈경제를 기반으로 하는 창업붐이 일어나면서 장기적 안목을 가진 투자자로부터 크게 주목받았다. 예를 들어 공유 옷장 개념을 제시한 이얼싼(衣二三), 뉘션파이(女神派), 디지털 장비를 빌려주는 러조상청(樂租商城), 주거량(租葛亮), 사무용 컴퓨터를 렌탈해주는 이디엔주(易點租) 등이 모두 벤처투자 기관으로부터 투자를 받았다. 스타트업 이외에 알리바바를 위시한 대형 인터넷 기업들 역시 렌탈경제에 본격적으로 뛰어들기 시작했다.

비즈니스를 한 차원 높이는
데이터와 알고리즘을 통한 운영

전통 산업 시스템에서는 경험을 통해 의사결정을 내리고, 의사결정부터 실행까지 여러 단계의 내부 절차를 거쳐야 한다. 이러한 과정은 의사결정의 과학성과 효율에 영향을 줄 뿐만 아니라 의사결정과 실제 경영이 일치하지 못하는 결과를 초래하기도 한다. 반면 구독제 기업의 경우 의사결정은 고위 임원만의 일이 아닐 뿐만 아니라 중대한 문제를 다룰 때만 진행되는 것이 아니다. 고객과의 장기적인 서비스 관계로 인해 구독제 기업은 매일, 심지어 시시각각 의사결정을 내려야한다.

그렇다면 이러한 의사결정은 어떻게 이루어지는가? 바로 데이터와 알고리즘을 통해 이루어진다. 구독제 기업은 실시간으로 대규모 사용자 데이터를 수집한 뒤 알고리즘을 이용해 지속적으로 데이터를 운용할 뿐만 아니라 알고리즘의 지속적인 최적화 및 반복을 실시한다. 실시간의 대규모 사용자 데이터와 지속적으로 최적화된 알고리즘의 결합을 통해 구독제 기업은 경영을 빠르게 개선하고 최적화함으로써 데이터와 알고리즘의 작동으로 운영하는 기업이 될 수 있다.

데이터와 알고리즘을 통한 운영에서 스티치 픽스는 모범 사례라 할 수 있다. 베이징 패션 아카데미의 천칭웨이(陳慶偉)와 리샤오후이(李曉慧)는 잡지 〈기업 관리〉에서 〈스티치 픽스: 데이터 중심의 패션 소매기업〉 글을 발표해 스티치 픽스가 데이터와 알고리즘을 이용해 회사를 운영하는 방식을 구체적으로 소개했다. 대략적인 내용은 다음과 같다.

- 데이터를 통한 배송 및 창고 선택

  스티치 픽스는 현재 미국 본토에 총 여섯 개의 창고를 가지고 있다. 고객의 위치 정보를 확인한 후에 스피치 픽스의 백엔드에서 각 지역의 창고에서 고객에게 물품을 발송했을 때 드는 비용을 계산한다. 해당 알고리즘은 각 창고와 고객의 위치 관계, 현재 보유 중인 재고와 고객의 수요 간 매칭율을 토대로 가장 저렴한 비용으로 물품이 배송될 수 있도록 지원한다. 이러한 비용 계산 시스템은 모든 고객에 대해 계산하여 비용 매트릭스를 생성한다. 이렇게 하면 고객에게 물품이 배송될 창고를 분배해주는 문제를 '최적해(Optimal Solution, 어떠한 운영방식이나 생산방법이 가장 적합한지를 결정하기 위해 현실적으로 최대 이익을 얻을 수 있는 의사결정을 내릴 수 있도록 시뮬레이션에 의해 합리적으로 구해진 가장 적절한 해)를 찾는 문제'로 바꿀 수 있다.

- 데이터를 통한 추천 시스템 지원

  스티치 픽스의 최대 특징은 사용자 데이터와 회원 등록 시 등록된 정보를 토대로 고객에게 의류를 추천해 주는 서비스에 있다. 먼저 컴퓨터가 기존의 데이터를 이용해 일련의 서로 다른 알고리즘을 운행해 특정 고객을 위한 재고 목록을 생성한다. 이미 고객에게 추천한 의류나 고객이 원하지 않는다고 한 의류를 단계적으로 필터링하고, 남은 의류에 대해 기계에서 고객의 만족도를 계산한다. 사용자의 자기소개, 의류와 SNS 등 다양한 정보를 활용해 스티치 픽스의 백엔드에서 다양한 알고리즘을 운행해 종합 점수를 매긴다. 여기서 가장 높은 점수를 받은 의류를 스타일리스트에게 추천한다.

- 데이터를 통한 패션 스타일리스트 매칭

기계에서 점수 순위가 정해지면, 이 목록이 곧 스타일리스트에게 전달된다. 여러 기기 중에서 무작위로 선택되어 기본적으로 동일한 기기와 달리 인간은 훨씬 복잡하다. 어떤 스타일리스트는 다른 스타일리스트보다 고객에게 월등한 서비스를 제공할 수 있다. 그래서 스티치 픽스는 알고리즘을 이용해 스타일리스트와 고객을 효과적으로 매칭한다. 먼저 각 스타일리스트와 고객 간의 매칭 점수를 계산한다. 해당 점수는 고객과 스타일리스트의 커뮤니케이션 히스토리, 고객의 설명, 고객의 잠재적인 선호 스타일과 스타일리스트의 친밀도를 토대로 계산된다.

- 데이터를 통해 인공 계산의 토대를 닦는다

스타일리스트가 먼저 플랫폼 화면에서 미션을 추출한다. 해당 화면은 스타일리스트가 고객을 빠르고 정확하게 이해하도록 전문적으로 설계된 것으로, 프로그래머가 변수를 설정하면 스타일리스트가 추천한 이유를 플랫폼이 알 수 있다. 해당 정보를 알아야 플랫폼의 서비스 수준, 이를테면 컴퓨터의 추천 알고리즘 향상, 스타일리스트의 훈련 과정 개선 등등을 최적화할 수 있다. 최종적으로 스타일리스트가 추천 작업을 끝내고 사용자에게 사용 설명서를 작성해 고객에게 특별한 장소를 위한 코디나 옷장 속 다른 의상과 어떻게 코디할지를 알려준다. 이렇게 하면 추천 과정이 완료되면서 발송을 준비하게 된다.

- 데이터를 통한 창고 피킹 경로 최적화
  고객에게 의류를 추천한 뒤 해당하는 상품리스트가 만들어진다. 그렇다면 창고에서 가장 효과적인 피킹(Picking) 경로는 어떻게 될까? 스티치 픽스는 동시에 추려낼 수 있는 목록을 분류해 '피킹 경로 문제' 솔루션에 따라 아이템을 피킹해 발송일에 해당 상품을 고객에게 보낸다.

- 데이터를 통한 창고 관리 지원
  스티치 픽스의 AI는 고객과 연관된 모든 접점, 이를테면 발송된 택배 정보, 피드백 정보, 주고받은 이메일 등을 일일이 추적한다. 해당 데이터를 이용해 스티치 픽스의 AI는 고객의 상황, 상황별 니즈를 최대한 파악한 뒤에 상황 변화를 탐지해 유발점을 찾아낸다. 스티치 픽스의 AI가 고객의 상황을 이해하고, 고객의 서로 다른 상황에서의 변화를 알아낼 수 있으면 고객 상황 변화 매트릭스와 마르코프 체인 모델을 구축할 수 있다. 이 모델을 통해 스티치 픽스는 시스템의 효용을 연구할 수 있다. 해당 모델의 용도 중 하나는 바로 미래 수요의 예측이다.
  이는 매우 중요한 특징으로, 스티치 픽스는 상품을 들여오기 전에 재고량을 유지해야 하는 동시에 고객이 필요로 할 때를 대비해 물량을 충분히 확보해야 하기 때문이다. 고객의 구매 수요로 재고가 계속해서 감소하지만 재고를 확보하려면 적절한 물량을 입고해야 한다. 이러한 상황에서 상품을 들여올 정확한 시기의 판단, 가용 재고의 확보, 주문 비용(주문 가격과 수량 관련)과 운송비용을 합친 비용의 최소화를 어떻게 구현할 것인가? 이는 하나의 큰 도전이다. 미래의 수요를 만족시키는 것 역시 효율적인 재고 관리의 큰 과제다. 스티치 픽스는 재고를 각기 다른 창고에 합리적으로 분산하고, 오래된 재고를 때때로 기증해 새로운 상품을 위한 공간을 확보한다. 일부 고전적 알고리즘들이 다음의 과정을 처리하는 데 도움을 줄 수 있다. 신상품을 얼마나 주문할 것인가? 어떤 옷을 어떤 창고에 둘 것인가? 어떤 재고품을 언제 기증할 것인가? 스티치 픽스는 시스템 동역학 모델(System Dynamics model)을 통해 이 문제들을 효과적으로 해결한다.

- 데이터를 통한 새로운 스타일의 개발

재고를 지속적으로 개선하는 방식을 통해 새로운 스타일의 상품을 구매하고 개발하기 위해 스티치 픽스는 우선 설정된 속성 그룹에 대한 목표 고객의 선호도를 측정할 수 있는 모델을 개발했다. 그 다음 해당 모델을 이용해 선호도가 높을 것으로 예상되는 속성 그룹을 체크한다. 마지막 단계에서 패션디자이너가 집결된 결과물을 확인하고 개선한 뒤 앞으로의 패션 스타일을 제시한다. 이러한 새로운 스타일의 의류를 계획에 따라 생산한 뒤에 고객에게 추천한다. 이처럼 혁신적인 과정이 반복되면서 끊임없이 좋은 제품들이 만들어진다.

스티치 픽스의 사례를 통해 데이터와 알고리즘의 구독제 기업에 대한 중요성을 알 수 있다. 전통 기업과 비교해 데이터와 알고리즘은 창고 배송 효율 및 개인화 추천 정확도 향상, 재고 회전 개선, 신제품 개발 지원 등에서 막대한 성장 잠재력을 지니고 있어 구독제 기업의 운영에 큰 동력이 된다. 이들 기업에 있어 데이터는 기반, 알고리즘은 엔진이 된다. 데이터와 알고리즘을 결합하고 데이터와 알고리즘을 백엔드로 하는 제품을 구축해야만 진정한 디테일 경영을 실현할 수 있다.

쩡밍은 《스마트 비즈니스》에서 스마트 비즈니스를 이렇게 설명했다. "그것은 비즈니스 시나리오의 데이터화, 비즈니스 논리에 충실한 알고리즘 및 반복 최적화, 디지털 스마트를 비즈니스 시나리오에 심리스한(Seamless) 상품을 특징으로 한다. 이 세 가지가 서로 연계하고 융합되면서 피드백을 주고받으며 함께 발전하는 것이 바로 미래 스마트 비즈니스의 모습이다."

구독 모델의 지수적 성장은
순이익의 증가를 이끈다

전통적인 비즈니스는 선형적 성장(Linear Growth)을 중심으로 하기 때문에 상품 판매를 통한 수익 증가는 흔히 인건비, 재고 비용, 물류 비용의 증가를 수반한다.

그러나 구독제 기업의 경우는 다르다. 예를 들어 아마존(Amazon)의 경우, 프리미엄 회원은 수십만 권에 달하는 전자책을 무제한 읽을 수 있다. 아마존은 프라임 회원을 한 명이라도 더 확보하거나 구독 매출을 조금이라도 늘리는 데 비용이 증가하지 않는다. 이것이 바로 지수적 성장(Exponential Growth)이다. 구독제 기업의 성장은 대부분 지수적 성장을 따른다. 지수적 성장은 선형적 성장을 대체해 복리(複利) 효과를 지닌 막대한 수익을 창출할 수 있다는 점에서 구독 모델이 성장 모델에서 전통 산업과 구분되는 본질적인 차이다.

소프트웨어 산업을 예로 들어 보자. 전통적인 소프트웨어 라이선스 업체의 매출을 늘리기 위한 요소는 크게 다음과 같다. 더 많은 프로그래머의 투입을 통한 새로운 제품의 기능 또는 상품 라인 개발, 판매팀 확대를 통한 시장 점유율 확대, 객단가 상승 등등. 더 많은 고객과 더 높은 시장 점유율, 더 높은 매출에 따른 결과는 필연적으로 개발 비용, 마케팅 비용, 물류 비용의 증가 및 인원 증가, 조직 구조의 확대에 따른 관리 비용의 증가를 가져온다. 이는 전통적인 소프트웨어 업계의 성장 방식이자 전형적인 선형적 성장이다.

2018년 제22회 중국 국제 소프트웨어 엑스포에서 화웨이의 순환 회장 쉬즈쥔은 중국의 소프트웨어 산업 발전에 대해 다음과 같은 의견을 제시했다.

"SaaS라는 비즈니스 모델이 등장하면서 소프트웨어 기업들은 구독에 기반한 방식으로 매년 수입을 올리고 있다. 이는 본질적으로는 라이선스를 연간 유료에 라이선스 유지관리비를 추가하는 방식으로 전환한 것이다. 소프트웨어가 클라우드 서비스로 전환되는 방식으로 고객을 상대하고, 구독이라는 방식을 통해 매년 수입을 벌어들이는 것은 중국 전체 소프트웨어 산업이 발전하는 데 있어 반드시 거쳐야 하는 단계다."

쉬즈쥔은 왜 SaaS 서비스를 강조했을까? SaaS 서비스 업체의 성장 논리가 전통적인 소프트웨어 라이선스 업체와는 완전히 다르기 때문이다. 예를 들어 워크타일의 경우 고객 대부분은 연간 비용을 지불하는데, 고객이 구독을 취소하지 않고 계속 비용을 지불한다면 고객생애가치가 대폭 향상될 뿐만 아니라 고객 유지비용이 시간이 길어질수록 증가하는 상황은 발생하지 않는다. 또 다른 한편으로 워크타일이 신규 사용자를 추가로 확보하려 한다면 마케팅 담당자를 추가로 고용했을 때 마케팅 비용이 상승하지만, 신규 고객 한 명이 늘어날 때마다의 물류 비용 증가는 거의 0이 된다.

artificial intelligence

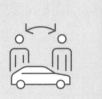

car lental

delivery service

subscribe & like

제2부
10가지 디지털 구독 모델

cloud computing

global network

individual preference

youtube creator

Subscription Economy

제4장

디지털 콘텐츠 구독 서비스

오늘날 디지털 콘텐츠는 젊은 세대의 일상의 한 부분으로 자리 잡았다. 직장인들은 출근길에 뮤직 앱에서 최신 유행곡을 듣고, 지하철에서는 App에서 다운받은 오디오 클립(Audio Clip)을 청취한다. 교보문고 쌤이나 예스24 크레마에서 전자책을 읽기도 하고, 넷플릭스에서 인기 드라마를 시청한다. 멀리 떨어져 있는 친구와 온라인으로 게임을 즐기기도 한다. 디지털 콘텐츠의 성장 및 관련 서비스의 보급에 따라 젊은 사용자들이 디지털 콘텐츠를 크게 선호하면서 TV, 신문 잡지를 비롯한 간행물 등 전통 매체가 빠르게 쇠락하고 있다. 상품과 서비스 형태가 변화하는 동시에 콘텐츠의 비즈니스 모델에도 거대한 변혁이 일어나고 있다. 디지털 콘텐츠의 물결 속에서 구독 모델이 빠르게 부상하며 디지털 콘텐츠 서비스의 트렌드가 되고 있다.

디지털 콘텐츠 서비스에서 현재 주요한 모델로는 두 가지 유형의 구독 모델이 있다. '단일한 구독 입구, 무제한 사용'을 특징으로 하는 DB(database) 모델과 '양질의 유료 콘텐츠'를 특징으로 하는 유료 구독 모델이 그것이다.

첫 번째 모델: DB 모델

데이터베이스 모델(Database Model)이란 기업이 지속적으로 업데이트할 수 있는 디지털 콘텐츠 데이터베이스를 구축하면 사용자가 정기 유료 구독을 통해 해당 데이터베이스를 무제한 사용할 수 있는 권리를 갖는 형태의 구독 모델을 가리킨다.

DB 모델의 본질은 방대한 규모의 디지털 콘텐츠가 포함된 DB 사용권을 판매한다는 데 있다. 그 핵심 비즈니스 논리는 기업이 구독자에게 지속적으로 업데이트되고 무제한 사용할 수 있는 DB를 제공해서 정기적으로 구독료를 받는다는 것이다. 그것의 주요 특징은 크게 두 가지로 나눠볼 수 있다.

첫째, 방대하면서도 지속적으로 업데이트되는 DB. 이는 고객이 구독을 결정하고 갱신하는 동기로, DB 모델의 핵심 가치제안(Value Proposition)이다.

둘째, 단일 입구. 고객이 DB의 사용권을 획득할 수 있는 유일한 입구는 비용을 지불해서 구독 회원이 되는 것이다. 비용을 지불하면 모든 걸 가질 수 있지만 지불하지 않으면 아무것도 가질 수 없다는 것이 DB 모델의 핵심 게임 법칙이다. 이러한 게임 법칙을 가장 효과적으로 활용한 덕분에 넷플릭스와 스포티파이(Spotify)는 각각 동영상과 음원 스트리밍 서비스 업계에서 글로벌 리더의 자리에 오를 수 있었다.

기업의 입장에서 보자면 DB 모델의 가치는 사용자 유지를 통해 사용자의 충성도와 활약도를 끌어올리며, 그들의 소비 횟수를 증가시켜 고객생애가치를 높이는 데 있다. 사용자의 입장에서는 DB 모델은 보다 다양한 콘텐츠를 확보하고, 일회성 구매에 따른 비용 부담을 해소해 콘텐츠 소비에 집중할 수 있어 보다 뛰어난 사용자 경험을 누릴 수 있다는 데 그 가치가 있다.

DB 모델은 텍스트, 이미지, 음원, 동영상 등 리치 미디어(Rich Media, 인터넷 광고 용어, 기존의 단순한 배너 광고가 아니라 광고 위에 마우스를 올리면 광고 이미지가 바뀌거나 동영상이 자동재생되는 형식으로 인터넷에서 사용자와의 상호작용을 지원하는 새로운 형태의 매체) 형태로 온라인에서 저장·사용할 수 있는 모든 디지털 콘텐츠 상품과 서비스에 적용된다. 여기에는 전자책, 뮤직, 영화, TV 프로그램, 게임, 음원 및 동영상 프로그램 등이 포함된다. 넷플릭스, 스포티파이, 애플 뮤직, 린다(Lynda) 등이 대표적인 DB 모델로 평가된다.

구독 순환 구조로 분석한 DB 모델의 핵심 요소는 그림 4-1에서 보는 바와 같이 크게 세 가지로 구성된다. 첫째, 디지털 콘텐츠 DB. 여기에는 텍스트, 이미지, 음원, 동영상 등 각종 리치 미디어 형태의 디지털 콘텐츠가 포함된다. 둘째, 구독료. DB 모델은 일반적으로 사용 권한에 따라 차등의 구독자 회원 등급을 설정해 회원이 정기적으로 사용료를 지불함으로써 디지털 콘텐츠 DB의 사용 권한을 획득할 수 있다. 셋째, 약정. 구독자는 기업에 정기적으로 사용료를 지불해 DB를 사용할 수 있는 비용을 지불할 것을 약정하고, 기업은 구독자에게 유료 구독 기간 동안 DB를 무제한 사용할 수 있는 권한을 제공한다고 약정한다.

가격 전략이라는 관점에서 볼 때 DB 모델을 선택한 기업은 일반적으로 침투 가격 전략(Penetration Price Strategy)을 사용한다. 이것은 상대적으로 저렴한 가격으로 대량의 구독자를 끌어들여 빠르게 시장 점유율을 높이는 방식을 가리킨다. 대량의 사용자와 높은 시장 점유율을 확보한 뒤 기업은 주로 가격 인상을 통해 매출과 이윤을 높인다.

침투 가격 전략은 구독자의 소비 수요를 자극하고, 사용자 수와 시장 점유율의 빠른 증가를 유도한다는 점에서 장점이 있다. 또한 일부 신규 경쟁자의 유입을 막고, 시장 경쟁에서 장기적으로 우위를 선점함으로써 가격 결정권을 확보하는 데도 도움이 된다. 하지만 이러한 가격 전략은 기업의 수익성을 떨어뜨리고, 수익이 나기까지의 기간을 연장하는 단점이 있어 기업이 DB를 계속해서 구축하고 업데이트하

그림 4-1 DB 모델의 구독 순환

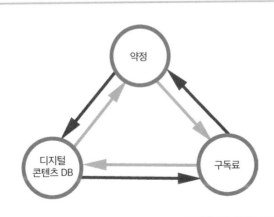

기 위해 끊임없이 자금을 융통해야 하기도 한다. 장기적으로 보면 기업이 저가 전략을 통해 시장 우위, 심지어 독점적 지위를 확보할 수 있다면 궁극적으로는 업계의 가격 결정권을 손에 넣고 장기적으로 수익을 얻을 수 있다.

DB 모델을 선택한 기업의 경우 그 성공 여부는 방대하면서도 지속적으로 업데이트되는 DB를 구축할 수 있느냐에 달려 있다. 이는 이러한 유형의 모델을 선택한 기업의 핵심 경쟁력이자 DB 모델 기반 기업의 중요한 과제이기도 하다. 만약 디지털 콘텐츠 DB의 다양성을 제공하지 못하고, DB 콘텐츠의 지속적인 업데이트 및 흡인력 있는 콘텐츠를 꾸준히 제공하지 못한다면 구독자는 싫증을 느끼고 해지할 가능성이 높다. 다양하고 참신하며 흡인력 있는 콘텐츠들이 충분히 제공되어야 대량의 구독자를 끌어들이고 구독을 유지할 수 있다.

하지만 이는 말처럼 쉬운 일이 아니다. 기업이 방대하면서도 지속적으로 구독자를 끌어들일 수 있는 디지털 콘텐츠 DB를 구축하고 유지하려면 계속해서 디지털 콘텐츠 판권을 사들이고 제작하는 데 거액의 자금을 투입해야 한다. 이를 위해서는 기업의 강력하면서도 지속 가능한 융자 능력이 뒷받침되어야 한다.

현재 DB 모델은 전 세계 디지털 콘텐츠 서비스 분야의 주요 모델로 자리 잡았다. 예를 들면 넷플릭스는 구독자에게 방대한 규모의 영화 및 TV 프로그램 온라인 시청 서비스를 제공하고 있으며, 스포티파이는 구독자에게 대규모 음악이 포함된 음원 스트리밍 서비스를 제공하고 있다. 아마존의 경우 킨들을 통해 구독자에게 수십만 권에 달하는 전자책 열람 서비스를 제공하고 있다.

통계에 따르면 2017년 전 세계 10대 인터넷 기업 중 넷플릭스와 스포티파이는 전적으로 DB 모델에 기반을 둔 인터넷 기업에 속한다. 반면 아마존, 텐센트, 알리바바 등 대형 인터넷 기업은 각자의 사업 부문에서 DB 모델을 적용하고 있다.

넷플릭스 스토리: 동영상 스트리밍 서비스로 영상 산업 시장의 판도를 바꾸다

넷플릭스는 미국의 동영상 스트리밍 서비스 기업으로 리드 헤이스팅스(Reed Hastings)와 마크 랜돌프(Marc Randolph)가 1997년에 창업했다. 미국 캘리포니아주 로스 가토스(Los Gatos)에 본사를 두고 있는 넷플릭스는 2002년 나스닥에 상장했다.

20여 년에 걸친 눈부신 성장에 힘입어 넷플릭스는 전 세계 동영상 스트리밍 서비스 업계의 거두가 되어 페이스북, 아마존, 애플, 구글과 함께 이른바 'FAANG'으로 불리며 미국 자본시장에서 가장 환영받는, 가장 눈에 띄는 성과를 보여주는 5대 IT 기업으로 자리 잡았다.

온라인 렌탈 모델로 렌탈업계의 거두 블록버스터를 쓰러뜨리다

1997년 어느 날, 창립자 헤이스팅스는 벽장에서 대여 기간이 지난 DVD 〈아폴로 13호〉를 발견했다. 이 때문에 연체료를 40달러나 내야 했던 헤이스팅스는 더 나은 가정용 비디오 렌탈 서비스를 제공할 방법을 고민하다가 오랜 동료 랜돌프와 넷플릭스를 창업하게 되었다.

창립 초반 온라인을 통해 비디오를 빌려주는 사업 방식을 채택한 이들은 다양한 스타일의 DVD를 대량 구매했다. 렌탈 매장을 대량으로 갖춰야 하는 전통적인 오프라인 비디오 렌탈 업체와 달리 넷플릭스는 처음부터 온라인 렌탈 모델을 채택했다.

고객이 넷플릭스 사이트에 회원으로 가입한 뒤 매달 회원비를 내면 넷플릭스의 비디오 렌탈 서비스를 즉시 이용할 수 있었다. 그 덕분에 전통적인 오프라인 비디오 렌탈 체인점에서 흔히 볼 수 있는 장면, 이를테면 원하는 비디오를 고른 뒤 계산하려고 줄을 서거나 보증금 환급과 같은 번잡한 절차 등을 모두 생략할 수 있었다. 회원이 사이트에서 비디오를 고르면 넷플릭스가 우편을 통해 고객에게 배달하고, 고객은 영화를 보고 나서 우편을 통해 비디오를 반납하면 된다. 여기에 넷플릭스는 대여 기간이 지난 고객에게 별도의 연체료를 부과하지 않는 전략을 도입했다. 연체료는 전통적인 오프라인 비디오 렌탈 체인점의 주요 수익원이었다.

'할인 가격 + 편리한 검색 + 무료 익일 배송'으로 구성된 운영 및 서비스 모델을 발판 삼아 급성장한 넷플릭스는 미국 내 64곳의 배송 센터를 통해 회원에게 영화를 24시간 내에 90% 이상 배송 완료하는 서비스를 제공했다. 넷플릭스의 이러한 운영 전략은 전통적인 비디오 렌탈 업계에 커다란 반향을 일으켰다. 그 결과, 넷플릭스는 전통적인 DVD 렌탈 업계의 거두 블록버스터(Blockbuster)를 무너뜨리며 해당 업계의 선두주자로 떠올랐다.

동영상 스트리밍 서비스 시장으로의 진출

2005년 창립과 함께 뜨거운 사랑을 받은 유튜브의 등장은 넷플릭스 경영진에게 많은 점을 시사했다. 2007년 헤이스팅스는 인터넷 동영상 시장에 진출하겠다고 공표했다. 넷플릭스는 전통적인 비디오 렌탈 사업을 유지하면서 2007년 동영상 스트리밍 서비스 'Watch Now'를 제공했다. 등록 회원은 매달 7.99달러(모바일 사용자의 경우 8.99달러)만 내면 넷플릭스의 모든 영상물을 시청할 수 있도록 했다. 이를 기반으로 넷플릭스는 '스트리밍+DVD'의 투트랙 운영 모델을 선보였다.

구독자가 영화와 TV 프로그램을 무제한 시청할 수 있기 때문에 넷플릭스는 영화 한 편이나 TV 프로그램 제작비용이 아닌 회원의 선호도, 경쟁 상대 등의 요소를 고려해 가격을 책정했다. 이는 시장 점유율을 확대하고, 동영상 스트리밍 가격 결정권을 쟁탈하겠다는 목표였다. 2020년 기준 넷플릭스의 동영상 스트리밍 서비스 가격은 표 4-1과 같다.

표 4-1 넷플릭스의 동영상 스트리밍 서비스 가격

	베이식	스탠다드	프리미엄
정식 회원 월간 구독료	$8.99	$13.99	$17.99
HD	X	v	v
UHD	X	X	v
동시 시청 가능한 화면 수	1	2	4
노트북, TV, 휴대폰 및 PC에서 시청 가능	v	v	v
무제한 영화 및 TV 프로그램	v	v	v
수시 취소	v	v	v
첫 달 무료	v	v	v

개인화 추천 시스템을 통해 추천 정확성을 높이다

넷플릭스는 사용자 데이터를 수집·발굴·활용하는 데 탁월하다. 영화 추천 시스템인 시네매치(Cinematch)는 여덟 곳의 출처를 통해 사용자 데이터를 수집하고 분석한다. 사용자 데이터에는 사용자의 평점, 재생시간, 재생장소, 장비 종류 등의 재생 데이터, 내 동영상 리스트, 방송 목록 등 선호 데이터, 마우스 클릭, 페이지 체류시간, 마우스 스크롤링 등 인터렉티브 데이터, 주연 배우 유형 등 동영상 속성 데이터, SNS 데이터, 사용자 검색 키워드, 선택 결과 등 검색 데이터와 박스 오피스, 영화 평점 등 외부 데이터가 포함된다. 이들 데이터를 토대로 24시간 전천후 추적 및 분석을 하는 넷플릭스는 모든 사용자에 대한 정확한 페르소나를 통해 사용자가 가장 선호하는 영화와 드라마를 추천하는 '맞춤형 서비스'를 제공하기 시작했다.

2006년부터 시네매치의 추천 정확성을 지속적으로 높이기 위해 넷플릭스는 머신러닝과 데이터 마이닝 실력을 평가하는 대회를 3년간 개최했다. 전 세계에서 알고리즘을 수집해 영상물의 평점 예측 정확도를 높이는 데 그 목적이 있었다. 시네매치 시스템의 정확도를 10% 올린 팀에게 넷플릭스는 상금 100만 달러의 '넷플릭스 프라이즈(Netflix Prize)'를 수여했다. 이러한 활동은 개발자가 대회 참가를 위해 알고리즘을 설계하고 제출하도록 동기를 부여해 전 세계 개발자의 적극적인 참여를 유도했다. 이를 통해 넷플릭스는 영상물 추천 효율을 지속적으로 높이고, 구독자의 사용자 경험을 대폭 향상할 수 있었다.

다양한 유통 채널과 오리지널 콘텐츠의 투트랙 전략

점차 경쟁이 치열해지는 스트리밍 시장에서 넷플릭스는 전략적 파트너십 전략과 독점 오리지널 콘텐츠 전략이라는 투트랙 전략을 전개하고 있다.

전략적 파트너십 전략에서 넷플릭스는 콘텐츠를 선보일 수 있는 플랫폼을 확대하기 위해 통신사, 스마트 TV 등 제조업체와의 파트너십을 적극적으로 추진하고 있다. 예를 들어 2008년 넷플릭스는 MS의 Xbox360과 협력을 통해 일반 가정시장에 진출했다. 또 2013년에는 영국 버진 미디어(Virgin Media)가 세계 최초로 넷플릭스와 파트너십을 맺고 유료 TV 운영업체가 되었다. 같은 해, 넷플릭스는 미국 리버티 글로벌(Liberty Global)과 장기 협력 합의서에 서명함으로써 30여 개 국가의 유료 TV 플랫폼에 넷플릭스의 인터넷 TV 서비스를 추가했다. 2017년 넷플릭스는 노르웨이의 통신업체 텔레노어(Telenor), 독일 통신사 도이치 텔레콤(Deutsche Telekom), 프랑스의 오랑주(Orange), 알티스(Altice) 등 유럽 통신사들과 장기 파트너십을 맺었다.

그 밖에도 일본의 소니, 한국의 삼성과 LG 등 스마트 TV 제조 기업들과도 전략적 협력을 추진했다. 넷플릭스는 이들 기업이 만든 스마트 TV에 넷플릭스 앱 프로그램을 미리 설치하고, 이들 기업에 '넷플릭스 추천 TV(Netflex Recommended TV)'를 사용할 수 있도록 승인했다.

소니 TV는 사용자가 쉽고 간편하게 넷플릭스 앱 프로그램을 사용하도록 리모컨에 '넷플릭스 전용 버튼'을 추가하기도 했다. 이러한 장기적 전략 파트너십 관계의 구축을 통해 넷플릭스의 온라인 동영상 콘텐츠가 1천여 종에 달하는 스마트 단말기로 유럽, 미국을 포함해 일본, 한국 등 100여 개 국가의 시청자들에게 빠르게 보급되었다.

오리지널 콘텐츠 전략에서 넷플릭스는 전통적인 영상물 제작사와 완전히 다른 영상물 제작 전략을 채택했다. 디즈니, 파라마운트, 21세기 폭스 등 전통적인 영상물 제작사는 시청자에 대한 데이터 이해가 부족해 이윤 최대화를 위해 대중적인 취향을 만족시키는 데 주력해야 했다.

이와는 대조적으로 동영상 서비스 플랫폼으로서 넷플릭스는 매일 3000만 명의 사용자 행위 정보, 300만 회에 달하는 구독자 검색 행위와 400만 회에 달하는 온라인 평점 정보를 수집할 수 있다. 사용자 빅데이터 분석을 토대로 넷플릭스는 시청자가 좋아하는 영상물의 소재, 감독, 배우 등 중요 정보를 정확히 파악할 수 있다.

한편 넷플릭스는 구독자가 선호하는 영상물의 특징을 파악함으로써 대중적인 취향이 아닌, 롱테일의 법칙에서 꼬리에 해당하는 소수의 마니아를 위한 영화와 드라마를 내놓을 수 있었다. 이들 대부분은 전통적 영상물 제작사들의 관심 밖 영역이었다.

2013년 넷플릭스는 방대한 회원 시청 데이터 분석을 토대로 거액을 투자해 〈하우스 오브 카드〉를 제작했다. 총 13부작으로 구성된 시즌제 방영 방식을 통해 〈하우스 오브 카드〉는 커다란 성공을 거두었다. 이를 계기로 넷플릭스는 오리지널 콘텐츠 제작에 본격적으로 뛰어들어 〈헴록 그로브(Hemlock Grove)〉, 〈못 말리는 패밀리(Arrested

Development)〉, 〈오렌지 이즈 더 뉴 블랙(Orange Is the New Black)〉, 〈기묘한 이야기(Stranger Things)〉 등 드라마를 자체 제작하기 시작했다. 넷플릭스는 오리지널 콘텐츠를 제작하는 데 2013년 25억 3000만 달러를 투자한 이래 계속해서 투자를 늘려 2018년에는 투자액이 무려 80억 달러를 넘었다. 이는 미국의 디즈니, NBC, HBO 등 전통적인 영상물 제작사의 투자액을 훨씬 웃도는 수준이다. 통계에 따르면 2017년 넷플릭스가 미국 인터넷 오리지널 영상물 제작 시장에서 70% 이상에 달하는 점유율을 차지하고 있으며, 그 수치가 매년 증가하는 추세라고 한다.

넷플릭스의 창립자 헤이스팅스는 "우리는 IT를 우리의 콘텐츠를 더욱 뛰어나고, 현대적으로 경험할 수 있도록 해주는 도구라고 생각합니다. 넓은 의미에서 우리는 소비자의 시간을 빼앗고 있습니다"라고 말했다.

유료 구독자 수와 시가총액이 보여주는 글로벌 스트리밍 서비스의 새로운 강자

〈하우스 오브 카드〉를 필두로 대규모 오리지널 콘텐츠를 앞세운 넷플릭스의 유료 구독자 수는 2013년 4,435만 명에서 2017년 1억 1,800만 명으로 증가한 데 이어, 2018년 2분기에는 1억 3,000만 명에 도달했다. 또한 2020년 4분기에는 2억 명을 넘어섰다. 시가총액의 경우 2013년 212억 5,000만 달러 수준이던 것이 2018년 1분기 1,566억

표 4-2 넷플릭스의 사용자 수와 시가 증가 데이터

	2013년	2014년	2015년	2016년	2017년	2018Q1
신규 구독자 수 (천 명)	11,083	13,041	17,371	19,034	23,786	7,410
전체 구독자 수 (천 명)	44,350	57,391	74,762	93,796	117,582	125,000
구독자 증가율	33%	29%	30%	25%	25%	27%
구독자 1인당 영업 수입 (천 달러)	99	96	91	94	99	118
넷플릭스 시가총액 (백만 달러)	21,250	19,920	49,010	54,160	86,210	156,650
구독자 1인당 시장 가치(달러)	479	347	656	577	733	1253

자료 출처: Seeking Alpha

5000만 달러로 증가했으며, 2020년 2,550억 달러에 달했다. 넷플릭스의 사용자 수와 시가총액 증가 데이터는 표 4-2와 같다.

　2018년 5월 24일 넷플릭스의 주가가 처음으로 디즈니를 앞지르며 글로벌 미디어 산업의 강자로 뛰어올랐다. 이를 두고 언론에서는 '넷플릭스 신화'라고 극찬했다. 네트워크 솔루션 업체인 샌드바인(Sandvine)의 최신 글로벌 인터넷 현상 보고서에 따르면 영화와 텔레비전 프로그램이 전체 인터넷 다운스트림 트래픽의 약 58%를 차지하는데, 그중에서도 넷플릭스가 전 세계 네트워크 트래픽의 15%를 차지한다고 한다. 이는 전 세계 다운스트림의 최대 사용량이다.

넷플릭스의 성장사: 두 번의 도약과 세 번의 도전

넷플릭스의 20여 년에 이르는 성장사를 돌이켜 보면 크게 두 단계로 나눌 수 있다. 첫 번째 도약기는 1997년부터 2006년에 이르는 기간으로, 넷플릭스는 전통적인 DVD 렌탈 업체에서 '할인 가격 + 편리한 검색 + 무료 익일 배송'의 서비스 모델, 연체료 면제로 인한 사용자 비용의 경감, 양질의 사용자 경험에 힘입어 전통적인 오프라인 렌탈 프랜차이즈를 철저히 뒤엎었다. DVD 렌탈 프랜차이즈 업계의 거두인 블록버스터를 뒤엎은 넷플릭스는 무명의 작은 회사에서 DVD 렌탈 업계의 일인자가 되는 대역전을 이루었다.

두 번째 도약기는 2007년부터 2018년에 이르는 기간으로, 넷플릭스는 두 번의 전환에 성공했다. 첫 번째 전환은 2007년에 이루어졌다. 전통적인 DVD 렌탈 시장에서 온라인 동영상 서비스(OTT) 시장으로 진출한 넷플릭스는 DVD 렌탈에서 동영상 스트리밍 서비스 업체로 전환했다. 두 번째 전환은 넷플릭스가 2013년 〈하우스 오브 카드〉 제작을 시작으로 오리지널 콘텐츠 제작 시장으로 진출하면서 이루어졌다. 넷플릭스는 콘텐츠 판매자에서 오리지널 콘텐츠 제작자로 전환하는 데 성공했다. 두 번의 전환은 추진력이 되어 넷플릭스는 성장병목을 뛰어넘어 글로벌 동영상 스트리밍 서비스 업계의 패자 자리를 차지하며 '넷플릭스 신화'를 창조했다.

넷플릭스의 성장사는 전통산업에 대한 전복의 역사로, 크게 세 번의 전복으로 나눌 수 있다. 넷플릭스의 첫 번째 전복은 전통적인 오프라인 DVD 렌탈 프랜차이즈에 대한 전복이다.

넷플릭스는 오프라인 DVD 렌탈 프랜차이즈의 빌린 비디오 수에 따라 돈을 내는 방식 대신 매월 비교적 저렴한 회원비를 내면 모든 영상물을 빌려 볼 수 있는 전략을 선택했다. 오프라인 매장에서 비디오를 고르고 줄을 서서 결제하는 번거로운 경험 대신 온라인을 통해 보고 싶은 영상을 선택할 수 있는 경험을 제공했다. 또한 익일 배송의 방식을 도입해 회원의 경험을 크게 향상했을 뿐만 아니라, 연체료를 없애 회원의 비용 부담을 덜어주고 연체되는 것에 대한 부담을 없애주었다. 이처럼 넷플릭스의 첫 번째 전복의 핵심은 침투 가격 전략에 기반을 둔 회원 모델과 전통적인 오프라인 DVD 렌탈 프랜차이즈보다 뛰어난 고객 경험을 제공했다는 데 있다.

넷플릭스의 두 번째 전복은 자사의 온라인 DVD 렌탈 사업에 대한 자체 혁신이다. 넷플릭스는 온라인이라는 플랫폼을 통해 회원을 늘리고 영상물 선택 서비스 등을 제공했지만 콘텐츠는 여전히 DVD를 통해 공급할 수밖에 없었다. 게다가 그에 따른 창고 관리 및 물류에 많은 비용을 지출해야 했다. 그러던 중 넷플릭스는 2007년 온라인 동영상 서비스 시장에 진출하며 모든 영상물 콘텐츠를 온라인을 통해 공급하기 시작했다. 그 덕분에 콘텐츠 공급 효율이 높아지고 비용은 감소했다. 그럼에도 넷플릭스는 여전히 '동영상 스트리밍+DVD'라는 투트랙 운영 방침을 고수함으로써 다수 이용자의 니즈를 만족시켰다. 이 단계에서 구축된 평가 및 추천 엔진 역시 훗날 오리지널 콘텐츠를 제작할 때 든든한 사용자 데이터의 기초가 되었다.

넷플릭스의 세 번째 전복은 할리우드 블록버스터 모델로 대표되는 영상물 제작 모델을 뒤엎은 것이다. 방대한 사용자 데이터를 수집 · 분석 · 활용하는 방식을 통해 넷플릭스는 〈하우스 오브 카드〉와 같은 인기 드라마를 선보였을 뿐만 아니라 마니아를 위한 영화와 드라마를 출시해 롱테일에 속하는 사용자를 공략했다. 이를 계기로 넷플릭스는 전통적인 영상물 제작사보다 훨씬 큰 비용을 오리지널 콘텐츠 제작에 투입했다. 그 결과 오리지널 콘텐츠를 위해 업체들이 경쟁적으로 자금을 투자하며 전 세계 영상 산업에 지각 변동이 일어났다. 작품의 편수나 수준에서 넷플릭스는 전통적인 영상물 제작사의 강력한 도전자로 떠오르며, 전 세계 영상 산업 시장의 판을 새롭게 짰다.

넷플릭스 모델

비즈니스 모델 분석 분야에서 유명한 스위스의 학자 알렉산더 오스터왈더(Alexander Osterwalder)가 발명한 비즈니스 모델 캔버스(Business Model Canvas)는 매우 효과적이고 널리 쓰이는 도구다. 비즈니스 모델 캔버스에는 기업 경영의 아홉 가지 요소가 포함되어 있는데, 비즈니스 모델의 요소를 표준화해 각 요소 간의 상호관계와 작용을 보여준다. 넷플릭스의 비즈니스 모델 캔버스는 표 4-3과 같다. 뒤에서 다루게 될 다양한 사례의 비즈니스 모델도 비즈니스 모델 캔버스를 통해 분석해 보겠다.

　넷플릭스의 비즈니스 모델 캔버스를 통해 그 주요 비즈니스 모델을 명확하게 분석할 수 있다. 전 세계 온라인 동영상 사용자를 상대로 넷플릭스는 휴대폰, 컴퓨터, 텔레비전 등 스마트 단말기를 통해 언제 어디서든 시청 가능한 온라인 동영상 서비스를 제공하며 회원의 구독료를 통해 수익을 확보한다. 수익 목표를 달성하기 위해 넷플릭스는 오

표 4-3 넷플릭스 비즈니스 모델 캔버스

주요 파트너 (Key Partners)	주요 활동 (Key Activities)	가치 제안 (Value Propositions)	고객 관계 (Customer Relationships)	고객층 (Customer Segments)
영상 제작사 ; 스마트 단말기 제작업체, 유료 TV 온라인 운영업체, 통신 운영업체 등 콘텐츠 공급 루트	영상물 콘텐츠 제작 및 판권 구입; 온라인 동영상 플랫폼 연구 개발 및 운영, 유지 · 보수; 콘텐츠 공급 루트 개척; 사용자 데이터 수집 및 페르소나; 개인화 추천 엔진 연구 개발	언제, 어디서든, 어떤 설비에서도 온라인으로 영상물을 시청할 수 있다	회원 셀프; 개인화 영화 추천	온라인 동영상 사용자
	중요 자원 (Key Resources)		유통 경로 (Channels)	
	동영상 스트리밍 플랫폼; 영상물 콘텐츠 라이브러리(Content Library)		웹사이트, App; 휴대폰, 컴퓨터, 텔레비전 등 스마트 단말기	
비용 구조(Cost Structure)			수익원(Revenue Streams)	
플랫폼 연구 개발 및 운영, 유지 · 보수 비용; 오리지널 콘텐츠 영화와 드라마 제작 및 판권 구입비용; 인프라 서비스 및 인터넷 트래픽 비용; 콘텐츠 공급 경로 협력 비용; 마케팅 비용; 관리 비용			회원 구독료 (베이식, 스탠다드, 프리미엄)	

리지널 콘텐츠 위주, 외부 콘텐츠 구입을 보조로 하는 방식을 통해 방대한 규모의 영상물이 들어 있는 DB를 구축했다. 회원 셀프와 개인화 추천 시스템이 결합된 방식을 통해 구독자에게 온라인 시청 서비스를 제공한다.

넷플릭스의 성공 포인트

넷플릭스는 끊임없이 전통에 도전하고 역습에 성공해 신화를 창조했다. 디지털 콘텐츠 DB 모델의 대표적 사례인 넷플릭스의 성장사에서 우리는 어떤 성공 포인트를 얻을 수 있을까?

첫째, DB 모델이 성공하려면 방대한 DB를 구축하고, 흡입력 있는 오리지널 콘텐츠를 지속적으로 선보여야 한다. 오리지널 영상물 콘텐츠는 넷플릭스가 눈부시게 도약할 수 있었던 발판으로, 넷플릭스 구독 회원이 계속해서 늘어나는 원동력이기도 하다. 주가 동향을 살펴보면, 넷플릭스의 주가가 급등한 시점은 오리지널 콘텐츠 제작에 막대한 비용을 투자하기 시작했던 2013년부터다. 그 후 넷플릭스의 주가는 꾸준히 증가세를 유지하다가 2018년 5월에 디즈니를 앞지르며 전 세계 스트리밍 업계에서 정상의 자리를 차지했다. 모든 DB 모델 기업의 경우 성공의 관건은 방대한 규모의 DB를 구축할 수 있는 능력, 매력적이고 다양한 오리지널 콘텐츠를 지속적으로 업데이트할 수 있는 능력에 달려 있다.

DB 모델은 오리지널 콘텐츠를 핵심 경쟁력으로 하는 분야에 적합하다. 실제로 해당 분야의 업체들은 일반적으로 DB 모델을 채택하고 있다. 예를 들면 동영상 스트리밍 분야의 중국 기업 아이치이, 음원 스트리밍 분야의 스포티파이, 온라인 교육 분야의 린다, 온라인 오피스 프로그램 분야의 WPS Office 등이 대표적이다.

콘텐츠 생산 방식에서는 자체 오리지널 콘텐츠 제작, 외부 콘텐츠 구입 또는 제3자와의 협력 방식을 취할 수 있다. 어떤 방식을 선택하든 오리지널 콘텐츠가 가장 중요하며, 보다 다양하고 보다 풍성한 오리지널 콘텐츠를 갖춰야 구독자를 대거 끌어들일 수 있다.

둘째, 다양한 콘텐츠 공급 루트는 사용자에게 효과적으로 전달하는 데 유용하며, DB 모델을 선택한 기업의 시장 경쟁력과 유료 회원의 증가세를 높이는 데 도움이 된다. 유료 인터넷 TV 운영업체, 통신사, 스마트 TV 제조업체 등 장기적인 협력 파트너와의 협력을 통해 넷플릭스는 콘텐츠를 효과적으로 공급할 수 있는 루트를 확보하며 자사의 영상물 콘텐츠가 수많은 시청자에게 빠르게 보급되도록 했다. 이로써 넷플릭스는 시장 경쟁력이 강화되어 타사가 쉽게 넘을 수 없는 경쟁 장벽을 구축할 수 있었을 뿐만 아니라 유료 구독자 수를 한층 확대할 수 있었다.

셋째, 우수한 사용자 경험은 사용자의 구독 및 유지를 위한 핵심 요소다. 더 나은 사용자 경험을 이끌어내려면 효과적인 사용자 평가와 개인화 추천 시스템을 구축해야 한다. 넷플릭스는 시네매치 추천 시스템의 지속적인 업데이트를 사용자에게 더 나은 경험을 제공하기 위한 핵심 무기로 활용했다. 오리지널 콘텐츠의 발굴과 제작, 사용자 경험의 지속적인 업그레이드는 모두 여기에서 비롯되었다. 그렇다면 사용자 데이터를 어떻게 수집하고 분석할 것인가? 사용자 평가 시스템을 어떻게 구축할 것인가? 추천 만족도를 높이기 위해 개인화 추천 알고리즘을 어떻게 개선할 것인가? 이는 DB 모델 기업이 진지하게 고민하고 해결해야 할 문제다.

넷째, 롱테일에 속한 사용자는 DB 모델 기업이 주목해야 할 대상이다. 사용자 데이터의 수집과 분석, 개인화 추천 시스템을 이용해 롱테일 사용자의 니즈를 발굴해야 한다.

넷플릭스는 〈하우스 오브 카드〉 등으로 대표되는 인기 드라마 이외에도 마니아를 위한 수많은 콘텐츠를 제공하며 성공을 거둘 수 있었다. 이들 콘텐츠는 대중적인 취향과는 거리가 멀지만 소수의 마니아를 사로잡았다. 소수의 마니아는 넷플릭스 플랫폼을 통해서만 자신들의 취향에 맞는 작품을 시청할 수 있었다. 이러한 차별성은 롱테일에 속하는 사용자들을 사로잡았다. DB 모델 기업의 경우 '머리'에 속한 사용자의 대중적인 수요에만 의존하면 안 되고, 긴 꼬리에 해당하는 사용자의 취향에 관심을 기울이고 그것을 만족시켜야 한다. 그렇게 하면 막대한 수익을 확보할 수 있기 때문이다.

다섯째, 단일한 구독 입구에 기반을 둔 침투 가격 전략은 DB 모델기업에 적합하고 효과적이다. 넷플릭스 사용자는 소액의 구독료를 지불하면 구독 자격을 즉시 얻을 수 있을 뿐만 아니라 온라인으로 모든영상물 콘텐츠를 감상할 수 있다. 모든 서비스가 단일한 구독 입구를통해 제공된다. DB 모델 기업의 게임 법칙은 '돈을 내면 모든 서비스를 누릴 수 있고, 돈을 내지 않으면 어떤 서비스도 누릴 수 없다'로 정리할 수 있다.

물론 넷플릭스 앞에는 수많은 도전도 놓여 있다. 이를테면 오리지널 콘텐츠를 제작하는 데 거액을 계속해서 투입하면 넷플릭스의 수익률은 떨어지게 된다. 뿐만 아니라 서비스가 제공되는 국가 및 지역의 종교, 정치, 문화, 관습 등이 다양하기 때문에 각기 다른 국가 및 지역에 맞는 콘텐츠도 제공해야 한다. 또한 유료 구독자 수를 늘리기 위해서는 이들에게 끊임없이 즐거움을 선사할 수 있는 전략을 마련해야 한다는 것이다.

두 번째 모델: 유료 콘텐츠 구독 모델

유료 콘텐츠 구독 모델(Content-Paid Subscription Model)은 사용자가 정기 구독이라는 방식을 통해 지속적으로 양질의 콘텐츠 서비스를 누리는 구독 모델을 가리킨다.

그 본질은 사용자가 양질의 콘텐츠를 위해 비용을 지불한다는 것이다. 정보, 지식, 교육, 트레이닝, 컨설팅 서비스 등이 포함된 양질의 콘텐츠를 텍스트, 이미지, 동영상, 음원, 심지어 VR 등 다양한 형식을 통해 구현한다. 유료 콘텐츠 구독 모델은 양질의 콘텐츠를 핵심 경쟁력으로 하는 업종, 이를테면 언론, 출판, 교육/훈련, 컨설팅 서비스 등에 적합하다.

유료 콘텐츠 구독 모델과 DB 모델은 그 핵심이 서로 다르다. 전자가 '양질의 콘텐츠'를 핵심 경쟁력으로 삼고 콘텐츠 서비스의 '질'을 강조한다면, 후자는 'DB'를 핵심 경쟁력으로 콘텐츠 서비스의 '양'에 집중한다. 쉬운 예로 인터넷에서 접할 수 있는 무료 뉴스와 구독료를 지불해야 하는 〈뉴욕타임스〉를 떠올려 보자. 〈뉴욕타임스〉는 보다 공신력 있고 사건을 통찰하는 기사를 제공한다는 데 가치를 둔다. 이에 반해 넷플릭스가 〈하우스 오브 카드〉 등 양질의 콘텐츠도 제공하지만 구독자는 한 편의 영화나 드라마를 위해서가 아니라 영상물 콘텐츠를 포함한 DB 서비스를 누리기 위해 돈을 지불한다.

그림 4-2 유료 콘텐츠 구독 모델의 구독 순환

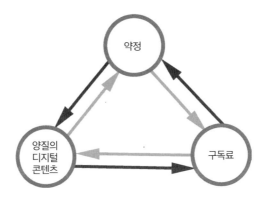

구독 순환 구조로 분석한 유료 콘텐츠 구독 모델의 핵심 요소는 크게 세 가지다(그림 4-2). 첫째 양질의 디지털 콘텐츠, 이는 유료 콘텐츠 구독 비즈니스의 기본에 해당한다. 둘째 구독료, 기업이 양질의 콘텐츠를 제공하며 벌어들이는 순환매출을 가리킨다. 셋째 약정, 양질의 디지털 콘텐츠를 즐길 수 있는 권리를 얻기 위해 회원이 기업에게 정기적으로 비용을 지불하겠다고 약정하고, 기업이 회원에게 구독 기간 동안 양질의 디지털 콘텐츠를 감상할 수 있는 권리를 제공하기로 약정하는 것을 의미한다.

유료 콘텐츠 구독 모델은 유럽, 미국과 중국에서 전혀 다른 발전 과정을 거쳤다. 미국에서 유료 콘텐츠의 조류를 이끈 주류는 전통적인 대형 언론사들이다. 〈뉴욕타임스〉로 대표되는 종합 언론사, 〈월스트리트저널(The Wall Street Journal)〉을 필두로 한 경제 전문지 등이 여기에 해당한다. 〈뉴욕타임스〉 등 전통적인 대형 신문사는 인터넷의 빠른 성장, 광고 수익의 지속적인 감소라는 시대적 흐름의 영향으로 20세기 말부터 디지털화로의 전환을 꾀하기 시작했다. 그리고 오랜 시간 동안 여러 번의 우여곡절을 겪은 끝에 유료 장벽(Paywall, 웹사이트의 일부 페이지들을 유료로 하는 것)을 핵심으로 하는 유료 콘텐츠 구독 모델을 완성해갔다. 이는 유럽, 미국 등의 전통적인 미디어 업체의 디지털화 전환을 위한 길잡이가 되었다.

유료 장벽 외에도 유럽과 미국의 전통적인 신문사들은 여전히 다양한 유료 콘텐츠 방법을 모색 중이다. 예를 들어 캐나다의 〈위니펙 프리 프레스(Winnipeg Free Press)〉는 사용자 중심의 소액 결제 모델을 출시했다. 사용자는 기사 한 편당 27센트를 내고 기사를 구독할 수 있다.

영국의 〈가디언(The Guardian)〉은 2014년에 유료 회원 계획에 착수하며 50여 명으로 구성된 서비스팀을 만들고 회원과의 소통을 강화했다. 〈가디언〉의 유료 회원은 매달 5파운드를 결제하는 지지자(Supporters), 매달 15파운드를 결제하는 파트너(Partners), 그리고 매달 60파운드를 내는 후원자(Patron)로 나뉜다. 회원은 주간 브리핑, 주간 비하인드 시리즈, 칼럼니스트와의 QnA, 오프라인 행사 입장권, 우선 구독 예약권, 프리미엄 비공개 모임 참가권 등의 혜택을 누릴 수 있다. 회원 종류에 따라 누리는 권리도 달라진다. 〈가디언〉이 콘텐츠 유료화 모델을 탐색하는 과정에서 회원 서비스를 강조하는 회원 중심의 소통은 매우 중요한 역할을 차지한다.

유럽, 미국의 전통적인 미디어 업체가 유료 콘텐츠를 적극적으로 탐색하는 데 반해, 중국의 전통적인 미디어 업체는 유료화를 탐색하는 데 어려움을 겪고 있다. 중국 내 사용자는 오랫동안 인터넷 뉴스 서비스를 무료로 이용하는 데 익숙해졌기 때문에 종이신문으로 대표되는 전통적인 미디어 업체는 유료 독자를 끌어들이지 못하고 있다. 또한 인터넷 플랫폼과 1인 미디어 등 다양한 경쟁자의 압박으로 인해 중국의 전통적인 '종이 언론'의 폐간 소식이 끊이지 않고 있다.

전통적인 미디어 업체가 제자리를 걷고 있는 가운데 인터넷 스타트업을 대표로 하는 신흥 세력은 유료 콘텐츠를 적극적으로 모색하고 혁신 정신으로 무장해 중국에서 유료 콘텐츠라는 새로운 조류를 점차 이끌고 있다. 2016년 자이항(在行), 펀다(分答), 즈후(知乎), 히말라야(喜馬拉雅) FM, 더다오(得到) 등 유료 지식 플랫폼이 연이어 등장했다. 유료 지식콘텐츠 사용자가 빠르게 증가하면서 이와 관련된 상품도 크게 증가했다.

2019년 1월 중국 아이리서치(iResearch)가 발표한 〈2018년 온라인 유료 지식콘텐츠 시장 연구 보고서〉에서는 중국의 유료 콘텐츠와 유료 지식콘텐츠 업계의 발전 현황 및 추이를 분석했다. 보고서는 유튜브, 디지털 음반 등 디지털 유료 콘텐츠가 보급되면서 양질의 온라인 유료 콘텐츠에 대한 중국 사용자의 인식이 점차 개선되고 있으며, 유료 콘텐츠 시장의 잠재력이 거대하다고 지적했다. 또한 유료 콘텐츠 산업에서 유료 지식콘텐츠가 두각을 나타내며 다양한 사용자의 고민이나 어려움을 해결해 주는 중요한 수단이 되었다. 중국의 유료 지식콘텐츠 산업 규모는 2020년에는 235억 위안 규모에 이를 것으로 추산했다. 유료화 모델에서 유료 콘텐츠의 구독은 중국의 유료 지식콘텐츠 산업에서 이미 주요 모델이 되었다.

유료 콘텐츠 구독 모델의 성공 여부를 결정하는 열쇠는 다음의 몇 가지로 요약할 수 있다. 첫째, 양질의 콘텐츠를 생산할 수 있는 메커니즘 구축이다. 이는 꾸준히 양질의 콘텐츠를 제공할 수 있는 기반이다. 둘째, 사용자 중심의 구현이다. 사용자 경험 개선 및 사용자 유지율 제고를 목표로 하는 회원 인터랙션 및 서비스 능력의 강화다. 셋째, 사용자 수요와 업무 운영비용, 시장 경쟁 사이에서 효과적이면서도 균형 있는 가격 전략의 구축이다. 넷째, 콘텐츠를 광범위하게 보급할 수 있는 공급 루트를 구축하는 능력, 뛰어난 검색 엔진, SNS 등 온라인 플랫폼을 운영할 수 있는 능력이다.

디지털 시대에 유료 콘텐츠 구독 모델 역시 거대한 도전에 직면해 있다. 개인이 1인 미디어가 되고 온라인 콘텐츠가 점차 다양해지는 흐름 속에서 양질의 콘텐츠를 지속적으로 생산할 수 있는 시스템을 구축할 수 있는가는 매우 중요한 도전 과제다. 그 능력의 여하에 따라 콘텐츠 제공업체(Contents Provider)가 대량의 유료 구독자를 계속해서 끌어들이고 그들을 지속적으로 유지할 수 있기 때문이다. 대량의 사용자 데이터 수집과 개인화 추천 엔진의 구축 역시 콘텐츠 제공업체가 반드시 마주하게 되는 도전과제다. 사용자 중심주의를 바탕으로 사용자의 행위를 깊이 이해하고 파악해야만 최고의 사용자 경험을 만들어낼 수 있다.

뉴욕타임스 스토리: 신문 업계의 모범적인 디지털 유료 구독 모델이 되다

〈뉴욕타임스(The New York Times)〉는 미국 뉴욕에서 발행되는 일간지로, 헨리 자비스 레이몬드(Henry J. Raymond)와 조지 존스(George Johns)가 1851년 9월 18일 뉴욕에서 창간했다. 최초의 이름은 〈뉴욕 데일리 타임스〉였는데 1857년 9월 14일에 〈뉴욕타임스〉로 바뀌었다. 170여 년에 걸친 운영을 통해 〈뉴욕타임스〉는 전 세계에서 커다란 영향력을 발휘하는 미국의 대표적인 언론사로 높은 공신력과 권위를 자랑한다. 고전적이면서도 엄숙한 스타일로 인해 동종업계로부터 '노부인(The Gray Lady)'이라고 불리기도 한다.

1851년 9월 18일 〈뉴욕타임스〉는 초간(初刊)에 다음과 같은 기사를 내보냈다. '오늘 저희는 뉴욕 데일리 타임스의 초간을 발행했습니다. 앞으로는 무기한 매일 새벽(일요일 제외)에 여러분을 찾아가도록 하겠습니다.' 그로부터 꽤 오랜 시간이 지난 뒤, 〈뉴욕타임스〉는 일요일에도 발행되었다. 현재 일요일에 발행되는 〈뉴욕타임스〉에는 일주일 동안 발간되는 신문 중에서 가장 많은 지면을 할애해 뉴스 이외에도 식품, 여행, 예술 등 문화 분야의 칼럼을 선보이고 있다.

1896년 아돌프 S.오크스(Adolph Simon Ochs)는 7만 5000달러를 빌려 파산 직전의 〈뉴욕타임스〉를 인수했다. 〈뉴욕타임즈〉를 넘겨받은 그는 '당파·지역 혹은 특정 이익에 치우치지 않고 용감하게 진실을 추구하고, 공정하게 보도한다'는 보도 원칙을 확립했다. 〈뉴욕타임스〉는 뉴스 보도에 있어 자사의 포지션을 '신문 기록'으로 정의했다. 뉴욕 현지의 뉴스를 제외하고 〈뉴욕타임스〉가 최초로 뉴스를 보도하는 경우는 매우 드문 편이었다. 만약 그들이 '최초 보도'라는 문구를 달았다면 그 뉴스가 사실일 가능성이 매우 높았다. 이런 이유로 세계의 여타 신문사와 언론사가 〈뉴욕타임스〉를 기사 출처로 활용하기도 했다.

〈뉴욕타임스〉의 유료 장벽 탐색의 '여정'은 표 4-4와 같다. 1996년 1월 〈뉴욕타임스〉는 자사의 웹사이트를 오픈했다. 1999년에는 온라인 사업 부문을 통합하고 독립채산의 〈뉴욕타임스 디지털판〉을 설립했다. 〈뉴욕타임스 디지털판〉은 창립 첫해부터 수익을 올리기 시작했고, 2003년에는 세후 수익이 2,043만 1000달러에 이르렀다.

2005년 〈뉴욕타임스〉는 '타임스 셀렉트(Times Select)'라는 상품을 출시했다. 일반 뉴스를 무료로 구독할 수 있는 대신, 양질의 뉴스 콘텐츠를 월간 7.95달러 또는 연간 49.95달러의 가격으로 이용하는 서비스다. 〈뉴욕타임스〉는 '강한 유료 장벽(Hard Paywall)'에 대한 탐색을 통해 20만 명이 넘는 신규 사용자를 확보하는 수준까지 성장했지만 웹 트래픽이 현저하게 하락했다. 신규 사용자를 통한 구독 수익과 디지털 광고 수익을 저울질한 〈뉴욕타임스〉는 2007년 '타임스 셀렉트' 상품을 포기하고 전면 무료로 전환했다. 이는 〈뉴욕타임스〉의 유료 장벽 모델 탐색의 첫 번째 실패였다.

2011년 3월 〈뉴욕타임스〉의 웹사이트에서 이용량에 따라 비용을 결제하는 방식의 '약한 유료 장벽(Soft Paywall)' 제도를 선보이며 유료

표 4-4 〈뉴욕타임스〉유료 장벽 탐색 과정

일자		사건	상세내용	영향
유료 장벽 1.0	1996년 1월	〈뉴욕타임스〉 웹사이트 개설	전면 무료	
	2002년 초	NewStand 웹사이트에서 전자판 출시	종이신문과 동일한 유 료 방식: 뉴욕 시 당 해-75센트, 기타 지 역-1달러	
	2005년	'타임스 셀렉트 (Times Select)' 출시	일반 뉴스는 무료로 구 독할 수 있는 대신, 양 질의 뉴스 콘텐츠를 월 간 7.95달러 또는 연간 49.95달러의 가격으로 이용 가능	인터넷 작가들이 종종 〈뉴욕타임스〉의 내용을 퍼가서 비용 문제를 피 하자 프로젝트가 인터 넷에서 많은 비웃음과 비판을 받게 됨
	2007년	먼저 일부 콘텐츠에 대한 유료 서비스 중단 후 전면 무료	1987년 이후 인쇄판의 모든 콘텐츠 제공	
유료 장벽 2.0 (모바일 앱 중심)	2011년 3월 28일	〈뉴욕타임즈〉 웹사이트에서 '유료 장벽 (PayWall)' 개설	월정액 15달러: 웹사이트+스 마트폰 20달러: 웹사이트+ PC 35달러: 모든 콘텐츠 열람 권장 무료 사용자: 매월 웹 사이트 기사 20편까지 만 열람 가능, 검색 엔 진에서 매일 5개 기사 까지만 검색 가능	독자는 페이스북, 미디 어를 통해 〈뉴욕타임 스〉 웹사이트 방문 후 무제한 무료 열람 가능 을 발견함
	2014년 4월	NYT Now	뉴스앱, 정가: 월간 8달러	젊은 사용자들을 머물 게 하지 못했을 뿐만 아 니라 일부 사이트의 구 독자가 분산되면서 부 득이하게 무료 버전으 로 전환, 훗날 또다시 폐쇄
	2014년 6월	NYT Opinion	평론 및 칼럼용 푸시 알림 앱	출시 4개월 만에 구독 량 저조, 적자를 이유로 서비스 종료
	2014년 9월	NYT Cooking	음식을 테마로 하는 무료 앱	출시 후 큰 인기를 끌었 지만 유료 모델로 전환 실패

유료 장벽 2.0 (모바일 앱 중심)	2015년	'유료 장벽' 가격 조정	주간 가격(나머지 생략): 8.75달러-모든 권한	
	2016년	'유료 장벽' 가격 조정	주간 가격(나머지 생략): 6.75달러-모든 권한	디지털판의 가격이 계속해서 인하되는 것과는 대조적으로 〈뉴욕타임스〉 종이신문은 2016년 초 가격 재인상 때문에 큰 비판을 받았다
	2017년	'유료 장벽' 가격 조정	주간 가격(나머지 생략): 3.13달러 -모든 권한	
	2018년 초	'유료 장벽' 가격 조정	주간 가격 1달러 : 기본 권한 1.5달러 : 모든 권한	

자료 출처: 치치(祁琪), 재무적 관점에서 분석한 〈뉴욕타임스〉 디지털화 전환에 따른 문제[J]. 둥난촨보(東南傳播), 2018(10): 11-15.

화 사이트를 재출시했다. 온라인 독자는 정해진 기간 동안 여러 편의 뉴스를 무료로 읽을 수 있는데, 만약 해당 서비스를 계속 이용하려면 결제를 해야 한다. 웹사이트에 명시된 가격표에 따르면 〈뉴욕타임스〉의 유료 회원은 세 가지 구독 방식을 선택할 수 있다. 주간 1달러, 1.5 달러, 2달러로 구성된 요금제에 따라 지원되는 장비와 콘텐츠 범위는 모두 다르다.

오랜 시간에 걸친 가격 조정을 통해 2018년 연말 〈뉴욕타임스〉의 정가는 다음과 같다.

1. 주간 2달러(1년 기한): 기본 서비스 이용 가능(그림 4-3 참고). 〈뉴욕타임스〉의 웹사이트 및 앱 접근 권한. 무제한, 시간·공간 제한 없는 기사 열람 권한 포함

2. 주간 3.13달러(1년 기한): 전체 서비스 이용 가능(그림 4-4 참고). 〈뉴

욕타임스〉 웹사이트 및 앱 접근 권한, 무제한, 시간 · 공간 제한 없는 기사 열람 권한, 〈뉴욕타임스〉 온라인 게임의 우선 사용 권한, 〈뉴욕타임스〉 세계 여행 20년 디지털 파일 열람 서비스, 〈뉴욕타임스〉 쿠킹 클래스 및 19,000여 개 레시피 열람 권한, 다른 한 명의 독자와 서비스 공유 가능 포함.

3. 주간 4.5달러(12주 기한)(그림 4-5 참고): 〈뉴욕타임스〉의 웹사이트 및 앱 접근 권한, 무제한, 시간 · 공간 제한 없는 기사 열람 권한, 〈뉴욕타임스〉 온라인 게임의 우선 사용 권한, 〈뉴욕타임스〉 세계 여행 20년 디지털 파일 열람 서비스, 〈뉴욕타임스〉 쿠킹 클래스 및 19,000여 개 레시피 열람 권한, 다른 두 명의 독자와 서비스 공유 가능, 종이신문 콘텐츠 획득 권한, 미국 내 택배 서비스, 특별 행사 입장권 등 포함.

그림 4-3 2018년 말 〈뉴욕타임스〉 베이식 서비스 구독 가격

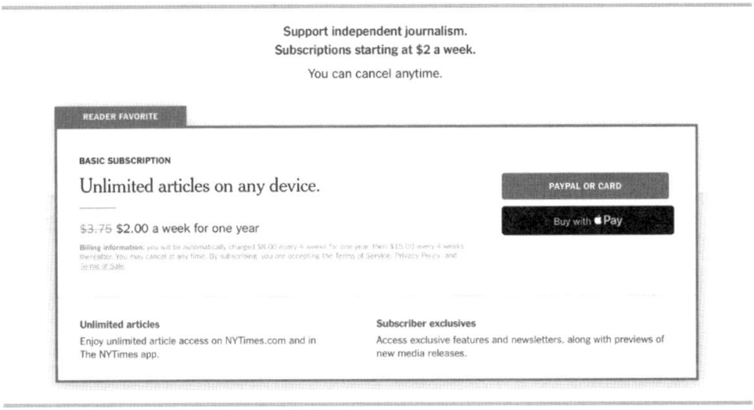

Support independent journalism.
Subscriptions starting at $2 a week.
You can cancel anytime.

READER FAVORITE

BASIC SUBSCRIPTION

Unlimited articles on any device.

$3.75 $2.00 a week for one year

Billing information: you will be automatically charged $8.00 every 4 weeks for one year, then $15.00 every 4 weeks thereafter. You may cancel at any time. By subscribing, you are accepting the Terms of Service, Privacy Policy, and Terms of Sale.

PAYPAL OR CARD

Buy with Pay

Unlimited articles
Enjoy unlimited article access on NYTimes.com and in The NYTimes app.

Subscriber exclusives
Access exclusive features and newsletters, along with previews of new media releases.

자료 출처: 〈뉴욕타임스〉 웹사이트

그림 4-4 〈뉴욕타임스〉 전체 방문 권한 구독 가격

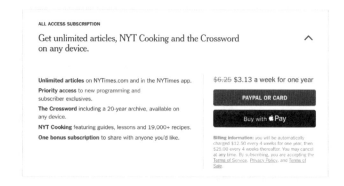

자료 출처: 〈뉴욕타임스〉 웹사이트

그림 4-5 〈뉴욕타임스〉 12주판 구독 가격

자료 출처: 〈뉴욕타임스〉 웹사이트

뉴욕타임스의 〈혁신보고서〉

2014년 4월 〈뉴욕타임스〉 신문 편집부가 디지털화로 전환하는 과정에서 어느 부분을 개선해야 하는지에 관한 문제를 조사·연구하기 위해 〈뉴욕타임스〉는 96페이지 분량의 내부 문건 〈뉴욕타임스 혁신보고서(2014)〉(약칭 〈혁신보고서〉)를 발표했다.

〈혁신보고서〉에서는 〈뉴욕타임스〉가 독자층 확대, 편집부 업무 조정, 데이터 분석과 전략 분석팀 설립, SNS 홍보, 다각적 협력, 디지털 인재 모집 등의 방면에서 보다 강력한 조치를 취해야 전통적인 종이 매체와 디지털 사업 간의 보다 효과적인 융합이 이루어져 디지털화 전환이 순조롭게 실현될 수 있다고 지적했다.

뉴욕타임스의 〈2020 보고서〉

2017년 〈뉴욕타임스〉가 발표한 〈2020 보고서(또는 독보적인 저널리즘(Journalism That Stands Apart)〉는 자신의 전략을 평가함으로써 디지털 시대에 신문의 성공 전략을 탐색해 보고, 이를 위한 향후 3년 동안의 청사진을 제시했다. 세계적으로 유명한 이 보고서에서 〈뉴욕타임스〉는 향후 전략 전환과 변혁 조치를 구체적으로 설명했다.

중국 신화사(新華社) 뉴스 연구소의 편집 주임 장천(張宸)은 이 보고서를 상세히 분석하고 〈뉴스와 글쓰기(News and Writing)〉 2017년 4기(期)에서 〈디지털 시대 뉴욕타임스의 변혁 조치: 〈2020 보고서〉에 대한 몇 가지 견해〉라는 글을 발표했다. 이것은 전통적인 인쇄매체 중심의 언론사가 디지털화로 전환하는 데 참고할 만한 중요한 가치를 지니고 있다. 주요 내용은 대략 다음과 같다.

조회 수 경쟁과의 작별

보고서에서는 더 이상 조회 수 최대화를 지향하거나 페이지뷰 경쟁에서 이기려고 하지 않겠다는 의지를 보여주고 있다. 2020 프로젝트팀의 책임자인 데이빗 레온하르트(David Leonhardt)는 조회 수 경쟁, 수익이 낮은 클릭형 광고 판매와의 작별이 〈2020 보고서〉의 주요 관점 중 하나라고 지적했다. 디지털 미디어 기업(이를테면 버즈피드(BuzzFeed))와 조회 수를 놓고 다투기보다는 더 나은 뉴스를 제공하고 구독 부문의 확대 등에 집중하는 자체 변혁에 주안점을 두어야 한다고 강조한다.

구독 비즈니스 우선

"한 마디로 말해서 우리는 구독을 가장 중요한 작업으로 삼았다. 정기 구독자에게 집중함으로써 우리는 핵심 부분에서 여타의 언론 기관과 구분될 수 있다.…… 〈뉴욕타임스〉가 막대한 가치를 지닌 뉴스를 제공하고 전 세계 수백 만 명에 달하는 구독자가 기꺼이 비용을 지불하도록 하는 것이 현명한 비즈니스 전략이라고 생각한다." 보고서에서 지적한 내용처럼 〈뉴욕타임스〉는 정기 구독자에게 집중하는 것이 궁극적으로 광고업체의 주목을 이끌어낼 수 있다고 보았으며, 그렇게 함으로써 〈뉴욕타임스〉는 다른 출판업체보다 더욱더 광고 비즈니스에서 경쟁력을 가질 수 있다. 보고서에 따르면 〈뉴욕타임스〉의 강한 영향력과 독창성은 중요한 조사 보도나 세계 각국의 속보를 전하는 데서 나타날 뿐만 아니라, 스토리텔링이 재정의된 인터랙티브 도표, 가상현실 보도 그리고 에미상(Emmy Awards)을 수상한 동영상 등에서도 확인할 수 있다. 이를 통해 〈뉴욕타임스〉는 광고업체가 목표로 하는 독자를 확보할 수 있었다.

독자적인 인쇄센터 구축

보고서는 뉴스 보도와 출판의 흐름을 여전히 좌우하는 인쇄상품의 포지션을 다시 고민해야 한다고 지적했다. "이러한 상황은 디지털화로 전환하기 위한 적극적인 노력을 제한할 뿐만 아니라, 보다 좋은 품질의 종이신문으로의 도약을 저해하기 시작했다." 〈뉴욕타임스〉는 인쇄상품에 집중할 수 있는 더욱 크고 독립적인 인쇄센터를 구축하고 여기에 맞물려 기자들이 디지털 상품에 집중할 수 있도록 해방시켜야 한다고 인식했다.

편집 시스템 개혁

"우리는 가치가 낮은 편집 작업이 반복되는 상황에서 벗어나야 한다. 이러한 작업은 효율을 떨어뜨리는 반면, 비용을 높이고 창의성을 속박하기 때문이다." 편집 시스템은 인쇄매체 위주의 기업에 맞춰 설계되었다는 점에서 〈뉴욕타임스〉가 철저히 개혁해야 할 문제라고 보고서는 지적했다. 편집 시스템의 개혁은 곧 새로운 콘텐츠 관리 시스템의 등장과 궤를 같이할 것이다. 이러한 시스템은 편집자와 기자가 시각적 요소를 사용해 이야기를 구성하도록 이끌고, 출판 전 최종상품의 형태를 검사할 수 있게 한다. 이러한 변화는 편집량이 감소하는 데 반해 기자의 수가 최대로 늘어날 것임을 의미한다.

비전통적인 방식을 통한 스토리텔링 강조

보고서에서는 〈뉴욕타임스〉의 일상적인 보도 중 상당수가 여전히 장문으로 작성되었다며 기자나 평론가들이 기사에서 시각적 요소를 삽입할 줄 아는 훈련이 부족하다고 지적했다. 회의록에서는 "더 많은 기자와 지원·관리 담당자들이 시각적 사고를 응용하고, 시각적 요소를 보도에 녹여낼 수 있도록 훈련시킬 것이다"라고 했다. 〈뉴욕타임스〉는 시각 전문가를 대거 확대하고, 더 많은 시각 전문가들이 창의적인 기획과 고급 편집 기술을 담당하도록 할 것이다. 또한 사진 기자와 촬영 기자, 이미지 편집자는 일부 보도에서 주연의 역할을 담당하게 될 것이다.

가치 있는 아이디어 추구

회의록에서 딘 바케이((Dean Banquet)와 조셉 칸(Joseph Kahn)은 뉴스 편집부에서 제시한 좋은 아이디어에 경청할 수 있도록 특별팀을 구성할 것을 요청했다. 하지만 그 전제는 모든 아이디어가 '견실한 뉴스로서의 기초'를 갖춰야 하고, "신규 독자를 발굴하거나 기존 독자에 대해 더 깊게 이해하는 데 도움을 줄 수 있어야 한다"고 했다. 또한 대부분의 아이디어는 신문 편집부가 돈을 벌 수 있도록 도움을 줄 수 있어야 한다.

디지털 수익은 향후 성장의 열쇠

보고서에서는 〈뉴욕타임스〉가 디지털 수익(특히 구독 수익)에 관심을 갖고, 이를 미래 성장을 위한 발판으로 여겨야 한다고 강조했다. 〈뉴욕타임스〉는 2020년까지 디지털 수익을 2015년 4억 달러의 2배인 8억 달러를 달성하겠다는 목표를 제시했다.

가치 없는 보도 줄이기

보고서에서는 〈뉴욕타임스〉에서 매일 200편에 달하는 기사를 생산하는데 그중 일부 좋은 내용들은 널리 전재되기도 하지만 여전히 많은 수의 기사가 중요한 영향력 혹은 독자가 부족하다고 지적했다. 기존의 기사와 상당히 비슷하거나 경쟁 상대가 무료로 제공하는 내용과 별다른 차이가 없다는 뜻이다. 또한 낮은 실효성, 진부한 표현, 중요한 이슈에 대한 명확하지 못한 해석 또한 젊은층이 이질감을 느끼게 한다. 〈뉴욕타임스〉는 보도 수를 줄이고 독자에게 좀 더 친근한 보도 형식을 갖추기를 희망한다.

전문팀이 책임지는 전문 영역의 보도

보고서는 "팀워크가 뛰어난 팀의 설립은 자사의 (전문) 보도에 권위와 높은 품질을 보장함으로써 우리의 경쟁자를 뛰어넘을 수 있게 한다"고 지적했다. 기존에는 때로 중요 부문의 기사를 다른 부문에서 온 기자와 편집 담당자가 처리했다. 예를 들면, 의료 보건에 관한 기사를 다섯 개 부서에 속한 기자들이 작성하기도 했다. 〈뉴욕타임스〉는 이러한 낡은 방식을 바꾸고자 한다. 기후 변화, 건강 등 영역의 경우 기자와 편집팀으로 이루어진 팀이 보도를 전문적으로 담당할 것이다.

디지털 인재 모집 확대

보고서에서는 직원이 훈련을 통해 실력을 쌓고 있지만 여전히 더 많은 디지털 인재를 유치해야 하며, 고위 경영진 역시 다양하게 구성되어야 한다고 지적했다. "본사의 뉴스 편집부에는 패기 있게 혁신 계획을 수행할 적당한 기술팀이 없다." 이를 위해 〈뉴욕타임스〉는 고위 편집자에게 인재 모집 업무를 맡길 계획이다.

기사의 가치를 평가하는 새로운 기준 마련

보고서에서는 〈뉴욕타임즈〉가 조회수로 기사의 가치를 평가하는 단순한 방식 대신 구독자를 끌어들이고 유지할 수 있는 가치를 평가하기 위한 새로운 지표를 마련 중이라고 말했다. "조회수는 의미 있는 척도지만 그것이 곧 성공을 의미하는 것이 아님을 뉴스 편집부는 좀 더 분명히 깨달아야 한다." 보고서에서는 〈뉴욕타임스〉의 궁극적인 목표는 조회수를 높이는 것이 아니라 구독자를 확보하는 데 있다고 거듭 밝혔다.

성공적인 디지털 전환으로 제2의 전성기를 맞이하다

날로 발전하는 디지털 구독 모델에 적응하기 위해 〈뉴욕타임스〉는 사용자 유지를 사용자 수익 증대를 위한 핵심 전략으로 삼았다. 사용자 유지 및 경험 분야 관리 책임자인 벤 코튼(Ben Cotton)은 한 인터뷰에서 구독자의 구독 경험을 한층 최적화할 수 있도록 투자를 확대해야 전체 구독 모델의 발전에 도움이 될 거라고 밝힌 바 있다. 회원의 구독 경험과 사용자 유지율을 끌어올리기 위해 〈뉴욕타임스〉는 구독자를 위한 전용 콘텐츠를 특별 제작하는 동시에, 구독회원에게 더 나은 사용 경험을 제공하기 위한 사용자 유지를 전담하는 팀을 배치했다. 예를 들면 인터랙트 마케팅, 구독자 권익 등을 전문적으로 담당하는 팀이다.

　일련의 전환 및 변혁 조치가 추진되는 상황에서 〈뉴욕타임스〉는

2011년 유료 장벽 제도를 전면적으로 실시한 이래 디지털 부문 구독 회원 수가 감소하기는커녕 오히려 증가하며(그림 4-6 참고) 안정적이면 서도 지속적으로 증가했다. 2014년 8월 7일 〈뉴욕타임스〉는 디지털 구독회원 수가 100만 명을 넘어섰다고 발표했다. 2017년 연말, 〈뉴욕 타임스〉의 디지털 구독회원 수는 260만 명을 넘어섰고, 2018년 연말 에는 430만 명으로 확대되었다. 2019년 2월에는 2025년까지 1000만 명 이상으로 늘린다는 목표를 발표했다.

디지털 구독회원 수가 증가함에 따라 〈뉴욕타임스〉의 디지털 구독 수입 역시 꾸준히 증가하고 있다(그림 4-7). 2014년 〈뉴욕타임스〉의 디 지털 구독 수입은 1억 7,300만 달러였는데 2017년에는 3억 4,000만 달러로 증가했다. 2017년 1월에 발표한 〈독보적인 저널리즘〉 보고서 에서 〈뉴욕타임스〉는 2020년까지 디지털 구독 수입을 2배인 8억 달

그림 4-6 〈뉴욕타임스〉 디지털 구독자 수 증가 곡선

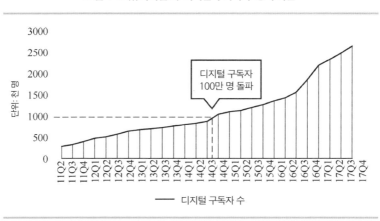

자료 출처: 치치(祁琪), 재무적 관점에서 분석한 〈뉴욕타임스〉 디지털화 전환에 따른 문제[J]. 동난촨보, 2018(10): 11-15.

그림 4-7 〈뉴욕타임스〉 디지털 구독 수입 증가 곡선

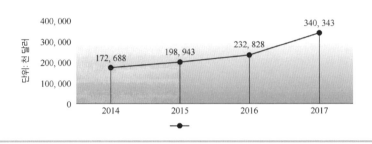

자료 출처: 치치(祁琪), 재무적 관점에서 분석한 〈뉴욕타임스〉 디지털화 전환에 따른 문제[J]. 둥난촨보, 2018(10): 11-15.

러로 늘리겠다는 계획을 발표했다.

유료 장벽을 전면적으로 실시한 이래 〈뉴욕타임스〉의 수익 구조는 빠르게 변하고 있다(그림 4-8). 2012년 〈뉴욕타임스〉의 구독 수입이 처음으로 광고 수입을 앞지르며 회사의 주요 수익원이 되었다. 2017년 구독 수입은 〈뉴욕타임스〉 총수입의 60%를 차지했다. 2012년 이후 구독 수입과 광고 수입 사이의 협상가격차(독점 가격과 비독점 가격의 지수를 도표로 나타냈을 때 가위를 벌린 모양으로 나타나는 가격 차)가 계속해서 벌어지고 있다. 이는 구독 수입의 증가가 〈뉴욕타임스〉의 영업 수입을 늘리는 가장 주요한 원동력이라는 사실을 의미한다. 이러한 현상은 〈뉴욕타임스〉의 중대한 변화이자 전 세계 언론사의 전환에 새로운 본보기가 되고 있다.

〈뉴욕타임스〉가 2011년 전면적 유료 장벽을 실시한 이래, 디지털 구독자 수와 수입 모두 지속적이고 안정적으로 증가하는 추세를 보이고 있다. 디지털 구독으로의 전환이 성공적으로 추진되는 가운데 〈뉴

그림 4-8 〈뉴욕타임스〉 수익 구조 변화

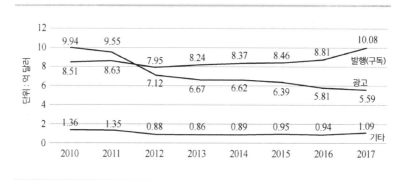

자료 출처: 치치(祁琪), 재무적 관점에서 분석한 〈뉴욕타임즈〉 디지털화 전환에 따른 문제[J]. 둥난촨보, 2018(10): 11-15.

욕타임스〉의 시가총액은 바닥을 친 후 오랫동안 안정적으로 우상향하고 있다. 2012년에 비해 2018년 연말 〈뉴욕타임스〉의 시가총액은 4배 넘게 증가했다. 최고점을 찍었던 시기에 비하면 아직 거리가 있지만, 디지털 구독 사업을 통해 자사의 실적을 키우기 위한 〈뉴욕타임스〉의 노력이 일말의 성과를 거둔 셈이다.

전 세계 신문사의 디지털 전환을 선도하는 백년 언론사

170여 년에 달하는 〈뉴욕타임스〉의 역사는 헨리 자비스 레이몬드와 조지 존스가 주도한 창업기, 바통을 이어받은 아돌프 S. 오크스의 가족 경영기로 구분된다. 오크스 가문(오크스가 세상을 떠난 뒤 사위인 아서 헤이즈 슐츠버그(Arthur Hays Sulzberger)가 가업을 물려받으면서 슐츠버그 가문으로 불리게 됐다)은 4대에 걸쳐 지금도 〈뉴욕타임스〉를 경영하는 가운데,

아서 슐츠버그 주니어(Arthur O. Sulzberger Jr.)가 수장의 임무를 수행 중이다.

100여 년에 걸친 세월 동안 〈뉴욕타임스〉는 미국과 전 세계 전통 신문업계의 굴기와 발전, 점진적 쇠락을 보여주는 산증인이다. 1996년 이후 〈뉴욕타임스〉는 20여 년 동안 전 세계 전통 신문업계의 디지털화 전환을 선도했다. 세계 신문 산업의 미래와 관련된, 험난한 전환의 과정에서 〈뉴욕타임스〉는 다섯 번의 중요한 과정을 거쳤다.

- 1996년 1월, 〈뉴욕타임스〉는 웹사이트를 개설해 인쇄매체의 내용을 모두 웹사이트에 업데이트했다
- 2005년, '타임스 셀렉트'라는 상품을 출시해 강한 유료 장벽을 구축했으나 2007년에 중단되었다.
- 2011년 〈뉴욕타임스〉는 유료 사이트로 재단장하고 약한 유료 장벽을 구축했다. 이를 통해 〈뉴욕타임스〉는 재성장의 기회를 잡았다
- 2014년 4월 〈혁신보고서〉에서 구독자 계층 확대를 강조하고, 전통적인 인쇄매체와 디지털 업무의 통합을 강화하는 전환 및 변혁 조치를 제시했다
- 2017년 1월 〈2020 혁신보고서〉에서 '조회수 경쟁과의 작별', '구독 비즈니스 우선', '2020년 디지털 수입 8억 달러 달성'이라는 명확한 목표를 처음으로 제시하며, 디지털화로의 전면적인 전환을 꾀했다

〈뉴욕타임스〉는 전환 과정에서 많은 어려움에 직면했지만 지속

적인 자체 변혁에 궁극적으로 성공함으로써 미국과 전 세계 신문 업계의 전환을 이끌었다. 2016년 2월 29일 미국 신문 협회(Newspaper Association of America)와 미국 언론 연구소(American Press Institute)가 공동으로 작성한 〈디지털 뉴스의 유료화를 위해: 미국 신문의 디지털 구독 보급 및 현황〉이라는 제목의 연구 보고서(이하 〈PDN 보고서〉)에서는 미국 전역에서 일일 발행량이 5만 부가 넘는 신문을 대상으로 조사 연구를 진행해 디지털화 구독 모델, 전략 및 효과를 분석했다.

〈PDN 보고서〉에 따르면 2015년 연말까지 조사에 응한 98개 신문 중에서 디지털 구독 서비스를 제공하기 시작한 곳이 78%에 달한다. 최근 5년 동안 71개의 신문이 이 모델을 앞다투어 도입했다. 〈PDN 보고서〉는 2012년이 미국 언론업계가 디지털 구독 보급에 나선 해라고 분석했다. 2012년 한 해 동안 디지털 구독 모델을 채택한 언론사는 총 52곳으로, 이는 미국 언론사의 절반 이상이 모두 디지털 구독 모델을 채택했음을 의미한다. 퓨 리서치 센터(Pew Research Center)의 조사에 따르면 2012년 미국 내 신문 발행 총수입 역시 2003년 이래 처음으로 회복되며, 5%의 증가세를 기록했다. 이는 디지털화 전환 과정에서 첫 '전환점'으로 평가된다.

〈뉴욕타임스〉 모델

〈뉴욕타임스〉 비즈니스 모델 캔버스는 표 4-5와 같다.

표 4-5 〈뉴욕타임스〉비즈니스 모델 캔버스

주요 파트너 (Key Partners)	주요 활동 (Key Activities)	가치 제안 (Value Propositions)	고객 관계 (Customer Relationships)	고객층 (Customer Segments)
검색 엔진, SNS 등 디지털 콘텐츠 공급 루트	뉴스 콘텐츠 취재 및 편집; 사이트, 앱 연구개발 및 운영, 유지·보수; 종이신문 조판, 인쇄 및 발행	뉴스 속 인물과 사건에 대한 유일무이한 통찰; 모든 스마트 장비에서 양질의 콘텐츠 열람 (기사, 블로그, 동영상, 슬라이드 및 기타 다양한 미디어 자료)	회원 셀프; 콘텐츠 푸쉬; 광고주 1:1 확대 및 유지	온라인 뉴스와 평론 유료 회원; 광고주
	중요 자원(Key Resources)		유통 경로 (Channels)	
	웹사이트, 앱; 140여 개 국가에서 활동 중인 1,300여 명에 달하는 기자 편집팀; 170여 년 동안 축적된 역사적 자료		사이트, 앱; 휴대폰, 아이패드(iPad), 컴퓨터 등 스마트 단말기	

비용 구조(Cost Structure)	수익원(Revenue Streams)
뉴스 취재 및 편집 비용; 웹사이트와 앱 운영 유지·보수 비용; 종이신문 인쇄 및 발행 비용; 관리 비용	구독 수입(종이신문/디지털판); 광고 수입(종이신문/디지털판)

〈뉴욕타임스〉의 성공 포인트

〈뉴욕타임스〉의 20여 년에 가까운 디지털화 전환사는 유료 디지털 콘텐츠 모델에 참고할 만한 중요한 가치를 제공했다. 우리는 여기에서 몇 가지 교훈을 얻을 수 있다.

첫째, 시대의 흐름을 이끄는 전환과 변혁은 기업이 오랫동안 살아남을 수 있는 원동력이 된다. 〈뉴욕타임스〉는 100여 년에 걸친 발전을 거치면서도 여전히 시대의 흐름에 민감하게 반응하고 있으며, 또한 과감한 혁신을 적극적이고 지속적으로 추진하고 있다. 자아 혁신의 결심과 용기, 추진력은 실로 존경스럽다. 이와 함께 전환 과정에서의 변혁과 끈기, 전환의 경험과 교훈에 대한 지속적인 복기는 리더의 결심과 용기를 시험할 뿐만 아니라, 시대의 큰 흐름에 대한 통찰력과 전환의 기로에서 올바른 선택을 내릴 수 있는지를 가늠하는 시험대다.

둘째, 디지털 구독은 〈뉴욕타임스〉를 통해 입증된 모델이다. 하지만 국가 및 지역 사용자의 풍토가 저마다 다른 복잡다단한 요소를 고려하면, 디지털 구독 모델은 고정불변하는 것이 아니라 매체별 특성에 따라 조정되어야 한다.

셋째, 디지털 구독 모델은 본질적으로는 유료 콘텐츠에 해당한다. 그 성공의 관건은 콘텐츠의 다양성, 적시성, 품질, 독창성 등에 달려 있다. 그런 점에서 유료 콘텐츠 모델을 채택한 기업은 효과적으로 운용되는 콘텐츠 생산 및 공급 시스템을 갖추고 있는지가 성공의 여부를 결정하는 핵심 요소다. 양질의 콘텐츠는 언제나 희소성과 가치성을 지닌다. 〈뉴욕타임스〉가 백년 언론사로 오랫동안 생명력을 유지할 수 있었던 것은 결국 독보적인 콘텐츠 덕분이었다.

넷째, 디지털 콘텐츠 서비스 업체는 사용자 중심의 사고방식 모델을 구축하고 콘텐츠 제작, 구현 기술, 구독 혜택, 서비스 등에서 사용자의 경험을 전반적으로 끌어올려야 한다. 그렇게 해야 사용자 유지율과 충성도를 높일 수 있다. 콘텐츠 공급업체에게 콘텐츠 공개는 업무의 종료가 아닌 시작일 뿐이다. 콘텐츠 소비자를 중심으로 하는 운영이 이루어져야 사용자를 유지할 수 있는 토대가 마련된다.

다섯째, 디지털 콘텐츠 생산 업체와 검색 엔진, SNS 등 인터넷 플랫폼은 완전한 경쟁 관계가 아니라, 쌍방 모두 대체 불가능한 가치를 지니고 있다. 그런 점에서 공생과 협력 발전이 올바른 성장 방식이라 할 수 있다. 〈뉴욕타임스〉가 〈2020 보고서〉에서 '조회수 경쟁과의 작별', '구독 비즈니스 우선'을 제시한 것은 조회 수 경쟁에 따른 한계에서 벗어나고, 시대의 흐름에 순응하는 현명한 선택이라 할 수 있다.

제5장

클라우딩 구독 서비스

2006년 8월 9일 구글의 CEO 에릭 슈미트(Eric Schmidt)는 실리콘밸리에서 열린 검색 엔진 대회에서 처음으로 '클라우드 컴퓨팅(Cloud Computing)'을 제시했다. 이는 클라우드 컴퓨팅 개념을 처음으로 제시한 것이었다.

그 후 십여 일 만에 아마존의 첫 클라우드 서비스인 EC2가 대중에게 공개되며 클라우드 컴퓨팅 시대의 도래를 알렸다. 그 전까지 세일즈포스를 위시한 애플리케이션 소프트웨어 서비스 업체들이 SaaS 서비스 부문에서 이미 오랫동안 그것을 모색하고 있었다.

현재 클라우드 컴퓨팅은 더 이상 단순히 연산 능력을 제공하는 데 그치지 않고 인프라, 운영환경 개발, 애플리케이션 소프트웨어 솔루션 등을 망라한 방대한 클라우드 서비스 시스템으로 발전했다. 현재 유럽과 미국, 중국 등은 모두 모바일 인터넷에서 만물인터넷(Internet of Everything)과 인공지능(AI)으로 넘어가는 과도기에 있다. 이러한 상황에서 탄력적인 연산 능력, 맞춤형 서비스 등을 주요 특징으로 하는 클라우드 서비스는 향후 사회 전반의 발전을 이끄는 인프라가 되어 미래의 기술 혁신에 끊임없는 동력을 제공할 것이다.

십여 년의 발전을 거치며 클라우드 서비스는 기술 및 상품, 서비스 등 분야에서 점점 성숙되어 점차 완벽한 비즈니스 모델로 탄생했다. 클라우드 서비스 비즈니스 모델의 핵심은 맞춤형 유료 서비스를 주요 특징으로 하는 클라우드 구독 모델이다.

클라우드 서비스는 퍼블릭 클라우드, 프라이빗 클라우드, 하이브리드 클라우드 등 배치 모드에 따라 분류되며, 배치 모드에 따라 서로 다른 비즈니스 모델을 도입하고 있다. 이번 장에서는 퍼블릭 클라우드, 즉 인터넷을 통해 공용 사용자에게 제공되는 클라우드 서비스만 다룰 예정이다. 기업이 제공하는 클라우드 서비스의 등급에 따라 서비스형 소프트웨어(SaaS), 서비스형 플랫폼(PaaS), 서비스형 인프라(IaaS)로 나눠 클라우드 구독 서비스를 설명해 보겠다.

세 번째 모델: 서비스형 소프트웨어(SaaS)

서비스형 소프트웨어(Software as a Service, SaaS)는 기업이 일괄적으로 배치, 운영과 보수, 업데이트하는 온라인 애플리케이션 소프트웨어 또는 플랫폼을 제공하는 서비스로, 고객은 자신의 필요에 따라 비용을 지불하고 온라인을 통해 서비스를 사용하는 것을 말한다.

SaaS 모델은 모든 소프트웨어 라이선스를 핵심으로 삼는 비즈니스 모델 부문에 거의 적용된다. 고객관계관리 시스템, 인력 자원 관리 시스템, 협력관리 시스템, 재무 관리, 문서 편집 및 관리 시스템 등의 부문이 여기에 포함된다.

SaaS 모델의 중요한 비즈니스 논리는 사용량에 따라 비용을 지불한다(Pay as you go)는 종량제다. SaaS 서비스 업체는 애플리케이션 소프트웨어 기능과 저장 공간을 제공하는 것은 물론, 네트워크 하드웨어 등 인프라 구축과 운영 및 유지 · 보수, 상품 성능 보장 및 최적화, 데이터 보안 및 신뢰성 등을 포함한 일련의 서비스를 제공한다. 고객은 자신이 필요한 만큼 계정을 구매하면 서비스를 즉시 이용할 수 있어 하드웨어 설비 구매, 인프라 유지 · 보수, 소프트웨어 설치 및 업그레이드, 시스템 유지 · 보수 인력 고용 등에 대한 별도의 비용을 지출할 필요가 없다. 이를 통해 고객의 디지털화 구축 기간이 더욱 단축되고, 전반적인 운영 및 유지 · 보수 비용이 한결 낮아지면서 핵심 업무에만 집중하는 데 도움이 된다.

SaaS 모델이 바꾼 전통 소프트웨어 산업

SaaS 모델은 전통적인 소프트웨어(주로 기업형 소프트웨어)의 공급 방식과 전혀 다르다는 점에서 소프트웨어 공급 방식을 재정의했다고 할 수 있다.

전통적인 소프트웨어 라이선스 모델에서 소프트웨어 업체와 고객은 거래 관계로, 판매와 고객 계약 시 고객은 공급 일정에 따라 할부로 비용을 지불해야 한다. 이러한 환경에서 소프트웨어를 공급하는 주된 목표는 고객이 지불하는 사용료가 된다. 계약 약정을 통해 고객은 소프트웨어를 공급 배포받은 뒤에 전액 또는 잔액을 결제하면 된다. 대부분의 소프트웨어가 후속 매입한다는 점에서 대규모 버전 업그레이드를 고민해 볼 수도 있겠지만, 업그레이드 비용 때문에 소프트웨어 업체가 적극적으로 나서지 못한다. 그래서 소프트웨어 업체와 고객의 관계는 소프트웨어를 공급 배포받고 비용을 결제한 후에 기본적으로 종료된다. 갑을 양측의 주도권이 전환된다는 점에서 이는 매우 중요한 순간이다. 소프트웨어 업체는 비용을 정산 받으면 적극적으로 서비스를 제공해야 할 동력을 잃게 되지만, 고객은 판매자와 계속해서 후속적인 소통을 바라기 때문이다.

SAP, 오라클 등 글로벌 IT 기업의 비즈니스 모델에서 소프트웨어 공급 후 매년 벌어들이는 서비스비는 중요한 수익원이 되었다. 소프트웨어 라이선스를 중심으로 하는 비즈니스 모델에서 모든 소프트웨어 업체가 고객의 만족도를 중요시해야 한다고 주장한다. 하지만 진정한 고객 중심 만족도가 아닌 '결제 유도를 위한 고객 만족도' 혹은 '수익 및 이윤을 위한 고객 만족도'인 경우가 많다.

하지만 이러한 상황은 클라우드 서비스 시대에 이르러 효과적으로 해결되었다. SaaS 서비스 업체의 경우 판매 계약과 첫 사용료 지불은 양측 관계의 종료가 아니라 관계가 이제 막 시작되었음을 의미하기 때문이다. 고객이 서비스에 불만을 느낀다면 혹은 지속적으로 가치 상승의 기회를 얻지 못한다면 고객은 구독을 취소하거나 또는 갱신하지 않고 다른 클라우드 플랫폼으로 바꿀 것이다. 고객이 만족스런 사용 경험을 얻고, 서비스를 통해 비즈니스 성공은 물론 장기적인 가치 상승의 기회를 얻어야 계속해서 갱신을 하고 서비스를 장기 사용할 것이다. 기업은 이로써 고객생애가치를 높일 수 있다. 이는 고객 성공이 클라우드 서비스 시장에서 자리 잡고 성행할 수 있는 핵심 논리로서 비즈니스와 인성이 어떻게 조화를 이룰 수 있는가 하는 문제를 효과적으로 해결하는 구독 비즈니스 모델의 정수라 할 수 있다.

SaaS 모델의 역사

SaaS 모델의 역사는 1960년대로 거슬러 올라간다. 당시 IBM 등 대형 컴퓨터 생산업체는 시분할 시스템(Time Sharing System, 여러 명의 사용자가 단말기를 통하여 중앙의 컴퓨터 시스템을 동시에 사용하는 다중사용자 시스템)과 공공사업 컴퓨팅 서비스를 제공했다. 이 서비스에는 IBM이 세계 각지에 둔 데이터 센터에서 은행 및 기타 대형 기관에 제공한 연산 능력과 DB 저장 기능이 포함된다. 1990년대, 애플리케이션 서비스 제공업체(Application Service Provider, ASP)는 인터넷의 발전으로 성장하기 시작했다. 이들은 고객에게 애플리케이션 호스팅 서비스를 제공해 고객이 집중식 관리를 통해 비용을 절감하도록 지원했다.

1990년대 말, ASP 모델을 기반으로 한 SaaS 모델에 관한 아이디어가 선견을 가진 창업가들의 머릿속에 떠오르기 시작했다. 그중에서도 가장 혁신적인 인물이 세일즈포스의 창업자인 마크 베니오프(Marc Benioff)였다. 세일즈포스는 온라인에서 고객관계관리(Customer Relationship Management, CRM) 소프트웨어 제공에 주력하던 스타트업이었다. 소프트웨어 라이선스가 빠르게 발전하던 시장에서 세일즈포스는 'No Software'라는 구호를 분명하게 외쳤다. 명확한 시장 포지셔닝, 한결 사용하기 쉬운 제품과 저렴한 가격 등의 전략을 앞세워 세일즈포스는 미국 시장에서 빠르게 성장했다. 2004년 6월, 세일즈포스는 뉴욕 증권거래소 상장에 성공하며 전 세계 클라우드 서비스 부문의 본보기가 되었다.

현재 SaaS 모델은 미국 소프트웨어 업계의 주요 모델로, CRM 소프트웨어 시장 외에도 재무, 인력 자원, 통신 협력, 고객 서비스, 마케팅 등 영역에서 신흥 SaaS 서비스 업체가 대거 등장하고 있다. MS, 오라클, SAP 등 전통적인 IT 공룡들도 속속 변혁을 외치며 자사의 SaaS 서비스를 출시하고 있다. 또한 세일즈포스 등 신흥 SaaS 기업과 손을 잡고 공동으로 SaaS 서비스의 핵심 세력을 구축하고 있다. 신구 세력의 조합으로 SaaS 서비스 모델은 점차 전 세계 소프트웨어 업계의 표준 모델이 되어가고 있다.

SaaS 모델의 구조

구독 순환 구조로 분석한 SaaS 모델의 핵심 요소는 크게 세 가지다(그림 5-1). 첫째 SaaS 서비스, 온라인 소프트웨어와 상응하는 데이터 저장 공간을 기반으로 하는 서비스로, 하드웨어 및 인프라의 구축 · 운영 · 유지 · 보수, 소프트웨어의 배치 및 업데이트, 보안 등 일련의 서비스를 포함한다. 둘째 구독료, 기업이 고객에게 SaaS 서비스를 제공하고 획득하는 순환매출을 가리킨다. 셋째 약정, 고객은 기업에 정기적으로

그림 5-1 SaaS 모델의 구독 순환

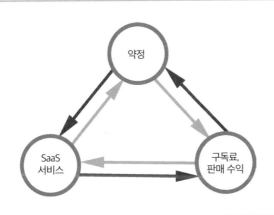

SaaS 서비스를 사용하는 비용을 지불하고, 기업은 고객에게 유료 구독 기간 동안 SaaS 서비스를 사용할 수 있는 권한을 제공한다고 약속한다.

SaaS 모델의 두 가지 유료화 모델

SaaS 모델의 유료화 모델은 크게 두 가지로 나뉘는데, 매우 중요한 의미를 지니고 있다.

첫째, 고객에게 직접 비용을 받는 방식으로 SaaS 서비스의 가장 대표적인 유료화 모델이자 상술한 구독 순환 구조도로 대표되는 결제 방식이다. 고객은 필요한 소프트웨어 버전 또는 서비스를 선택한 후 임대 사용자 수와 사용 시간에 따라 SaaS 업체에 비용을 지불한다. 대개 1인 월간 혹은 1인 연간 기준의 가격으로 결제한다.

둘째, 프리미엄 모델(Freemium model)로 SaaS 서비스에서 흔히 사용하는 모델이다. 프리미엄 모델이란, 기업이 사용자에게 무료 서비스를 제공함으로써 또 다른 유료 서비스를 판매하거나 혹은 제3의 고객에게 무료 사용자 데이터를 기반으로 하는 광고를 판매하는 방식을 가리킨다. 흔히 볼 수 있는 프리미엄 모델로는 다음의 세 가지가 있다. 첫째, 서비스는 평생 무료지만 광고비를 통해 수익을 획득하는 모델로 구글, 페이스북, 타오바오(淘寶), 바이두(百度) 등이 여기에 속한다. 평생 무료 서비스는 대량의 사용자에게 제공되어 사용되면서 기업 고객에게는 광고비를 받는다. 둘째, 기본 서비스는 평생 무료지만 부가 서비스를 통해 비용을 받는 모델로 텐센트, 링크드인(LinkdeIn) 등이 대표적인 사례. 텐센트의 기본적인 인스턴트 메시지 서비스는 무료지만 일반 회원, 고급 회원 등 부가서비스에 따라 비용을 받는다. 셋째, 한정적인 무료서비스로, 특정한 시간대 또는 기능을 제한적으로 무료 제공하는 모델로 기본 서비스를 영원히 무료로 제공하지는 않는다. 이것은 SaaS 업계의 표준 모델로 세일즈포스 등은 사용자에게 30일 동안의 무료 체험 기회를 제공한다. 기한이 만료되면 사용자는 비용을 내고 서비스를 사용해야 한다.

프리미엄에 대해 레드포인트벤처캐피털리스트 토마즈 텅거즈(Tomasz Tunguz)는 이렇게 설명했다.

"본질적으로 프리미엄(Freemium)은 혁신적인 마케팅 수단으로, 신규 사용자와 잠재 사용자를 끌어들여 사용자 스스로 해당 제품의 장점을 익힐 수 있도록 유도할 수 있다. 사용자를 가르치는 작업을 마케팅팀에서 사용자에게로 이전함으로써 마케팅 비용을 크게 줄일 수 있다. …… 프리미엄 모델을 사용하는 스타트업은 사용자 행위 데이터를 이용해 상품의 품질을 개선할 수 있다. 방대한 사용자 수는 AB 테스트 데이터의 통계 유효성을 보장할 수 있고, 이는 상품을 위한 유리한 전략을 짜는 데 중요한 바탕이 된다. 마케팅팀은 선별데이터를 통해 시장 세분화와 판매 유입 경로(Sales Funnel) 상황을 파악할 수 있다. 상품 매니저 역시 데이터 분석을 통해서 사용자 경험을 제고할 수 있다. 셋째, 프리미엄(Freemium) 모델을 채택한 스타트업은 목표 사용자 그룹과 관련된 정보를 수집하고, 마케팅 효과를 최적화할 수 있다."

SaaS 서비스의 해결 과제

SaaS 서비스는 전통적인 소프트웨어의 수많은 문제를 해결하는 동시에 적지 않은 과제에 직면해 있다. 데이터가 고객 로컬이 아닌 클라우드에 저장되기 때문에 보안과 사생활 보호 문제가 발생할 수 있다. 또한 데이터 사용권과 소유권 귀속 문제, 인터넷 접근에 따른 서비스 지연 문제, 다양한 애플리케이션 간의 계정 및 데이터 공유와 시스템 호환성 문제, 일괄 업그레이드에 따른 불필요한 기능 발생, 사용자의 학습 비용 증가, 여러 고객에게 임대되면서 개인화 수요 만족도 저하 등의 문제가 존재한다.

고객을 확보하고 유지하는 관점에서 봤을 때, SaaS 서비스 업체는 또 몇 가지 중요한 도전에 직면해 있다. 고객 획득 비용 및 운영 비용을 어떻게 줄일 것인가, 고객의 활약도 및 유지율을 어떻게 높이고 고객 이탈을 어떻게 줄일 것인가, 고객 전환율과 고객생애가치를 어떻게 높일 것인가 등에 대한 구체적인 방법을 마련해야 한다.

위에 열거한 중요한 과제들에 대한 해결의 여부가 SaaS 서비스 기업의 장기적이고 지속가능한 발전을 결정하게 된다.

SaaS 서비스의 창업과 발전에 관한 중요한 규칙을 알아보기 위해 이제부터 세일즈포스의 성공 스토리를 이야기해 보겠다.

세일즈포스 스토리: 클라우드로 소프트웨어 산업의 생태계를 바꿔놓다

세일즈포스는 세계적인 기업형 클라우드 서비스 회사로, 고객에게 맞춤형 고객관계관리 서비스를 제공한다. 러시아계 미국인인 마크 베니오프에 의해 1999년에 설립된 세일즈포스는 미국 캘리포니아주 샌프란시스코에 본사를 두고 있다. 세일즈포스는 2004년 나스닥에 상장했고, 2020년 시가총액이 1,790억 달러에 이르며 전 세계 클라우드 서비스 부문의 리더 자리에 올랐다.

베니오프는 저서 《최고 혁신기업은 어떻게 만들어 지는가(원제: Behind the Cloud)》에서 자신의 창업기를 이렇게 서술했다.

"1999년 작은 원룸을 빌려 창업의 여정을 시작했다. 홈페이지처럼 쉽게 사용할 수 있는 기업용 소프트웨어를 만드는 것이 목표였다. 기업용 온라인 애플리케이션 서비스라는 아이디어는 사용하기 복잡했던 기존의 기업형 소프트웨어 모델을 바꾸어놓고, 궁극적으로 전체 소프트웨어 업계의 운영 방식을 뒤바꿀 것이라고 생각했다. 간단한 아이디어로부터 시작한 우리는 10년도 안 되는 시간 동안 연 매출 10억 달러가 넘는 대기업으로 발돋움했다.

우리는 전혀 새로운 방식으로 성공을 거머쥐었다. 우리가 만든 새로운 모델은 마케팅, 기술, 재무, 자선 기부, 글로벌 시장 확대 및 관리 등 여러 분야에 적용되어 다른 업체들로부터 널리 활용되고 있다. 우리의 전략이 모든 회사가 성공으로 향하도록 도울 것이라고 믿는다."

현재 세일즈포스는 전 세계 SaaS 서비스 부문의 모범 사례가 되었고, 그 비즈니스 전략을 공개함으로써 전 세계 기업용 소프트웨어 회사들이 앞다투어 배우고 있다. 우리는 여기서 세일즈포스의 주요 발전 단계와 핵심 전략을 상세히 알아보도록 하자. SaaS 서비스 분야에서 기회를 찾는 창업자와 전환을 고민 중인 관리자들이 베니오프 팀의 남다른 안목을 이해하고, 나아가 자신이 처한 현실과 SaaS 서비스 법칙에 맞는 정확한 판단과 결단을 내리는 데 도움이 되기를 바란다.

간편·신속·정확: CRM 소프트웨어의 편리성을 높이다

세일즈포스의 창업 초기, 베니오프와 그의 공동 창업자인 파커 해리스, 데이브 모엘렌호프, 프랭크 도밍고는 '간편, 신속, 정확, 한 번에 해결한다'를 상품 개발의 기본 원칙으로 삼았다. 그들은 이 원칙을 화이트보드에 적어 놓고 몸소 실천에 나섰다. '신속'이라는 원칙은 전체 서비스 모델의 근간으로, 주요 사용자인 정보를 빨리 획득해야 하는 영업담당자나 인내심이 없는 사용자의 니즈를 만족시켰다. '간편'의 원칙을 통해 세일즈포스의 서비스는 아마존 사이트에서 책을 사는 것처럼 사용하기 쉽게 구현되었다. '정확, 한 번에 해결한다'는 원칙으로 세일즈포스는 상품의 기본적 모델을 통해 장기적으로 견고한 기반을 닦으며 시스템 규모를 확대할 수 있는 능력을 갖출 수 있었다.

세일즈포스의 공동 창업자들은 모두 CRM과 영업 자동화(Sales

Force Automation, 이하 SFA로 표기) 부문의 경력을 갖고 있어 '간편, 신속, 정확, 한 번에 해결한다'는 원칙 아래서 보다 이용이 간편한 CRM 상품을 개발해냈다. 이 상품은 빠르게 설치가 가능하고 고객의 기존 시스템과 연동될 뿐만 아니라 결제가 쉽고 운영 속도도 더욱 빨랐다.

오라클, SAP 등 대형 기업이 점점 방대하고 복잡한 시스템을 선보이는 것과 달리 세일즈포스의 상품은 사용이 보다 간편하고, 고객이 필요한 계정을 구입한 후 로그인하면 즉시 사용할 수 있는 것은 물론, 매월 전기세나 수도세를 내는 것처럼 간편하게 결제할 수 있다. 이처럼 클라우드를 제공하고 사용하는 방식을 통해 고객은 전통적인 소프트웨어를 사용하면서 겪은 번거로움을 피할 수 있다. 예를 들면 하드웨어나 인프라에 대한 부담을 덜 수 있을 뿐만 아니라, 로컬 설정 작업을 하거나 소프트웨어를 구비하지 않아도 된다. 또한 이들 자원을 유지·보수할 수 있는 인력을 별도로 고용하지 않아도 되고, 단번에 거액의 비용을 투입할 필요도 없다.

클라우드를 통해 소프트웨어를 공급하고 사용하는 세일즈포스의 모델은 전통적인 소프트웨어 산업을 완전히 뒤집어엎는 것이었다. 이러한 비전을 실현하기 위해 세일즈포스는 십여 년의 시간 동안 자사의 상품, 마케팅 활동, 영업 활동에 이러한 가치관을 주입했고, 사용이 간편한 세일즈포스의 상품이 곧 그 가치관을 전달하는 가장 좋은 매개체였다.

소프트웨어 종결자: 차별화 포지셔닝으로 브랜드 이미지 구축

마크 베니오프는 창업 초기 시장 중심의 문화적 가치를 확립하고, 맞춤형 모델을 통해 자사의 경쟁력을 발굴하고 전파하고자 했다. 이러한 가치하에 세일즈포스는 처음부터 단순히 CRM 상품을 제공하는 업체가 아니라 자신을 '소프트웨어 종결자'로 이미지 메이킹하고 전통적인 소프트웨어를 향해 선전포고를 했다.

'소프트웨어 대전'을 끝낼 종결자로서의 세일즈포스에 대한 대중의 관심도를 높이기 위해 세일즈포스는 'No Software'라는 로고를 제작해서 홍보하는 한편, 도발적인 홍보 포스터를 선보였다. 윗부분에는 전투기가 복엽비행기를 향해 총알을 퍼붓고 있는데, 여기서 전투기는 세일즈포스를 상징하고, 복엽비행기는 전통적인 구시대의 소프트웨어 산업을 상징한다. 또한 세일즈포스는 다양한 이벤트를 통해 'No Software'라는 개념을 널리 알렸다.

고도로 차별화된 브랜딩과 일련의 홍보 이벤트를 통해 마크 베니오프는 소프트웨어의 종결자라는 브랜드 이미지를 구축하는 데 성공했다. 이는 세일즈포스에 대해 언론과 대중이 관심을 갖게 된 계기가 되었다.

《최고 혁신기업은 어떻게 만들어지는가(원제: Behind the Cloud)》에서 마크 베니오프는 브랜드의 가치에 대해 이렇게 설명했다.

"브랜드는 기업의 가장 중요한 자산이다. 기업은 영원히 우위를 점할 수 없다. 기업이 어떤 분야에서 다른 경쟁자보다 우위를 지녔다고 해도 금세 강력한 경쟁자에게 복제되거나 추월당할 수 있다. 한 기업이 지닐 수 있는 것은 바로 개성이다. 우리의 개성은 No Software였다. 이는 우리가 해당 분야에서 유일한 기업이라는 뜻이 아니라 고객이 그것을 매우 중시한다는 점을 우리가 가장 먼저 생각해냈기 때문이다. 미래를 지향하고, 남보다 한발 앞서는 태도를 끊임없이 보여줌으로써 우리는 자신만의 개성을 만들 수 있었다. 우리는 사람들이 바라는 방향을 향해 걸어가기에 그들에게 우리와 하나라는 공감대를 심어준다. 이것은 이성적으로 명확히 이야기할 수 있는 것이 아니다. 이는 일종의 애착으로, 이것이야말로 어떤 경쟁자도 모방할 수 없는 진정한 자산이다."

입소문 효과: 고객에게 성공 경험을 제공하다

세일즈포스가 성장하면서 마크 베니오프는 마케팅 전략을 수정했다. 뉴스 보도와 고객 추천을 강조하고, 고객의 입소문을 적극 활용하는 판매 전략을 추진한 것이다. 그는 실제로 전도식 모델을 판매에 접목시켜 대형 트럭을 끌고 여러 도시를 돌아다니는 순회 활동을 벌였다. 행사에서 세일즈포스는 고객과 잠재 고객을 함께 놓고 그들의 성공 스토리와 사용 경험을 공유하도록 했다.

한편으로 세일즈포스는 상품 구매 결정자에게만 초점을 맞추던 전통적인 소프트웨어 업계의 방식을 벗어나 판매, 마케팅, 고객 서비스 등 최종 사용자에 대한 공략에 나섰다. 예를 들면 최종 사용자를 '고객 영웅'이라고 부르거나, 그들의 사진을 크게 확대해 마케팅 자료와 이벤트에 실어 홍보를 진행했다. 최종 사용자를 겨냥한 마케팅을 통해 세일즈포스는 마케팅 비용을 낮추고, 판매율을 높이는 데 성공했다.

판매 전략: 다양한 전략을 통한 판매 효율 증대

판매 효율을 높이기 위해 세일즈포스는 다양한 전략을 취했는데, 그중 하나는 매년 다섯 명의 사용자에게 무료 사용권을 제공하는 것이었다. 세일즈포스에 관심을 가진 사람이면 누구나 신청할 수 있었다. 이를 통해 세일즈포스는 마케팅에 관한 방대한 아이디어를 축적한 것은 물론, 소중한 사용자 피드백과 정보도 대량으로 얻을 수 있었다. 그 밖에도 텔레마케팅을 통해 판매 비용을 절감하는 동시에 비교적 높은 계약 성사율을 보장받을 수 있었다.

목표 고객을 설정하는 문제에서 세일즈포스는 특정 고객층에 초점을 맞추지 않고 처음부터 대중적인 서비스를 제공하겠다고 정했다. 자사의 고객을 추적 분석한 세일즈포스는 소기업(직원 30인 미만)을 겨냥한 전략을 내놓으면서 계약 성사율은 높이고 판매 주기와 비용은 낮추는 성과를 올렸다. 이러한 변화는 긍정적인 효과로 이어져 소기업 시장에서 세일즈포스의 실적이 급성장하기 시작했다.

기존 고객의 유지율을 높이고 현 고객의 계약 갱신, 서비스 사용을 유도하기 위해 세일즈포스는 혁신적인 고객성공매니저(Customer

Success Manager, 이하 CSM로 표기) 팀을 만들었다. CSM 팀은 기존의 고객을 찾아가 문제를 파악하고 서비스를 정확하고 효과적으로 사용할 수 있도록 지원했다. CSM 팀의 활약에 힘입어 세일즈포스의 계약 갱신율이 90% 이상에 이르렀다.

마크 베니오프는 《최고 혁신기업은 어떻게 만들어지는가(원제: Behind the Cloud)》에서 핵심적인 마케팅 개념에 대해 이렇게 설명했다. "우리는 단 한 번도 기능을 판 적이 없다. 대신 모델을 팔아 고객에게 성공을 가져다줬다. 여러 해가 지난 뒤 세일즈포스가 '고객 성공 플랫폼'이라고 자칭하게 될 날이 올 것이다."

PaaS로의 진출: 애플리케이션에서 플랫폼으로 변신

2007년 세일즈포스는 PaaS 플랫폼인 포스닷컴(Force.com)을 발표하고, 고객과 개발자가 자사의 플랫폼에서 기업용 애플리케이션을 개발·운영하도록 허용했다. 포스닷컴의 플랫폼을 통해 개발자가 상업용 애플리케이션을 구축하고 공급할 수 있게 되면서 세일즈포스의 고객 서비스 능력이 효과적으로 확대되었다. 이때부터 세일즈포스는 CRM 소프트웨어 업체라는 범위를 벗어나 모든 기업용 애플리케이션을 아우르는 기업으로 확장되었다.

이와 함께 애플리케이션의 패키징과 공급을 책임지는, 맞춤형 스토어인 앱익스체인지(AppExchange)를 출시했다. 개발자가 자신이 개발한 애플리케이션을 스토어에 업로드하면 고객은 검색, 평점 조회, 무

료 테스트 및 신규 애플리케이션 구입 및 다운로드 서비스를 이용할
수 있다.

　포스닷컴이라는 플랫폼과 앱익스체인지라는 앱 스토어를 통해 세
일즈포스는 단순히 애플리케이션 서비스를 제공하던 업체에서 기업
용 서비스 생태계를 구축하는 기업으로 발전했다. 이를 계기로 세일
즈포스는 수십만 명의 개발자를 포함한 커뮤니티를 구축하며 혁신적
인 기술과 애플리케이션을 계속해서 선보였다.

전략적 인수합병: 상품의 질과 양 확장을 통해 외연형 성장 실현

2013년 이후 세일즈포스는 전략적 인수합병을 통해 상품의 외연을
지속적으로 확장하는 동시에 금융, 의료, 정부 및 공공사업 등 중요한
'수직 산업(Industry Verticals)'에 본격적으로 착수했다.

　세일즈포스가 5년 동안 추진한 인수 사업 중에서 비교적 중요한 사
례는 다음과 같다.

　2013년 25억 달러로 클라우드 마케팅 서비스 업체인 ExactTarget
인수

　2016년 28억 달러로 전자상거래 클라우드 서비스 공급업체인
Demandware 인수

　2018년 약 65억 달러로 애플리케이션 통합 서비스 업체인
MuleSoft 인수

　그 밖에도 세일즈포스는 AI 기업인 PredictionIO, MetaMind 등

을 인수했다. 인수합병을 통해 세일즈포스는 상품의 영역을 확대하는 한편, AI 등 최첨단 기술을 상품에 접목시키는 방법을 통해 자사 상품의 영역과 품질을 강화함으로써 사업의 외연을 확장하는 데 성공했다.

매출과 시가총액의 동시 성장, 클라우드 서비스의 전설이 되다

상품, 마케팅, 판매, 기술 및 인수합병 등 여러 분야에 걸친 통합 전략의 성공에 힘입어 세일즈포스는 매출과 이윤 모두 급성장했다(그림 5-2). 공개된 자료에 따르면 2001년부터 2003년까지 590만 달러에 달하던 매출이 5,090만 달러로 증가하며, 연평균 성장률이 100%를 돌파했다. 2004년 세일즈포스가 상장을 신청했을 당시 매출은 9,600만

그림 5-2 세일즈포스의 매출 및 이윤 성장

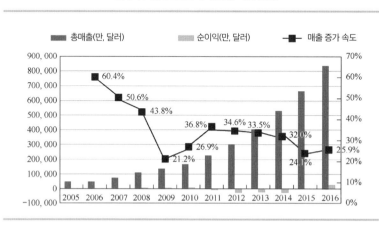

자료 출처: 쉐치우왕(雪球網)

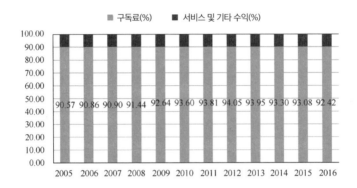

그림 5-3 세일즈포스의 수익 구조

자료 출처: 쉐치우왕(雪球網)

달러였으나, 2017년에는 83억 9000만 달러를 기록하며 상장 때보다 87배 이상 증가했다.

세일즈포스의 시가총액은 2004년 11억 달러에서 2020년 7월 1,790억 달러를 기록했다.

수입 구조를 보면(그림 5-3), 상장 후 구독료가 항상 세일즈포스의 전체 매출의 90% 이상을 차지한다.

세일즈포스 모델

세일즈포스의 비즈니스 모델 캔버스를 표 5-1를 통해 살펴보자.

표 5-1 세일즈포스 비즈니스 모델 캔버스

주요 파트너 (Key Partners)	주요 활동 (Key Activities)	가치 제안 (Value Propositions)	고객 관계 (Customer Relationships)	고객층 (Customer Segments)
아마존, 오라클 등 인프라 서비스업체; 독립 소프트웨어 업체들(ISV), 시스템 구축(SI), 유통 채널 등 산업 생태계 협력 파트너; 미디어	플랫폼 연구개발 및 운영, 유지·보수; 신규 고객 마케팅; 고객성공; 생태계 시스템 구축 중요 자원(Key Resources) Salesforce.com; Force.com; 데이터	전 세계 굴지의 CRM 플랫폼; IT 전문가 없이 도 고객 스스로 설치 및 관리 가능, 로그인 즉시 사용 가능	맞춤형 판매; 셀프서비스 유통 경로 (Channels) 영업팀; 검색 엔진, SNS 등	기업 고객
비용 구조(Cost Structure)			수익원(Revenue Streams)	
상품 연구개발 및 운영, 유지·보수 비용; 연산, 저장, DB 등 인프라 서비스 비용; 생태계 파트너 분배; 마케팅 비용; 관리 비용			구독료	

2018년 세일즈포스의 서비스 가격 정보는 그림 5-4와 같다.

그림 5-4 2018년 세일즈포스 서비스 가격

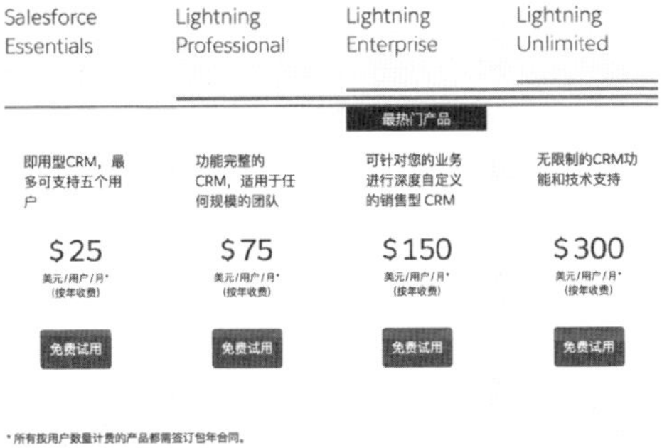

자료 출처: 세일즈포스 웹사이트

세일즈포스의 성공 포인트

20여 년에 이르는 시간 동안 세일즈포스는 작은 원룸의 스타트업에서 출발해 수천억 달러의 몸값을 자랑하는 클라우드 서비스 업계의 거두로 성장했다. 기존 소프트웨어 업계의 공급과 사용 방식을 파괴하고 SaaS와 PaaS라는 새로운 비즈니스 모델을 성공적으로 발전시켰다. 세일즈포스는 전 세계의 모범 사례가 되어 클라우드 구독 서비스를 내세운 모든 기업에 다음과 같은 시사점과 참고할 만한 전범을 제공했다.

첫째, 명확하고 차별화된 가치 제안(Value Proposition)은 산업 변혁을 주도하는 중요한 요소다.

1990년대 말은 소프트웨어 라이선스의 전성기로, MS, 오라클, SAP 등으로 대표되는 소프트웨어 업계의 거두들은 그 시절에 고속 성장을 이루었다. 고객관계관리 부문에서는 시벨 시스템즈가 급성장하여 나스닥에 성공적으로 상장했을 뿐만 아니라 IBM, MS, 델(Dell), 시스코 시스템즈(Cisco Systems), 보잉(Boeing) 등 유명 기업의 선택을 받았다.

이러한 상황에서 세일즈포스는 직원 수 10명에 이름 없는 스타트업으로서 'No Software'라는 명확한 가치를 내걸고 이를 회사의 핵심 가치 제안으로 삼고 적극 홍보했다. 그 밖에도 CRM 업계의 공룡이라 불리는 시벨과 오라클에 도전장을 던지고 다양한 마케팅을 통해 'No Software'라는 콘셉트를 적극적으로 홍보했다.

주변의 비웃음과 회의적인 반응에도 세일즈포스의 지속적인 노력으로 클라우드를 통한 소프트웨어 공급과 사용 방식을 고객이 점차 수용하기 시작했다. 세일즈포스는 이를 발판 삼아 기업형 소프트웨어를 클라우드형으로 전환하는 흐름을 주도하며 마침내 소프트웨어 산업의 생태계를 바꿔놓았다.

우리는 세일즈포스의 사례를 통해 핵심 가치 제안이 비즈니스 모델에서 중요한 위치를 차지하는 것은 물론, 변혁을 이끄는 데도 크게 기여한다는 사실을 알 수 있다. 산업 변혁이 이뤄지기 전에 변혁의 방향을 정확히 알아낼 수 있다면, 남다른 핵심 가치를 제안하고 이를 시장에 전파하는 데 최선을 다해야 한다. 시간이 흐름에 따라 핵심 가치 제안에 공감하는 고객과 대중이 늘어날수록 시대를 이끄는 주인공이 되어 변혁을 선도할 수 있을 것이다. 일반적으로 모든 변혁에는 오로지 한 기업만이 선구자에게 주어진 가장 큰 파이를 맛볼 수 있는 법이다.

둘째, 중소형 고객과 대형 고객 중 누구를 선택할 것인가? 본질은 그것이 아니다.

여전히 이 문제를 둘러싸고 많은 SaaS 업체가 고민의 기로에 서 있다. 하지만 세일즈포스의 발전은 우리에게 이는 문제가 되지 않거나 또는 단지 성장 과정에서 생기는 일시적 문제일 뿐이라고 알려준다. 세일즈포스는 초기 단계에서 중소형 고객을 개척하는 데 전력을 다했다. 이는 한편으로는 초기 상품이 상대적으로 간단하면서도 표준적인 영업 자동화(SFA) 툴 위주였기 때문이고, 또 한편으로는 중소형 고객의 계약 성사율이 더 높았기 때문이다. 그래서 세일즈포스는 상장 전까지 대기업의 특정 사업 부문 혹은 지사를 포함하는 중소형 고객을 주요 목표로 삼았다.

시간이 지나면서 세일즈포스를 이용하는 사용자의 수가 점차 증가하고, 중소형 고객 또한 대형 고객으로 성장했다. 이 과정에서 고객은 세일즈포스와 함께 성장하며 진정한 의미의 공생 관계를 형성했다. 이와 동시에 대기업의 사업 부문과 지사 등 기존 고객이 세일즈포스에서 만족스러운 경험을 한 뒤 본사에 적극 추천하면서 중소형 위주의 고객층이 점차 대형 고객으로 바뀌기 시작했다.

이런 점에서 중소형 고객과 대형 고객 중에서 서비스를 제공할 대상을 고르는 것은 선택의 문제가 아니라 SaaS 서비스의 발전에 따른 자연스러운 흐름이라 할 수 있다. 초기 SaaS 서비스 단계에서는 중소형 고객에 대한 서비스가 큰 비중을 차지한다. 일정 단계까지 발전한 후에는 고객의 자체 성장, 고객의 내부 또는 외부의 입소문과 추천 등으로 SaaS 플랫폼을 사용하려는 대형 고객의 수가 점차 증가한다. 이로써 업체는 중소형, 대형 고객을 모두 아우르는 시장 판도를 형성하게 된다.

셋째, 고객성공이 SaaS 서비스의 성공을 보장한다.

기업형 SaaS 서비스 부문에서 세일즈포스는 고객성공(Customer Success)이라는 개념을 제시했고, 이를 자사의 중요한 전략으로 삼고 실행했다. 세일즈포스는 심지어 자칭 '고객성공의 플랫폼'이라고 부르기도 한다. 이를 통해 세일즈포스가 고객성공을 얼마나 중시하는지 알 수 있다. 바로 이러한 철학과 노력 덕분에 세일즈포스는 고객들 사이에서 입소문을 타며 CRM 부문의 리더가 되었다.

고객성공은 크게 세 가지 점에서 중요한 가치를 지닌다. 첫째, 고객 이탈을 줄이고 고객 유지율을 높여 고객이 상품과 서비스를 계속 사용하도록 함으로써 운영 지표상에서 갱신율의 증가로 나타난다. 둘째, 고객이 더 많은 상품과 서비스를 구매하게 한다. 다시 말해, 애플리케이션의 추가 구매와 사용 확장이 이루어진다. 셋째, 입소문 효과를 만들어 고객이 상품과 서비스를 다른 고객에게 추천하도록 한다. 운영 지표에서는 그 효과가 K-factor, 순추천고객지수의 증가로 나타난다. 첫 번째와 두 번째가 직접적으로 고객생애가치를 끌어올려 고객 가치의 최대화를 실현한다면, 세 번째는 기업이 고객획득비용을 대폭 낮추는 데 도움이 된다. 그런 점에서 고객성공은 고객 유지율을 높여주는 것은 물론, 총 고객생애주기와 궤를 같이한다.

넷째, PaaS 플랫폼은 SaaS 서비스가 일정 수준까지 성숙하면서 나타나는 필연적 산물이다.

앞에서 이야기한 것처럼 SaaS 서비스는 서비스의 대상을 중소형 고객에서 대형 고객으로 전환하기 위한 필수 코스다. 고객 규모의 확대는 맞춤형 서비스 수요의 증가를 가져오고, 이는 SaaS 기업에게 고객의 수요에 따라 민첩하게 대응할 수 있는 플랫폼과 맞춤형 서비스를 제공할 수 있는 능력을 갖출 것을 요구한다. 이러한 추세 속에서 세일즈포스는 점점 늘어나는 대형 고객의 점점 다양해지는 수요를 만족시키기 위해 2007년 PaaS 플랫폼을 출시했다. PaaS 플랫폼 및 이 플랫폼을 토대로 다수의 독립 소프트웨어 업체(ISV)와 개발자가 개발한 애플리케이션 및 플러그인(Plug in) 덕분에 세일즈포스의 기업용 애플리케이션 생태계는 눈부시게 발전할 수 있었다.

그래서 SaaS 기업의 경우 PaaS 플랫폼은 일정 수준까지 발전했을 때 필연적으로 생기는 결과물이라 할 수 있다. SaaS 기업의 PaaS 플랫폼이 세일즈포스처럼 모두 성공하는 것은 아니지만 고객의 수요 만족, 애플리케이션 생태계 발전을 위해 SaaS 기업이 반드시 걸어야 하는 길임에는 틀림없다. 현재 중국의 SaaS 서비스 부문에도 상당수의 SaaS 업체가 자사의 PaaS 플랫폼을 속속 선보이고 있다. 베이선윈(北森雲), 샤오소우이(銷售易) 등이 그 대표적인 사례다. 이러한 현상은 중국의 SaaS 기업이 일정 수준까지 발전했음을 보여준다.

다섯째, 순환매출은 SaaS 기업의 가치를 올리기 위한 핵심 요소다.

구독 순환 구조에서 순환매출은 3대 핵심 요소 중 하나이자, 구독제 기업의 주요 수익 모델이다. 순환매출은 엄격한 의미의 재무적 개념이 아닌 일종의 경영 개념으로, 기업이 매년 비즈니스를 통해 획득하는 지속적이면서도 안정적인 수입을 가리킨다.

세일즈포스의 사례에서 우리는 한 가지 이상한 현상을 발견할 수 있다. 세일즈포스가 성립된 이래 십여 년이라는 시간 동안 매출이 안정적이면서도 빠르게 성장했지만 언제나 적자 상태를 면치 못했다는 것이다. 하지만 세일즈포스의 시가총액은 이로 인한 영향을 받기는커녕 오히려 매출 성장과 상당히 높은 연관성을 보이며 매출 성장에 따라 꾸준히 증가하며 시가총액 100배 증가라는 기적을 낳았다.

세일즈포스의 매출 증가는 주로 고객이 매년, 매달 만들어내는 순환매출이 증가한 데서 비롯된다. 순환매출의 지속적인 증가에 힘입어 세일즈포스는 안정적인 잉여현금흐름(Free Cash Flow)을 확보할 수 있었다. 자본시장에서 잉여현금흐름량 평가법은 가장 널리 쓰이는 기업 평가법이다. 그 기본 원리는 평가 대상인 기업의 총 가치가 미래에 창출할 것으로 예상되는 모든 현금흐름의 현재 가치를 더한 값과 같다는 것이다. 이러한 평가법에 따르면 세일즈포스가 십여 년 넘게 계속 적자를 보는 상황에서 시가총액이 100배 넘게 증가한 것은 매우 정상적인 결과다.

그런 점에서 SaaS 기업은 순이윤이 아닌 순환매출에 주목해야 한다. 순환매출이야말로 SaaS 기업의 기업 가치가 지속적으로 성장하기 위한 발판이자 핵심 요소이기 때문이다.

네 번째 모델: 서비스형 플랫폼(PaaS)

서비스형 플랫폼(Platform as a Service, PaaS)은 사용자에게 소프트웨어를 개발, 배치, 운영할 수 있는 플랫폼을 서비스하는 클라우드 서비스 모델을 가리킨다. 클라우드 컴퓨팅 서비스 영역에서 PaaS 서비스는 SaaS 서비스와 IaaS 서비스의 중간에 해당한다. PaaS 서비스는 개발자에게 제공되는 플랫폼 서비스라는 점에서 SaaS 서비스에 속하는 애플리케이션에 해당한다.

　PaaS 서비스는 기본 하드웨어 장비와 운영 시스템, 기능 구현 등을 추상화(Abstraction)하고 캡슐화(Encapsulation)해서 API(Application Programming Interface) 등의 클라우드 서비스 방식으로 사용자에게 소프트웨어 개발 및 배치, 운영이 가능한 플랫폼을 제공한다. 사용자는 클라우드상에서 호출하기만 하면 필요한 PaaS 서비스를 사용할 수 있다. 그런 점에서 PaaS 서비스는 사용자에게 크게 네 가지 가치를 제공한다. 첫째, 한층 빠른 속도로 개발할 수 있어 개발 주기를 단축한다. 둘째, 필요에 따라 비용을 지불하므로 전문 개발자를 고용하는 비용을 절감함으로써 더 저렴한 비용으로 신제품을 개발할 수 있다. 셋째, 전문 서비스의 가용성과 신뢰성을 높여 상품의 품질을 높인다. 넷째, 기반 시스템에 대한 부담 없이 개발자가 본연의 작업에만 몰두함으로써 애플리케이션의 혁신 효율을 높일 수 있다.

구독 순환 구조로 분석한 PaaS 모델의 핵심 요소는 크게 세 가지다(그림 5-5). 첫째 PaaS 플랫폼 서비스, 일반적으로 API 또는 SDK(Software Development Kit) 방식으로 제공된다. 둘째 구독료, 기업이 PaaS 플랫폼 서비스를 제공해서 얻는 순환매출을 가리킨다. 셋째 약정, 고객은 기업에 정기적으로 비용을 지불하는데 PaaS 플랫폼 서비스를 사용량에 따라 결제하며, 기업은 고객에게 유료 구독 기간 동안 안전하고, 가용성과 신뢰성이 높은 플랫폼 서비스를 제공한다고 약속한다.

PaaS 서비스는 십여 년의 발전을 거치며 양대 진영으로 나뉘어졌다. 하나는 구글, MS, IBM, 텐센트, 알리바바, 세일즈포스 등으로 대표되는 대기업으로, 자신을 둘러싼 비즈니스의 판도를 키우기 위해 개방적이면서도 강력한 개발자 생태계를 구축하고자 한다. 다른 하나는 트윌리오(Twilio)를 위시한 전문 PaaS 서비스 업체로, PaaS 서비스 중

그림 5-5 PaaS 모델의 구독 순환

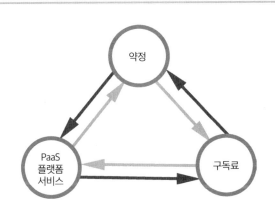

심의 비즈니스 모델을 구축하고자 한다. 건전하게 발전하는 PaaS 비즈니스 모델을 구축하기 위해 전문 PaaS 서비스 업체들 역시 개방적이면서도 강력한 개발자 생태계를 만들고자 한다.

현재 개발자 생태계의 구축, 개발자에게 제공하는 상업성의 관점에서 보자면 세일즈포스의 포스닷컴은 전 세계에서 가장 강력한 PaaS 서비스 플랫폼이라고 평가된다. 포스닷컴 플랫폼을 기반으로 세일즈포스는 개발자가 애플리케이션 개발, 배치 및 배포, 운영, 거래를 통한 현금화 등을 포함한 전반적인 비즈니스 서비스를 구현할 수 있도록 지원한다. 그런 점에서 세일즈포스는 SaaS 서비스 부문을 이끄는 리더이자, PaaS 서비스 부문의 개척자이자 선봉이라 할 수 있다.

전형적인 클라우드 컴퓨팅 서비스를 구성하는 3단계 구조에서 PaaS 서비스는 상위의 SaaS 서비스 또는 애플리케이션을 통해 구현 가능한 애플리케이션 시나리오를 제공해야 할 뿐만 아니라, 하위의 IaaS 서비스를 통해 연산(Computing), 저장(Storage), 네트워크(Network) 등 인프라 서비스를 제공해야 한다. SaaS 서비스가 지속적으로 수준 높은 발전을 거듭함에 따라 점점 더 많은 SaaS 서비스 업체가 자신의 PaaS 서비스 플랫폼을 구축해 갈수록 다양해지는 고객 수요를 만족시키려고 한다. 한편 IaaS 서비스의 차별성이 점차 사라지면서 IaaS 서비스 업체는 차별화를 위해 PaaS 서비스를 부득이하게 확장할 수밖에 없다. 이처럼 SaaS 서비스와 IaaS 서비스의 압박 속에서 독립적인 전문 PaaS 서비스 업체는 생존과 성장 가능성이 제한되는 상황에 처하게 될 것이다. 장기적인 관점에서 보면, 세분화된 영역에서 우위를 점한 독립적인 전문 PaaS 서비스 업체는 대형 SaaS 서비스 업체 또는 IaaS 서비스 업체의 주목을 받으며 인수합병의 대상이 될 것으로 예상된다.

트윌리오 스토리: API 경제가 만들어낸 클라우드 통신의 공룡

트윌리오(Twilio)는 미국의 클라우드 통신사로, 창업자 제프 로손(Jeff Lawson)이 2008년 3월에 미국 델라웨어주에서 설립했다. 트윌리오는 개발자가 자신의 애플리케이션에 음성, 메시지, 동영상 등의 통신 기능을 넣도록 지원한다. API 방식을 통해 자사의 제품을 개발자에게 사용하도록 제공하는데, 코딩이 가능한 음성 및 메시지, 동영상 등이 포함된다. 트윌리오는 왓츠앱, 우버, 에어비앤비, 코카콜라, 트위터, 박스(BOX), 세일즈포스 등 유명 고객을 포함한 4만여 개의 고객으로부터 선택을 받으며, 2016년 2월에 뉴욕 증권거래소에 상장했다.

전통에 대한 도전: API화

트윌리오는 개발자에게 세 가지 가치를 제공한다. 첫째 코딩이 가능한 통신 능력, 둘째 통합된 운영 네트워크, 셋째 크리에이터가 자신의 비즈니스 모델의 아이디어에만 몰두할 수 있도록 돕는다. 표 5-2는 트윌리오의 핵심 가치 제안과 사용자에게 가져다주는 전통 방식과는 다른 개발 및 운영 방식을 설명하고 있다.

표 5-2 트윌리오와 전통 방식의 차이

트윌리오의 가치	트윌리오의 핵심 가치 제안	전통 방식	트윌리오 방식
코딩 가능한 통신 능력	메시지, 음성, 동영상, 개인정보 인증 등의 능력	자체 프로젝트팀을 통한 연구 개발	APIs를 통해 제공
슈퍼 운영 네트워크	간편하면서도 뛰어난 품질로 고객에게 전송	모든 운영업체와 협상을 통해 네트워크 접속 서비스 획득	APIs로 통합
크리에이터가 업무에 몰입할 수 있는 환경	5분 안에 아이디어 실행	인프라 단계부터 자체 연구 개발	계정 개통, 필요에 따라 결제

가격 정책: 종량제 방식

모든 클라우드 컴퓨팅 서비스와 마찬가지로 트윌리오 역시 종량제 방식을 사용하고 있다. 사용자가 트윌리오의 서비스에 가입하는 건 무료지만, 사용 과정에서 사용하고자 하는 메시지 수, 음성 길이, 사용자 수 등에 따라 비용을 지불해야 한다.

가장 기본적인 가격을 기준으로 트윌리오는 크게 세 가지 요금 전략을 세웠다. 사용량에 따른 요금(사용한 만큼 요금 지불), 사용량에 따른 단계별 할인 요금(많이 사용할수록 할인 감소), 약정한 사용량을 기준으로 한 특별 할인 요금이다.

트윌리오의 요금 전략은 고객과 애플리케이션 시나리오에 따라 적용된다. 첫째, 사용한 만큼 요금을 내는, 사용량에 따른 요금제는 스타트업 또는 대기업의 크리에이터 부서가 쓰기에 적당하다. 이들 기업과 부서의 사용자가 애플리케이션을 출시한 지 얼마 되지 않은데다 관련 제품 또한 초기 탐색 단계에 머물러 있어 소수의 시드 사용자만 있고, 비즈니스 모델 또한 확립되지 않아 사용량이 크지 않기 때문이다. 정확한 사용자 데이터를 확보할 수는 없지만 사용자 수를 놓고 봤을 때 4만여 개의 트윌리오의 고객층에서 롱테일 사용자가 큰 비중을 차지할 것이라고 합리적인 추리가 가능하다. 이제 막 시장에 뛰어든 이들은 상품 모델을 빠르게 수정하고 검증받아야 하기에 트윌리오가 제공하는 클라우드 통신 서비스를 통해 사용자는 번잡한 통신 능력 개발과 운영 서비스 협상 등의 업무를 위탁하고 자신의 업무 혁신에만 몰두할 수 있다. 사용량이 크지 않은 이러한 롱테일 사용자들은 가격 협상 역량이 떨어지기 때문에 일반적으로 사용량에 따라 요금을 계산하는 종량제 모델을 선택한다.

둘째, 사용량에 따른 단계별 할인 요금제는 쉽게 말해서 많이 사용할수록 할인율이 감소하는 것을 가리킨다. 이는 급성장 중인 성장형 기업에 적합한 요금제. 사용자의 상품 모델이 이미 검증되어 그 사용자 수가 빠르게 증가하면, 트윌리오에서 제공하는 서비스에 대한 사용량이 매월 심지어 매주, 매일 빠르게 증가하고, 사용량 격차 역시 크게 벌어지면, 사용자는 자신의 사용량을 정확히 예측하기가 어렵다. 이러한 성장형 사용자의 경우 트윌리오가 제시하는 사용량에 따른 단계별 할인 요금제는 사용량이 순식간에 변하는 업무 특성에 적합하다. 이러한 요금제를 통해 사용자는 사용량 증가에 따른 급격한 비용 상승에 대한 부담에서 벗어나 사업 성장 추진에 몰두할 수 있다.

셋째, 약정한 사용량을 기준으로 한 특별 할인 요금제는 사용자와 트윌리오의 마케팅 담당자 사이의 협의가 필요하다는 점에서 상품과 비즈니스 모델이 성숙 단계에 접어든 사용자에게 적합하다. 사용자의 상품 모델이 이미 성공적이라고 충분히 검증되었고, 비즈니스 모델이 성숙 단계에 이르렀으며, 사용자 규모가 방대하고, 사용자의 증가가 상대적으로 안정적이라면, 이는 트윌리오 서비스의 사용량이 비교적 안정적이고 예측가능할 것이다. 대개의 경우 머리 부분에 해당하는 사용자가 그리 많지 않지만, 사용량이 매우 큰 덕분에 강력한 가격 협상 역량을 지니고 있어 트윌리오와 일대일 협상을 통해 특별 할인 요금의 혜택을 누릴 수 있다.

이러한 요금 전략은 트윌리오와 사용자 모두 윈윈하는 결과를 가져온다. 사용자는 만족스러운 할인 혜택을 통해 비용을 절감할 수 있고, 트윌리오는 보다 나은 사용자 만족도와 충성도를 얻음으로써 한층 안정적이고 예측 가능한 순환매출을 획득할 수 있다. 또한 그로 말미암아 고객생애가치를 더욱 높일 수 있다.

사용자의 경우 한 번 정한 요금제를 영구적으로 유지하는 것이 아니라, 자신의 성장에 따라 다른 요금제로 전환하게 된다. 아이디어 탐색 단계에 머물던 사용자의 상품이 점차 성장하고 성숙된 단계로 접어들면서 사용자 수가 빠르게 증가하고 안정적인 성장세를 띠게 되면, 사용자는 첫 번째 요금제를 거쳐 두 번째 요금제로 갈아타거나, 세 번째 요금제로 직행할 것이다. 트윌리오와 사용자는 일종의 공생 관계로, 사용자의 사용량이 증가하면서 회사도 성장한다. 사용자의 사업이 성장해야 사용량이 증가하고, 고객의 ARPU(서비스에 대해 가입자 한 명당 지출한 평균 금액)가 향상되어야 트윌리오의 사업도 성장할 수 있다.

변화: 대형 고객에 대한 의존에서 탈피, 기본 수익 증대

상품의 핵심 가치 제안과 가격 전략에서 본 트윌리오의 사업 성장은 크게 두 가지 측면에서 중요한 개념을 담고 있다. 하나는 단일 고객의 사업 성장에 따른 고객 ARPU의 증가, 나머지 하나는 고객의 장기 갱신에 따른 고객생애가치의 증가다. 트윌리오의 성장사는 두 단계의 시기로 구분된다. 왓츠앱 등 몇몇 대형 고객에 주로 의존하던 시기와 이들에 대한 의존도가 낮아지고 개별 고객과의 장기 계약이 중점적으로 발전하는 방향으로 전환된 시기다.

트윌리오의 초기 고객 중에서 왓츠앱, 우버 등의 대형 기업이 기여하는 수입의 비중은 높은 편이었다. 우버의 경우 2011년부터 트윌리오의 서비스를 사용하기 시작했다. 트윌리오는 우버의 승객에게 문자 메시지를 발송해 사용자 정보를 확인하거나 호출 정보를 발송하는 서비스를 제공했다. 우버 운전사와 승객이 휴대폰 번호를 노출하지 않은 상태에서 음성 또는 문자 메시지를 통해 이들을 연결시켰다. 트윌리오의 웹사이트에는 우버의 CEO 트래비스 칼라닉(Travis Kalanick)의 말이 인용되어 있었다. "처음 우버는 트윌리오를 사용하지 않았습니다. 그 결과 사용자로부터 좋은 평가를 받지 못했죠. 이제는 메시지 하나 보내려고 15~20분이나 되는 시간을 쓰지 않아도 됩니다. 덕분에 저와 프로그래머는 좀 더 잘 수 있게 됐죠."

2013년부터 트윌리오는 왓츠앱에 문자 서비스를 제공하기 시작했다. 왓츠앱은 트윌리오를 통해 사용자가 로그인하는 데 필요한 인증 메시지를 발송했다. 왓츠앱의 방대한 규모의 액티브 유저(Active User)가 트윌리오의 최대 고객이 되어 2015년 트윌리오에게 2,840만 달러의 매출을 안겨주었는데, 이는 그해 트윌리오 총 매출액의 17%에 달하는 액수였다.

월스트리트의 애널리스트들은 대형 고객에 대한 높은 의존도가 트윌리오의 최대 리스크라고 우려 섞인 반응을 보였고, 트윌리오 역시 이 문제를 분명히 인식하고 있었다. 트윌리오가 상장하던 해 트윌리오의 10대 고객 중에서 장기 계약을 체결하지 않은 곳이 세 곳이 있었는데, 그중 하나가 왓츠앱이었다. 트윌리오는 수입을 그림 5-6처럼 두 가지로 분류했다. 하나는 왓츠앱과 같은 기업으로부터 획득하는 '변

그림 5-6 상장 전 2년간의 트윌리오의 기본 수익과 변동 수익 추이

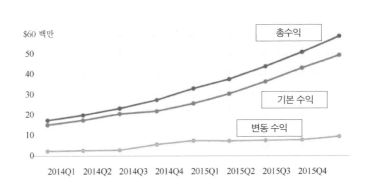

자료 출처: 트윌리오 웹사이트

동 수익(Variable Revenue)', 또 하나는 1년 이상 장기 계약을 맺은 업체로부터 벌어들이는 '기본 수익(Base Revenue)'이다.

트윌리오는 장기 고객으로부터 획득하는 기본 수익이 자사의 성과를 가장 정확하게 가늠할 수 있는 잣대라고 여겼다. 2016년 상장 후, 트윌리오는 2012년 당시 계약을 맺은 고객 그룹이 매년 트윌리오에 지출하는 금액이 모두 2배 이상 증가했다고 공개했다. 경영 리스크를 낮추기 위해 트윌리오는 상장하기 2년 전부터 '기본 수익 성장율(Dollar-Based Expansion Rate)'을 높이는 데 주력한 결과 좋은 효과를 거두었다. 이러한 조치는 단일 대형 고객에 대한 의존도를 낮추고, 기업 경영의 건전성과 지속 가능성을 높이는 결과로 이어졌다.

API 경제의 리더가 되다

2014년 이후 트윌리오의 영업 수입은 빠른 성장세를 유지하고 있다. 2014년 8,900만 달러에 달하던 매출이 2017년 3억 9,900만 달러에 이르러 3년 사이에 4배가 증가했다. 2018년 트윌리오는 지속적으로 적자를 기록했음에도 주가가 연간 350% 뛰어오르며 시가총액 100억 달러가 넘는 클라우드 서비스 업계의 스타로 떠올랐다. 또한 2020년에는 시가총액이 510억 달러로 급성장했다. 자본시장에서 오로지 API 서비스 하나만으로 수익을 거둔 유일한 업체로서, 트윌리오는 전 세계 API 경제의 유명 기업이 되었다.

미국인 기자 슈라마나 미트라(Sramana Mitra)는 오랫동안 트윌리오의 성장사를 추적한 끝에 2018년 8월 말에 〈유니콘 트윌리오, 모든 시장 예상을 깨뜨리다〉라는 논평을 발표했다. 주요 내용은 다음과 같다.

- 얼마 전에 끝난 분기에서 트윌리오는 57,350곳의 액티브 유저를 확보했다. 지난해 같은 기간, 그 수는 43,430곳이었다.
- 해당 분기에서 트윌리오의 기본 수익은 전년도 동기 대비 54% 증가한 1억 3,500만 달러를 기록했다.
- 트윌리오의 10대 고객이 전체 매출에서 차지하는 비중은 18% 미만이며, 기업 매출의 10%를 넘는 단일 고객은 단 한 곳도 없다.

이러한 점을 통해 트윌리오의 액티브 유저 증가에 따른 기본 수익 증가, 대형 고객에 대한 수익 의존도 감소가 트윌리오의 시가총액을 증대하는 효과로 이어졌음을 알 수 있다.

Twilio 모델

트윌리오의 비즈니스 모델 캔버스는 뒤의 표 5-3과 같다.

Twilio의 성공 포인트

트윌리오가 비록 최대의 PaaS 기업은 아니지만 PaaS 모델로 상장한 유일한 기업으로, 모든 PaaS 기업이 그들의 경험을 충분히 참고할 만하다.

첫째, '통합'은 PaaS 서비스의 핵심 비즈니스 논리다.

표 5-3 트윌리오 비즈니스 모델 캔버스

주요 파트너(Key Partners)	주요 활동 (Key Activities)	가치 제안(Value Propositions)	고객 관계 (Customer Relationships)	고객층 (Customer Segments)
아마존 등 인프라 서비스 업체; 각국의 운영 업체	클라우드 통신 능력 연구 개발 및 운영, 유지보수; 운영업체의 리소스 접목 및 통합; 신규 고객에 대한 판매; 고객성공	클라우드 통신 능력; 슈퍼 운영 네트워크; 사용자로 하여금 업무와 창의적인 일에 몰입할 수 있게 함	대면 판매; 셀프서비스	인터넷 고객, 기업형 고객
	중요 자원(Key Resources)		유통 경로 (Channels)	
	PaaS 플랫폼		영업팀; 검색 엔진, SNS 등	
비용 구조(Cost Structure)			수익원(Revenue Streams)	
플랫폼 연구 개발 및 운영, 유지·보수 비용; 운영업체 분담금; 인프라 서비스 비용; 마케팅 비용; 관리 비용			구독료	

트윌리오는 클라우드 통신 능력과 관련된 상품을 제공하는데 여기에는 음성, 문자 메시지, 동영상 및 개인정보 인증 등 코딩이 가능한 통신 능력이 포함된다. 본질적으로는 일종의 SaaS 서비스이지만 일반적인 SaaS 서비스와 달리 사용자 인터페이스(UI)를 전혀 갖추고 있지 않기 때문에 왓츠앱, 우버 등 상품의 애플리케이션 시나리오와 결합했을 때 비로소 가치를 지닐 수 있다. 예를 들어 왓츠앱의 사용자 로그인 인증, 우버의 승객과 운전자 간 소통 등이 여기에 해당한다.

모든 PaaS 서비스는 다양한 애플리케이션 시나리오로 통합되어야 비로소 핵심 가치를 궁극적으로 구현할 수 있다는 원칙을 따른다. 그런 점에서 '통합(Integration)'은 PaaS 서비스의 핵심 비즈니스 논리다. PaaS 서비스의 성숙도는 통합된 애플리케이션 시나리의 다양성과 밀접한 관련이 있다. 애플리케이션 시나리오가 다양하고, 애플리케이션 사용자가 광범위해야 PaaS 서비스는 지속적으로 발전할 수 있다.

둘째, 순환매출은 PaaS 기업이 가치를 증대할 수 있는 근본적인 원동력이다.

트윌리오는 수익을 '변동 수익'과 '기본 수익'으로 구분해 장기 고객에게서 획득한 기본 수익이 회사의 발전을 가늠하는 지표라고 강조한다. 구독순환 구조의 논리에 따르면, 기본 수익은 본질적으로 일종의 순환매출로, 수익의 장기적인 지속성을 강조한다. PaaS 기업의 경우, 주로 고객의 유지율과 갱신율이 기본 수익을 결정한다.

세일즈포스와 마찬가지로 트윌리오 역시 계속 적자가 발생하는 상황에서 시가총액이 계속 증가하는 등 적지 않은 자본의 기적을 만들어냈다. 그 근본적인 이유는 잉여현금흐름 평가법을 핵심적인 가치평가법으로 삼기 때문이다. 그러므로 PaaS 기업의 가치를 증대할 수 있는 근본적인 원동력은 순이익이 아닌 순환매출이다.

셋째, API 경제의 빠른 발전은 혁신을 이끄는 원동력이 될 것이다.

현재 트윌리오가 API 경제의 대표주자가 된 것은 창업자인 제프 로손의 적극적인 홍보 덕분이다. 트윌리오 모델은 API가 더 이상 개발자 그룹의 툴에 국한되는 것이 아니라 전도유망한 비즈니스 모델이라는 것을 증명했다. API 방식을 통해 개발자가 저비용으로 빠르게 애플리케이션을 구축할 수 있도록 지원함으로써 개발자가 업무에 집중할 수 있게 했다. 이는 기술 혁신을 이끄는 원동력으로 이어진다.

그렇다고 트윌리오 모델이 여전히 API 경제의 전부는 아니다. 트윌리오를 위시한 비즈니스형 API 이외에도 아마존, 구글, 페이스북, 텐센트, 알리바바 등 인터넷 공룡기업들은 더욱 개방적이고, 막강한 협력 파트너라는 생태계 시스템을 구축하기 위해 점점 더 많은 API를 개방하고 있다. 이들의 노력에 힘입어 API 경제는 디지털 경제의 중요한 구성 부문이 될 것이다. 또한 특유의 개방성과 연계성을 특징으로 전통기업의 디지털 전환과 새로운 비즈니스 모델 구축에 강력한 동력을 제공할 것이다.

다섯 번째 모델: 서비스형 인프라(IaaS)

클라우드 서비스 생태계에서 가장 밑부분에 위치하는 서비스는 서비스형 인프라(IaaS)다. 또한 좁은 의미의 클라우드 컴퓨팅(Cloud Computing) 서비스로 볼 수 있다. 미국 국립표준기술연구소(NIST)의 정의에 따르면, 클라우드 컴퓨팅은 사용량에 따라 비용을 지불하는 모델로서 필요에 따라 간편하게 네트워크에 접근해 설정 가능한 컴퓨터 리소스 공유 풀(Shared Pool)에 들어갈 수 있다. 이러한 리소스는 쉽게 제공되기 때문에 관리 작업을 크게 필요로 하지 않고, 혹은 서비스 공급 업체와의 상호 연계가 매우 적다. 이러한 정의는 클라우드 컴퓨팅의 서비스 모델을 정확하게 말하고 있다. 즉, 클라우드 구독에 기반을 둔 컴퓨팅 인프라 리소스 렌탈 서비스라는 것이다.

인프라 리소스에 대한 클라우드 컴퓨팅의 클라우드화를 통해 대규모 연산이 가능해지면서 이는 전통적인 IT 산업의 연산, 저장, 네트워크 등 인프라 리소스에 대한 정의를 완전히 바꾸어놓았다. 뿐만 아니라 IT 산업을 상품 가치 중심에서 서비스 가치 중심으로 업그레이드시켰다. 이러한 발전이 클라우드 서비스 업계의 성장을 이끌었을 뿐만 아니라 모바일 인터넷, 빅데이터, AI, 사물인터넷(IoT) 등 첨단 기술의 진보를 선도하면서 기술 혁신을 위한 탄탄한 기초를 마련했다.

클라우드 컴퓨팅의 획기적인 영향력은 인터넷 산업에만 그치지 않고 전통 기업의 디지털화 전환에 강력한 동력을 제공했다. 현재 금융, 통신, 제조 등 정보화 수준이 높은 분야에 속한 기업이나 에너지, 리테일, 물류, 교통 등 전통업에 속한 기업, 더욱이 정부, 교육 등 공공부문 모두 클라우드화에 박차를 가하고 있다. 또한 클라우드 컴퓨팅 서비스에 기반한 디지털 전환 전략을 추진하고 있다. 클라우드 컴퓨팅 서비스의 보급 및 비용의 지속적인 하락에 힘입어 클라우드 컴퓨팅은 점차 전통 기업 및 사업 부문의 디지털 전환을 위한 인프라 서비스가 될 것이다.

구독 순환 구조로 분석해 보면, IaaS 모델의 핵심 요소는 크게 세 가지다(그림 5-7). 첫째 IaaS 서비스. 연산, 저장과 네트워크 등의 서비스를 포함한 것으로 주로 하드웨어와 네트워크 리소스에 대한 가상화(Virtualization), 통합(Pooling)을 실시하고 클라우드 컴퓨팅 서비스

그림 5-7 IaaS 모델의 구독순환

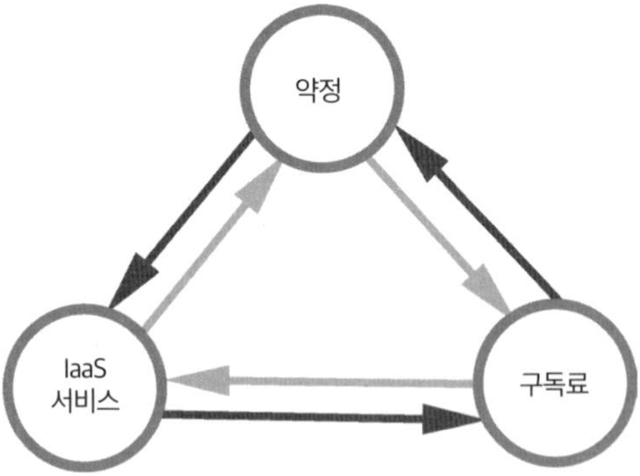

모델로 판매하는 것을 가리킨다. 둘째 구독료. 매달 전기세나 수도세를 내듯 고객이 사용량에 따라 비용을 지불하는 것으로, 기업이 IaaS 서비스를 제공해서 획득하는 순환매출을 뜻한다. 셋째 약정. 고객은 기업에 비용을 지불해 IaaS 서비스를 사용하고, 사용량에 따라 비용을 지불하겠다고 약속한다. 기업은 고객에게 안전하고 높은 실용성과 신뢰성을 지닌 클라우드 컴퓨팅 서비스를 제공한다고 약속한다.

결론적으로 클라우드 컴퓨팅 서비스의 특징은 크게 다섯 가지로 볼 수 있다.

첫째, 분산화(Distribution)와 가상화. 가상화를 통해 사용자는 언제 어디서든 단말기를 통해 클라우드 리소스를 획득하고 컴퓨팅 리소스를 필요에 따라 분배해 비즈니스 운영을 실시간으로 처리할 수 있다. 분산화를 통해 컴퓨팅 작업을 대량으로 분산된 연산 리소스에 나눠두면 서비스를 구독하려는 사용자가 클라우드 컴퓨팅 리소스에 접근해 문제를 해결할 수 있다.

둘째, 주문형 자가 서비스(On-demand Self-Service). 사용자는 리소스를 사용한 만큼 비용을 지불하면 된다. 사용자가 자신의 필요에 따라 컴퓨팅 리소스를 요청·설정·호출하면 클라우드 서비스 업체는 사용자의 요청에 따라 컴퓨팅 리소스를 분배·회수할 수 있다.

셋째, 언제 어디서나 가능한 네트워크 접속과 다이나믹 리소스 풀(Dynamic Resource Pool). 사용자는 복잡한 소프트웨어와 하드웨어 인프라를 설치할 필요 없이 네트워크 접속을 통해 클라우드 컴퓨팅 리소스를 직접 획득할 수 있다. 다양한 컴퓨팅 리소스는 분산화 방식을 통해 물리적으로 존재하지만 전체 서비스 형식으로 사용자에게 구현·제공되는 로직을 지닌다. 모든 컴퓨팅 리소스를 한데 묶어 멀티 테넌시(Multi-tenancy, 하나의 소프트웨어를 여러 세입자(tenant)가 공유하는 서비스) 모델을 통해 사용자들에게 서비스한다.

넷째, 고속의 탄력성(Rapid Elasticity). 클라우드 컴퓨팅 서비스 업체는 사용량에 따라 컴퓨팅 리소스를 탄력적으로 조정할 수 있다. 이를 통해 해당 리소스가 빠르고 탄력적으로 제공됨으로써 사용자 비즈니스 규모의 빠른 변화에 대응해 제공될 수 있다.

다섯째, 사용량에 따른 결제 방식. 모든 클라우드 컴퓨팅 리소스는 최소 계량(Metering) 단위로 분할될 수 있다. 모든 서비스가 계량화될 수 있고, 또한 측량된 보고서가 사용자에게 개방된다. 이를 토대로 클라우드 컴퓨팅 서비스 업체는 컴퓨팅 리소스에 대한 사용자의 사용량, 사용 시간 등에 따라 비용을 청구할 수 있다.

전 세계 클라우드 컴퓨팅 서비스 업체의 경쟁 구도는 현재 빠르게 집중화되고 있다. 2018년 6월 가트너(Gartner)가 발표한 2017년 클라우드 컴퓨팅 서비스 시장 연구 보고서에 따르면, 아마존의 AWS가 54.1%의 점유율로 시장을 선도하고 있다. MS의 애저, 알리바바 클라우드, 구글 클라우드, IBM이 각각 2~5위를 차지하고 있다. 이들 5대 서비스 업체가 전 세계 퍼블릭 클라우드 컴퓨팅 서비스 시장에서 70% 이상의 점유율을 차지하고 있다. 이들을 제외한 '기타' 진영의 시장 점유율은 29%, 성장률은 8%에 그친다.

IDC의 조사 연구 데이터에 따르면, 중국의 퍼블릭 클라우드 IaaS 서비스 시장에서 알리바바 클라우드가 45.5%의 시장 점유율로 1위를 차지하고, 그 뒤로 텐센트 클라우드(腾讯云), 차이나 텔레콤의 E Cloud(中國電信天翼雲), 킹소프트 클라우드(金山雲), 아마존의 AWS가 각각 2~5위를 차지하고 있으며, '기타' 서비스 업체는 시장에서 총 24.7%의 점유율을 차지하고 있다.

이를 통해 전 세계와 중국 시장에서 퍼블릭 클라우드 IaaS 서비스 시장이 과점 시대에 접어들었으며, 마태 효과(Matthew Effect, 강자는 더욱 강해지고, 약자는 더욱 약해지는 현상)가 두드러진다는 것을 알 수 있다. 소위 빈익빈 부익부 현상이 심화되면서 약자 그룹은 기본적으로 역전의 기회를 잃게 됐다. 하지만 과점 현상을 보이는 퍼블릭 클라우드 서비스 시장을 제외한 프라이빗 클라우드, 하이브리드 클라우드 등의 틈새시장에서 중소형 클라우드 서비스 업체 역시 각자의 우위를 십분 발휘해 점유율을 차지할 수 있다.

클라우드 컴퓨팅은 빠르게 성장하고 있는 동시에 많은 도전에 직면해 있다. 예를 들면 클라우드에 저장된 사용자의 데이터가 불법으로 도용되거나 유출되지 않도록 하는 사용자 데이터의 보안 및 개인정보 보호에 관한 문제다. 또 다양한 클라우드 서비스를 아우르는 일관된 데이터와 서비스 표준을 어떻게 만들 것인가? 다양한 클라우드 컴퓨팅 서비스 업체의 서비스 품질을 평가할 수 있는 공평하면서도 효과적인 평가 기준을 어떻게 만들 것인가? 플랫폼의 발전과 사용자를 위한 맞춤형 서비스 사이의 격차를 어떻게 해소할 것인가? 등등이다.

알리바바 클라우드의 창업자 왕젠이 말하는 클라우드 컴퓨팅①

알리바바 클라우드의 창업자인 왕젠(王堅) 박사는 저서 《온라인, 다음 혁명(원제: 在綫)》에서 클라우드 컴퓨팅의 본질에 대해 이렇게 설명했다.

"클라우드 컴퓨팅인지 아닌지를 구분하려면 우선 그 핵심적 본질부터 살펴봐야 한다. 즉 컴퓨팅이 온라인에서 이뤄지는지, 컴퓨팅의 사용이 온라인을 통해 완성되는지를 확인해야 한다. 이는 또한 클라우드 컴퓨팅의 가장 중요한 두 가지 특징을 결정한다. 첫째, 컴퓨팅은 수도, 전기처럼 공공서비스가 되어야 한다. 둘째, 컴퓨팅 규모가 충분히 커지면 이를 감당할 수 있는 거대한 데이터 센터가 필요하다. 알리바바 클라우드에서 클라우드 컴퓨팅을 시작하던 첫날부터 나는 내 자신에게 '클라우드 컴퓨팅은 전기처럼 사회의 가장 기초적인 공공서비스'라고 말했다.

바오강(寶鋼) 발전소와 국가전력망공사(國家電網公司, State Grid Corporation of China) 모두 전기를 생산한다. 이들 사이에는 차이가 존재하는가? 그렇다, 그것도 무척 큰 차이가 존재한다. 바오강에서 생산되는 전기는 대부분 발전소 자체에서 사용하기 위해 생산된 것으로, 문제가 생겨도 바오강의 생산에만 영향을 준다. 하지만 국가전력망공사에서 생산된 전기는 중국의 수많은 가구에 공급되기 때문에 사소한 문제만 생겨도 사람들의 일상생활에 영향을 줄 수 있다. 그래서 국가 전력망공사의 전기야말로 공공서비스이고, 나머지는 공공서비스라고 하기 어렵다.

사물 사이의 차이는 때로 사물의 물리적 형태가 아니라 그 서비스 형태에 따라 결정되기도 한다. 똑같은 '클라우드 컴퓨팅'이라고 해도, 규모나 컴퓨팅 능력이 아무리 강력하다고 해도 온라인에서 구현되지 않는다면, 공공서비스 부문에 해당하지 않는다면, 클라우드 컴퓨팅이라고 할 수 없다."

어떤 상태의 클라우드 컴퓨팅을 훌륭한 공공서비스라고 할 수 있냐는 질문에 왕젠은 다음과 같이 답했다.

"전기로 비유하자면 충분하고, 저렴하며, 안심하고 쓸 수 있어야 합니다. 콘센트에 꽂자마자 전기가 통해야 하고, 코드를 몇 개 꽂든 전기가 통해야 쓰기 충분하다고 말할 수 있습니다. 전기 값이 너무 비싸서 1분만 써도 지갑이 텅 빌 정도라면 이 역시 잘못된 것입니다. 전기료가 경제적 부담이 되어서는 안 됩니다. 그래야 저렴하다고 말할 수 있습니다. 전기를 사용한 지 1분 만에 누전이 발생해 감전되어서도 안 됩니다. 안전은 모든 공공서비스의 숨겨진 핵심요소로서 안심하고 쓸 수 있어야 합니다."

또한 클라우드 컴퓨팅의 가치에 대해 왕젠은 이렇게 설명했다.

"클라우드 컴퓨팅은 가장 기본적인 서비스로, 플랫폼을 구축해 혁신과 창업이 쉽게 이루어지도록 이끕니다. 클라우드 컴퓨팅은 전통기업이 인터넷 기업으로 변모할 수 있게 하고, 소기업이 대기업과 경쟁

할 수 있게 만들며, 인터넷 기업이 모바일 인터넷 기업으로 변신할 수 있게 합니다. 클라우드 컴퓨팅은 기업의 규모에 상관없이 모든 기업이 탁월한 혁신을 이룰 수 있음을 우리에게 인식시켜 줍니다."

---

① IaaS 클라우드 컴퓨팅 서비스의 특수성과 복제 불가성을 감안해, 본서에서는 구체적인 사례 분석이 아닌 왕젠 박사의 클라우드 컴퓨팅에 대한 의견만 인용했다.

구독제 전자상거래

전통적인 전자상거래의 핵심 논리는 사용자에게 방대한 상품, 저렴한 가격, 편리한 상품 검색, 빠른 배송의 물류 서비스 등을 제공하는 것으로, 여기에서 직영형 전자상거래와 플랫폼형 전자상거래가 탄생했다. 웨이핀후이(維品會), 당당(當當) 등이 직영형 전자상거래를, 타오바오와 텐마오(天猫)가 플랫폼형 전자상거래를 대표한다. 두 모델을 합친 혼합형 전자상거래로는 아마존, 징둥(京東) 등이 있다. 이들 업체는 상품을 규모화해서 판매하는 데는 성공했지만 사용자의 개인화 소비 문제는 해결하지 못했다. 그런 점에서 구독제 전자상거래가 이 문제를 해결하는 해결사로 등장했다.

현재 구독제 전자상거래는 크게 세 가지 모델로 나뉜다. 첫째 상품 추천 모델, 서프라이즈 박스라고도 불린다. 패션, 향수, 화장품 등 주로 사용자의 경험이 높은 비중을 차지하는 소비품에 적합하다. 둘째 공유옷장 모델, 계절이나 장소에 맞는 의상이 필요하거나 최신 유행을 좇는 소비자를 겨냥한 패션 상품에 적합하다. 셋째 주기적 소모품 모델, 면도기, 속옷, 반려동물 사료 등 사용자가 정기적으로 소모하는 소비품에 적합하다.

여섯 번째 모델: 상품 추천 모델

상품 추천 모델(Product Recommendation Model)은 기업이 구독자에게 정기적으로 여러 가지 상품이 들어 있는 박스를 보내면, 사용자가 이를 사용한 뒤 마음에 드는 상품을 남겨두거나 주문을 통해 정품을 구입하고, 마음에 들지 않는 제품은 업체에 돌려보내는 모델을 가리킨다. 사용자 입장에서는 정기적으로 다양한 신상품을 받아볼 수 있을 뿐만 아니라 상자를 열 때 두근거리는 흥분감과 기쁨을 느낄 수 있어서 서프라이즈 박스라고 불리기도 한다.

기업의 입장에서 이러한 모델은 충성 구독자를 안정적으로 확보할 수 있도록 해주고, 또한 고객이 처음에 작성한 조사 데이터와 후속 조치에 대한 선호도, 구매 행위, 나아가 SNS 자료 등의 사용자 데이터를 얻을 수 있도록 뒷받침한다. 이러한 데이터를 토대로 기업은 사용자에 대한 정확한 페르소나와 마케팅을 통해 '고객 자신보다 고객을 더 잘 아는' 서비스를 제공함으로써 사용자의 개성에 맞는 상품과 서비스를 더욱 정확하고 섬세하게 제공할 수 있다. 이와 함께 사용자 개인화 수요를 심도 있게 이해하고 만족시키려는 기업의 노력은 서비스 품질에 대한 고객의 경험 개선, 충성도 강화라는 효과로 이어져 기업에 장기적이고 안정적인 현금흐름을 가져다줄 수 있다.

구독 순환 구조로 분석한 상품 추천 모델의 핵심 요소는 크게 세 가지다(그림 6-1). 첫째, 사용자 데이터와 알고리즘에 기반한 개인화 추천 서비스. 둘째, 구독료와 상품 판매 수익. 그중 구독료는 주로 추천 서비스 형식을 통해 얻을 수 있다. 셋째, 약정. 사용자는 기업에 유료 추천 서비스를 사용하겠다고 약속하고, 사용자 데이터와 연동된 신용카드를 제시한다. 기업은 사용자에게 개인화 상품 추천 서비스를 제공한다고 약속한다.

상품 추천 모델의 본질은 구독자 데이터에 대한 지속적인 발굴과 정확한 페르소나를 통해 소비자에서 기업으로의 역방향 맞춤 서비스(C2B)를 구현해 진정한 의미의 고객 중심의 쇼핑 경험을 제공하는 데 있다. 이를 통해 장기적이면서도 안정적인 고객 관계를 구축해 안정적이면서도 예측 가능한 현금흐름을 만들 수 있다.

이러한 핵심 개념을 바탕으로 상품 추천 모델은 다음과 같은 특징

그림 6-1 상품 추천 모델의 구독 순환

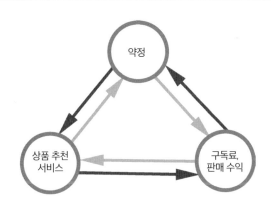

을 지닌다.

첫째, 사용자 데이터가 기본이 된다. 방대하고 지속적으로 업데이트되는 사용자 데이터를 확보해야 사용자에 대한 정확한 페르소나와 진정한 의미의 고객 중심주의를 실현해 고객에게 즐거움과 감동을 주는 쇼핑 경험을 제공하고, 사용자의 개인화 소비 수요를 만족시킬 수 있다. 나아가 장기적 충성 고객관계를 구축해 고객생애가치를 높일 수 있다.

전통적인 전자상거래가 사용자의 빅데이터에 초점을 맞춘 것과 달리, 상품 추천 모델은 사용자의 '스몰데이터' 즉 사용자 개인의 생활, 일 등 모든 행위 데이터를 발굴하고자 한다. 사용자의 스몰데이터를 수집하고 처리하는 능력은 상품 추천 모델 기업의 핵심 경쟁력으로, 기업의 운영 효율과 매출에 직접적인 영향을 준다.

둘째, 역방향 맞춤형 서비스에 맞는 탄력적인 공급 사슬 구축이 관건이다. 상품 추천 모델에서 구독자는 기업에 자신의 개인 정보와 기호 등과 관련된 데이터를 상세히 작성해 제출한다. 구독박스를 받은 후에도 의견이나 피드백을 전달한다(주문과 반품 역시 선호도와 행위 데이터에 속한다). 사용자는 이러한 개인화 데이터를 피드백한 뒤 기업이 앞으로 자신의 취향을 좀 더 반영한 개인화 상품과 서비스를 제공해주기를 기대한다. 이는 백엔드(Back-End)의 공급 사슬에 대한 좀 더 까다로운 요구로 이어진다.

치열한 경쟁에서 존재감을 드러내려면 대규모의 맞춤형 수요를 만족시킬 수 있는 탄력적 공급 사슬을 반드시 구축해야 한다. 예를 들어

제1장에서 언급한 미국의 패션 구독제 전자상거래 기업인 스티치 픽스는 수백 곳의 의류 생산공급업체를 아우르는 글로벌 공급 사슬 네트워크를 구축했다.

셋째, 안정적이면서도 충성적인 고객관계가 핵심이다. 정확한 사용자 페르소나, 역방향 맞춤형 서비스를 위한 탄력적 공급 사슬 구축 모두 더 나은 쇼핑 경험을 제공하고, 사용자와 장기적이면서도 안정적인, 충성된 관계를 구축하기 위한 것이다.

전통 소매업에서는 '상품-장소-사람'이 중심이었다. 일단 좋은 상품을 고른 뒤에 인구 유동량이 많은 장소를 찾아 상품을 진열하고 소비자에게 직접 판매한다. 이에 반해 상품 추천 모델은 '사람-상품-장소'라는 개념을 제시한다. 일단 구독자를 확보한 뒤에 사용자 페르소나에 기반해 개인화 상품을 제공한다. 그런 다음 참신하고 독특한 쇼핑 시나리오, 즉 서프라이즈 박스를 통해 '사람'과 '상품'을 연결한다. 그런 점에서 상품 추천 모델은 진정한 의미의 고객 중심의 모델이라고 할 수 있다. 달리 말하자면 안정적이고 충성적인 고객관계를 구축하지 못하면, 장기적이면서도 안정적인 현금흐름을 확보할 수 없다.

상품 추천 모델의 주요 특징을 바탕으로 분석한 그 성공 비결은 크게 네 가지다. 첫째, 사용자 데이터를 전면적으로 수집하고 파악할 수 있는 능력. 이는 정확한 사용자 페르소나를 위한 기초다. 둘째, 과학적이면서도 효과적인 추천 알고리즘을 설계하고 반복할 수 있는 능력. 이는 사용자 데이터의 심도 있는 발굴과 이용을 위한 관건으로 상품의 구매율과 사용자 만족도를 결정한다. 셋째, 사용자의 개인화 수요에 민첩하게 대응할 수 있는 탄력적인 공급 사슬을 구축할 수 있는 능력. 이는 상품 추천 모델 기업이 반드시 해결해야 하는 문제로 사업의 성공 여부를 결정하는 열쇠다. 넷째, 우수한 사용자 경험을 제공하고 최적화할 수 있는 능력. 이러한 능력을 갖춰야 사용자 만족도와 충성도는 물론, 재구매율을 지속적으로 높일 수 있다.

그러나 한편으로는 해결해야 할 과제들이 있다. 사용자 데이터의 수집 및 업데이트, 정확한 개인화 추천 알고리즘 설계, 민첩하고 탄력적인 공급 사슬 시스템 구축은 상품 추천 서비스 기업이 직면한 주요 과제다. 그밖에도 창고 저장, 물류 배송, 전문가 추천 등 분야에서도 해결해야 할 많은 문제들이 있다.

스티치 픽스 스토리 : 구독으로 패션 리테일을 재정의하다

스티치 픽스는 미국 캘리포니아주에 위치한 패션 전자상거래 업체로, 하버드 비즈니스 스쿨(경영대학원) 출신의 카트리나 레이크(Katrina Lake)가 2011년에 창업해 2017년 11월에 나스닥에 상장했다. 스티치 픽스는 비용과 효율, 규모를 앞세운 전통적인 전자상거래 업체가 아니라 사용자 데이터와 알고리즘을 패션 리테일에 응용한 새로운 형태의 전자상거래 업체라는 데 주목할 필요가 있다.

스티치 픽스의 창업자이자 CEO인 카트리나 레이크는 이 세상에 옷, 신발, 가방 모두 넘쳐나지만 자신에게 딱 맞는 아이템을 찾는 건 가장 어려운 일이라고 여겼다. 여기에서 착안한 그녀는 스타일리스트, IT 프로그래머, 데이터 과학자로 구성된 팀을 만들어 데이터와 알고리즘을 통해 사람들이 자신이 마음에 들어 하는 옷을 찾는 일을 도와주기로 했다.

스티치 픽스의 홈페이지에는 이런 글이 실려 있다. "스티치 픽스의 사명은 기술과 패션 전문가의 풍부한 경험을 결합해 사람들이 마음에 드는 의류를 찾는 방식을 바꾸는 데 있습니다. 스티치 픽스는 패션 코디에 대한 제안 외에도 맞춤형 의상 제작 서비스를 제공하고 있습니다. 당신이 시간을 절약할 수 있도록 돕는 것은 물론 당신을 더욱 멋지게 만들어 드리죠. 시간이 지날수록 당신만의 스타일을 만들 수 있을 것입니다."

스티치 픽스의 비즈니스 모델

스티치 픽스의 비즈니스 모델은 매우 간단하다. 사용자가 스티치 픽스의 홈페이지에서 개인 데이터를 작성해서 제출한 뒤 회원으로 가입하면 구독자가 되어 정기적으로(예를 들어 매달 혹은 2주마다) 다섯 개의 패션 아이템이 들어 있는 박스를 배송비 무료로 받을 수 있다. 사용자는 박스를 받고 의류를 착용해 본 다음 그중에서 마음에 드는 상품을 남겨두고 그 외의 상품을 무료로 회사에 반품한다. 스티치 픽스는 사용자의 신용카드에서 사용자가 남겨둔 상품의 비용을 자동으로 결제한다.

스티치 픽스의 운영은 크게 여덟 가지 단계로 구성된다.

첫째, 회원 가입으로 구독자 되기. 가입 시 체형 사이즈, 옷 입는 스타일, 쇼핑 예산 등의 정보가 포함된 선호도 설문지를 작성하고, 20달러의 스타일링 비용을 선결제해야 한다. 이 보증금에서 추후 쇼핑 비용을 차감한다.

둘째, 사용자가 구독 주기를 선택한다. 최소 2주에 한 번부터 매월 한 번, 매 분기에 한 번까지 기간을 선택할 수 있다.

셋째, 스티치 픽스의 AI가 기존의 사용자 데이터를 이용해 일련의 서로 다른 알고리즘을 만들어낸다. 이를 토대로 특정 사용자를 위한 재고목록이 작성되고, 이때 가장 높은 점수를 받은 의류가 스타일리스트에게 추천된다. 스티치 픽스에서 의상을 구매한 적이 있는 사용자라면, AI는 필터링 알고리즘을 통해 고객에게 이미 추천한 적이 있거나, 고객이 좋아하지 않는다고 피드백한 의류를 목록에서 걸러낸다. 나머지 의류 중에서 AI는 사용자가 상품을 마음에 들어 할 확률을 계산한 뒤 목록을 재배열해 스타일리스트에게 추천한다.

넷째, 스타일리스트가 상품을 고른 뒤 사용자에게 사용 설명을 작성한다. 의상 연출법, 특정 장소에 어울리는 연출법 등을 사용자에게 알려주면서 스타일리스트 추천 작업이 완성된다. 그 후에 최종적으로 주문서가 생성된다.

다섯째, 스티치 픽스의 AI가 관련 알고리즘을 통해 창고에서 물건을 고른(Picking) 뒤 약속한 구독 날짜에 미국 내 5곳에 분포된 배송 창고를 통해 구독자에게 상품을 배송한다.

여섯째, 사용자는 약속한 날짜에 구독 박스를 받아볼 수 있다. 박스 안에는 스타일리스트가 세심하게 고른 총 다섯 가지 의류와 코디 사용 설명서가 들어 있다.

일곱째, 사용자는 의류를 착용해 보고 구매하려는 상품을 결정하거나, 마음에 들지 않는 상품을 3일 안에 무료 반송한다. 마음에 드는 상품을 하나라도 고르면 사용자는 20달러를 할인받을 수 있고, 배송된 다섯 가지 상품을 모두 골랐다면 25%의 할인 혜택을 누릴 수 있다. 그밖에 반송된 의류에 대해서는 피드백을 해야 한다. 해당 정보는 스티치 픽스가 사용자 데이터 업데이트를 위해 사용한다. 사용자의 취향과 스타일을 더욱 정확히 파악해 사용자에게 더 적합한 상품을 추천하기 위한 참고자료로 활용한다.

여덟째, 스티치 픽스가 사용자의 신용카드에서 사용자가 마음에 든다고 남겨둔 상품의 미지급금을 자동으로 결제 처리한다.

이를 통해 스티치 픽스의 비즈니스 모델의 핵심은 사용자와 구독 관계를 구축하고, 사용자 데이터에 기반한 알고리즘과 스타일리스트 추천을 통해 사용자에게 개인화 패션 솔루션을 제공하는 데 있음을 알 수 있다. 아마존, 타오바오, 징둥 등의 대형 전자상거래 기업들은 사용자가 방대한 규모의 상품 중에서 자신이 좋아하는 상품을 검색하고 선택해 구매하도록 한다면, 스티치 픽스는 알고리즘과 패션스타일리스트를 통해 선택한 상품을 사용자에게 추천한다. 전자의 경우 사람이 상품을 찾지만 후자의 경우 상품이 사람을 찾아가는 방식이다.

스티치 픽스 모델

스티치 픽스의 비즈니스 모델 캔버스는 뒤의 표 6-1과 같다.

스티치 픽스의 경영 비결:
데이터, 알고리즘과 스타일리스트의 협업으로 개인화 수요 대응

2018년 5월 스티치 픽스의 창업자 카트리나 레이크는 〈하버드 비즈니스 리뷰(Harvard Business Review)〉 중문판에 스티치 픽스의 경영 비결에 관한 글을 발표했다. 그 주요 내용은 다음과 같다.

표 6-1 스티치 픽스 비즈니스 모델 캔버스

주요 파트너 (Key Partners)	주요 활동 (Key Activities)		가치 제안 (Value Propositions)	고객 관계 (Customer Relationships)	고객층 (Customer Segments)
아마존 등 인프라 서비스 업체; 재택 스타일리스트; 브랜드 파트너; 배송 업체	홈페이지와 App 연구 개발 및 운영, 유지·보수; 사용자 데이터 수집; 추천 알고리즘 연구 개발; 스타일리스트 전문가 추천; 공급 사슬 구축		개인 맞춤형 패션 추천 서비스	셀프서비스	젊은 화이트칼라
	중요 자원(Key Resources)			유통 경로 (Channels)	
	홈페이지, App; 스타일리스트 전문가팀; 공급 사슬			홈페이지, App; 검색 엔진, SNS 등; 메일	
비용 구조(Cost Structure)			수익원(Revenue Streams)		
홈페이지, App 연구 개발 및 운영, 유지·보수 비용; 인프라 서비스 비용; 브랜드 구매 비용; 재택 스타일리스트 인건비; 배송비; 마케팅 비용; 관리 비용			추천 서비스비, 상품 판매 수익		

"스티치 픽스의 비즈니스 모델은 매우 단순하다. 우리가 당신이 좋아할 것 같은 의상과 액세서리를 보내면 마음에 드는 건 남겨두고 나머지는 돌려보내면 된다. 우리는 데이터 과학을 통해 많은 구독자에게 맞춤형 서비스를 제공하고 있다. 이는 전통적인 오프라인 매장이나 인터넷 쇼핑의 경험을 뛰어넘는 것이다. 고객은 전문 스타일리스트가 자신을 위해 쇼핑하는 것을 즐겁게 여기며, 간단하면서도 편리한 서비스를 만끽한다.

2016년과 2017년 스티치 픽스의 매출액은 각각 7억 3000만 달러와 9억 7700만 달러로, 전액 상품 추천을 통해서 거둔 실적이다. 이것이 바로 우리의 핵심 비즈니스다. 우리는 미국에서 200여만 명의 액티브 유저, 700개 이상의 협력 브랜드를 보유하고 있다. 우리는 장바구니에 담아둔 상의를 보고 거기에 어울리는 허리띠를 추천하거나, 당신의 구매 내역을 보고 특정 브랜드를 추천하거나, 또 인터넷 검색 행위를 근거로 블랙 미니스커트를 살 거라고 추측하는 것이 아니다. 이런 방법들은 전환율이 매우 낮기 때문이다. 우리가 사용하는 방법은 데이터, 머신러닝, 전문가의 판단을 결합해 독특한 개인화 추천 서비스를 제공하는 것이다.

나는 '데이터 과학이 스티치 픽스의 문화에 담겨 있다'고 말하지 않는다. 왜냐하면 데이터 과학은 스티치 픽스의 문화 그 자체이기 때문이다. 데이터 과학은 우리가 탄생한 순간부터의 핵심이었고, 결코 전통적인 조직 구조의 보완이 아니었다. 우리는 고객과 그들의 니즈를 기반으로 알고리즘을 구축하기 위해 80여 명이 넘는 데이터 과학자를 고용했다. 이들 중 대부분은 수학, 신경과학, 통계학, 천체물리학 등 정량 과학(Quantitative Sciences) 분야의 박사 출신으로, 이른바 '데이터 과학팀'은 내게 직접 보고를 한다. 스티치 픽스는 데이터 과학 없이는 존재할 수 없다, 그것이 전부다.

회사 창업 초기 우리의 '데이터 과학'은 아직 초보적인 수준에 그쳤다. 나는 서베이몽키(SurveyMonkey), 구글독스(Google Docs), 그리고 몇몇 통계법을 사용해 고객의 취향을 추적하고 합리적인 추천 결과를 제시했다. 당시 내 실제 업무는 개인 스타일리스트였다. 때로는 직접 상품을 배송하기도 했다. 하지만 내 목표는 데이터 과학 능력을 통해 사업을 규모화하는 것이었다. 우리의 추천이 고객들의 인정을 받은 이유는 알고리즘이 맞았기 때문이다. 그럴 수 있었던 것은 데이터 과학이 스티치 픽스를 정의했기 때문이다.

머신러닝의 효력은 크게 세 가지 요소에 의해 결정된다.

데이터 과학팀이 CEO에게 직접 보고한다. 대다수 기업의 데이터 과학팀은 프로그램팀 심지어 재무팀에 소속되어 최고기술경영자(CTO)에게 업무를 보고한다. 스티치 픽스는 독립적인 데이터 과학팀을 보유하고 있으며 수석 알고리즘 책임자인 에릭 콜슨(Eric Colson)이 회사의 전략 결정에 참여한다. 2012년 8월 넷플릭스에서 합류한 에릭은 그전까지는 스티치 픽스의 고문이었다. 그가 스티치 픽스에 흥미를 갖게 된 것은 그것이 도전처럼 느껴졌기 때문이다. 넷플릭스에서 근무하던 시절 에릭은 누군가로부터 사용자가 앱을 열면 시스템에서 그가 좋아할 만한 영화를 재생해 준다는 아이디어를 우연히 듣게 됐다. 추천에 모든 것을 걸겠다는 대담한 발상은 무척 위험했지만 그는 그것이 바로 스티치 픽스가 해야 할 일이라고 느꼈다. 비록 고문에 불과했지만 그는 우리의 데이터를 살펴보는 데 자신의 휴가를 전부 바치기도 했다. 마침내 그는 스티치 픽스에 본격적으로 합류하기로 결정했다. 이것은 스타트업에 불과했던 스티치 픽스에 일대 사건이었다.

회사의 수익이 알고리즘 추천 효과에 달려 있는 이상, 데이터 과학자와 CEO가 중간 과정 없이 직접 의견을 주고받는 것은 더욱 중요하다. 이를 통해 조직 전체가 우리의 가치관과 전략을 명확하게 인식할 수 있다고 생각한다. 데이터 과학은 무엇보다 가장 중요하다. 데이터 과학팀과 긴밀한 협업을 통해 마케팅, 프로그램 등의 부문은 자신의 능력을 강화할 수 있다.

데이터 과학을 통해 혁신을 이룬다. 우리의 데이터 과학팀은 수십여 개의 알고리즘을 자체 개발했다. 이러한 결과는 그들이 새로운 솔루션을 고안하고 그 잠재적 가치를 평가할 수 있도록 허용한 덕분이었다. 예를 들어 어느 누구도 데이터 과학팀에 재구매(판매 호조로 재입고해야 하는 경우) 추천 알고리즘을 개발해 달라고 명확히 요구하지 않았지만, 이들은 수요가 피크에 도달하는 것에 대응해 효과적으로 재고를 채울 수 있도록 판매 추세를 사전에 정확하게 파악할 수 있는 방법을 제시했다. 최근에는 창고 작업자의 활동을 추적하는 방법을 찾아 이동 경로를 최적화하는 알고리즘을 개발함으로써 공간 변화 시 발생하는 높은 재측량 비용을 없앴다.

외부인의 상상 이상으로 데이터 과학은 스티치 픽스의 기업 문화에 깊이 뿌리 내렸다. 우리는 다양한 알고리즘을 사용하는 한편, 또 다른 많은 알고리즘을 개발하고 있다. 머신러닝을 통해 패션의 개인화 추천 서비스를 구현하거나, 알고리즘을 이용해 물류와 창고 저장에 따른 자본 비용을 줄이고 재고 회전율과 배송 효율을 높인다. 유전 과학의 알고리즘을 참고해 상품 개발팀이 패션의 '성공 특징'을 찾아낼 수 있도록 돕기도 하고, 심지어 머신러닝을 통한 패션 디자인 작업에도 착수했다.

어느 비 내리는 오후, 두세 명의 데이터 과학자가 시장의 상품 공백을 메우는 방법을 토론하다가 자체 패션 브랜드인 하이브리드 디자인(Hybrid Designs)에 대한 아이디어를 떠올렸다. 예를 들어 상당수의 40대 여성 사용자가 캡소매 상의를 선호했지만 재고 중에는 이런 스타일의 옷이 거의 없었다. 하지만 1년 후, 스티치 픽스는 컴퓨터가 디자인한 여성 의류와 빅사이즈 패션 29종을 구비함으로써 사용자가 제시한 구체적인 니즈를 해결해주었다.

그 밖에도 속성 데이터 분석을 통해 패션에 대한 양적 연구를 진행 중이다. 다양한 패션 스타일에 따라 의상별로 30~100가지 속성 데이터를 추적할 계획이다. 우리는 현재 200여만 개에 달하는 액티브 유저의 경험에 근거해 어떤 타입의 추천이 안전지대(Comfort Zone) 밖에서도 사용자의 소비로 이어지는지 알고 있다. 남성 셔츠의 경우 가슴둘레와 어깨의 폭이 얼마의 비율일 때 가장 멋진 모습으로 연출되는지도 잘 알고 있다. 또한 데이터 분석을 통해 빅사이즈 셔츠의 목둘레에서 첫 번째 단추까지의 길이를 조정했다. 그밖에도 다리 안쪽 길이가 27인치인 바지에 적합한 사람이 몇 명이나 되는지도 파악하고 있어 그 비율에 따라 재고를 조정하기도 한다.

하지만 어떤 의미에서 이러한 일들은 간단한 작업에 속한다. 진정한 도전은 바로 정확한 시간에 사이즈와 색상, 디자인 모두 정확한 의상을 추천하는 것이다. 이를 위해선 상당히 복잡한 수학이 필요하다. 상품의 모든 속성, 사용자의 기호와 계절, 지리적 위치, 기존 추세 등 다양한 변수를 반드시 고려해야 한다.

만약 우리에게 1달러가 주어져 마케팅과 상품, 또는 데이터 과학에 투자할 수 있다면 우리는 기본적으로 데이터 과학을 선택할 것이다. 운 좋게도 우리는 처음부터 데이터 과학을 핵심으로 삼고, 전통 소매 방식으로 전환하겠다는 시도조차 하지 않았다.

인적 요소를 충분히 고려한다. 내 인격 중에서 분석적인 일면은 우리의 알고리즘 전략을 무척 좋아하지만 쇼핑은 본질적으로 개인화의, 사람의 행위다. 데이터와 전문 스타일리스트의 판단을 결합하는 방식을 고수하는 이유가 바로 여기에 있다. 후자의 경우 알고리즘이 제시한 코디 제안을 수정하거나 뒤집을 수 있다. 스티치 픽스의 스타일리스트들은 다양한 디자인과 판매 경험을 가지고 있지만 데이터의 효과를 인정할 뿐만 아니라 애정과 공감대를 발휘해 사용자에게 서비스를 제공한다. 어떤 분야에서는 인간의 능력이 기계를 크게 앞선다. 그리고 앞으로 오랜 시간 동안 여전히 그럴 것이다.

예를 들어 7월에 열릴 야외결혼식에 입고 갈 치마를 찾고 있다는 요청이 접수되면, 스타일리스트는 어떤 스타일의 치마가 그 장소에 적당할지 곧바로 판단할 수 있다. 그 밖에도 임신, 체중 감량, 새로운 취업 기회 등 사용자의 개인적인 일상 정보를 공유한다. 이는 기계로는 충분히 이해할 수 없는 상황에 속하지만 스티치 픽스의 스타일리스트는 상황별 특수성을 완전히 이해할 수 있다. 그래서 TPO에 맞는 스타일을 디자인하고, 사용자와 긴밀히 소통하면서 그들이 도움을 청할 때 즉시 능력을 발휘한다. 이러한 노력을 통해 스티치 픽스는 높은 브랜드 충성도를 얻게 되었다.

이렇게 할 수 있었던 이유는 매우 간단하다. 우수한 인간 전문가와 수준 높은 알고리즘의 협업은 유능한 전문가나 대단한 알고리즘의 독자적인 작업 결과물을 뛰어넘기 때문이다. 우리는 인간과 데이터가 서로 경쟁하게 하는 것이 아니라 협업할 수 있게 한다. 우리는 기계가 사람처럼 행동하도록 훈련하지도 않으며, 인간이 기계처럼 행동하도록 훈련하는 것은 더욱 지양한다. 스타일리스트와 데이터 과학자, 그리고 나 자신을 포함한 모든 인간은 누구나 실수할 수 있다는 사실을 인정해야 한다. 알고리즘도 때로는 실수할 때가 있다. 중요한 것은 우리는 실수 속에서 끊임없이 배우고 있다는 사실이다."

주목할 만한 빠른 성장

스티치 픽스의 상장 투자설명서에 따르면 2014년 초부터 2017년까지 스티치 픽스의 액티브 유저는 26만 1천 명에서 약 220만 명으로 증가했다. 3년 동안 사용자 연평균 성장률이 95%(그림 6-2)를 기록했다. 이 기간 동안 스티치 픽스의 영업수입은 7천 300만 달러에서 9억 7,700만 달러로 증가했으며, 영업수입의 연평균 성장률은 131%에 달했다(그림 6-3). 2015년 스티치 픽스가 처음으로 수익을 실현하면서 스티치 픽스 모델이 사업과 재무 부문에서 통한다는 사실이 입증됐다. 그후 스티치 픽스의 다품종 전략과 규모화 효과가 나타나기 시작했다. 2014년 35.2%에 달하던 매출 총이익률이 2017년에는 44.5%로 증가했다. 이는 전자상거래 업계의 부러움을 살 만한 성적표다. 스티치 픽

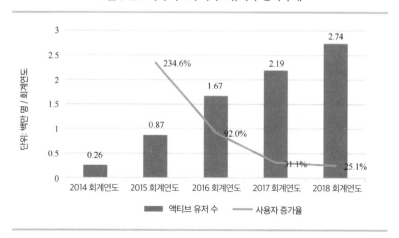

그림 6-2 스티치 픽스의 액티브 유저 수 증가 추세

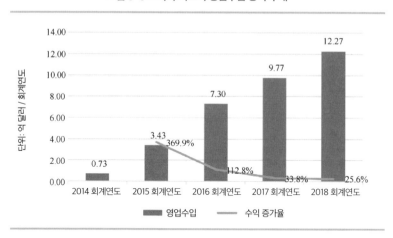

그림 6-3 스티치 픽스의 영업수입 증가 추세

스가 사용자와 구축한 구독 관계, 고객 데이터에 기반한 개인화 패션 추천 서비스는 높은 총이익을 가져다주었다. 또한 높은 총이익은 개인화 서비스 혁신에 큰 투자를 할 수 있는 기초를 마련해주었다.

영업수입의 증가, 높은 총이익의 배경하에 스티치 픽스의 영업수입 증가세가 2017년에 크게 완만해짐을 주목해야 한다. 스티치 픽스의 수익이 증가할 수 있었던 원동력은 기존 사용의 소비 증가가 아닌 신규 사용자의 대거 유입 덕분이었다. 이러한 상황으로 말미암아 스티치 픽스는 마케팅 투자에서 커다란 압박을 받게 되었다.

스티치 픽스는 상장 이후 주가가 점진적으로 상승하는 추세를 보였고, 특히 2018년 9월에는 주가가 최고점을 경신해 시가총액이 한때 50억 달러를 돌파하기도 했다. 2020년에는 시가총액이 37억에 달했다.

스티치 픽스의 성공 포인트

첫째, 개인화 추천 시스템을 핵심으로 하는 구독제 전자상거래는 젊은 사용자의 새로운 선택이 되었다.

경쟁이 치열한 전자상거래 업계에서 스티치 픽스가 두각을 드러낸 것은 개인화가 새로운 시대의 소비 특징이 되었다는 사실을 증명한다. 아마존, 타오바오 등의 전통적인 전자상거래의 핵심 경쟁력은 규격화와 규모화를 바탕으로 구축된 비용과 효율적 우위, 저비용-고효율의 운영을 통한 저렴한 가격과 빠른 배송 등에 대한 사용자의 핵심적 니즈를 만족하는 데서 비롯됐다. 스티치 픽스를 위시한 구독제 전자상거래의 경우에는 구독 관계에 바탕을 둔 개인화 쇼핑 솔루션의 구축과 운영 능력이 핵심 경쟁력이다.

구독제 전자상거래 모델은 규모에 지나치게 의존하는 전통적인 전자상거래의 한계를 극복하고, 사용자와 장기적이면서도 안정적인 구독 관계를 구축하는 방법을 통해 업체가 사용자 데이터를 토대로 사용자의 개인화 수요를 정확하게 예측할 수 있도록 하고, 나아가 사용자에게 개인화 솔루션을 제공한다. 이러한 모델은 사용자의 쇼핑 경험을 향상시키는 한편, 사용자의 니즈에서 공급업체로의 역방향 맞춤 서비스를 구현함으로써 사용자의 개인화 수요에 바탕을 둔 고객 맞춤형 대량생산(Mass Customization)을 가능케 한다.

둘째, 사용자 데이터와 추천 알고리즘은 상품 추천 서비스의 핵심 경쟁력이다.

스티치 픽스의 빠른 성장은 고객 데이터에 기반한 개인화 추천 알고리즘이 이미 구독제 전자상거래의 핵심 경쟁력이 되었음을 보여준다. 개인화 서비스를 제공하려면 사용자의 특징과 니즈에 대한 업체의 정확한 페르소나가 반드시 선행되어야 한다. 이를 위해서는 사용자 데이터의 장기적인 축적과 업데이트는 필수 불가결하다. 또한 사용자의 개인화 수요에 대한 깊은 이해, 유행 추세에 대한 정확한 예측, 지속적인 재고 관리의 최적화, 지속적인 배송 경로 최적화 등 구독제 전자상거래와 긴밀히 연계된 알고리즘을 더욱 필요로 하게 된다. 구독제 전자상거래는 사용자 데이터와 알고리즘, 전문가 추천을 결합해 리테일 업계가 사용자의 니즈에 보다 스마트하고 정확하게 대응하도록 이끌 것이다.

셋째, 인간 전문가의 추천은 대체 불가능한 효과를 지닌다.

스티치 픽스는 강력한 데이터 과학팀을 조직해 복잡하면서도 정확한 추천 알고리즘을 설계했지만, 그럼에도 3000여 명이 넘는 파트타임 재택 스타일리스트 팀을 보유하고 있다. 이는 알고리즘이 현재 인간 전문가를 전적으로 대신해 추천 서비스를 제공할 수 없으며, 개인 취향, 감정, 관심사 등에서 인간 스타일리스트가 AI로 대체할 수 없는 역할을 하고 있음을 분명하게 보여준다. 인간 전문가의 추천과 머신 알고리즘을 결합해야만 사용자의 개인화 수요에 한층 가까운 상품을 추천할 수 있다.

넷째, 구독제 전자상거래에서 C2B 역방향 맞춤 서비스에 민첩하게 대응할 수 있는 탄력적인 공급 사슬은 매우 중요한 요소다.

스티치 픽스는 700여 개 이상 되는 브랜드와 협력 네트워크를 구축했는데, 그중에는 스티치 픽스를 위한 맞춤형 제조업체도 포함되어 있다. 그 덕분에 스티치 픽스는 다양한 사용자의 니즈를 효과적으로 만족시킬 수 있었다. 구독제 전자상거래는 사용자 데이터와 추천 알고리즘을 핵심으로 하는 비즈니스 모델이지만, C2B 맞춤 서비스에 민첩하게 대응할 수 있는 탄력적인 공급 사슬을 구축할 수 없다면 성공하지 못할 것이다.

전통적인 전자상거래가 20여 년 동안 발전해온 과정에 비하면 구독제 전자상거래는 이제 막 일어나고 있는 단계로 여전히 부족하고 해결해야 할 문제가 산적해 있다. 하지만 구독제 전자상거래가 혁신적인 모델로서 역사의 무대에 서서 전자상거래의 한 중요한 역량이 될 것임은 틀림이 없다.

스티치 픽스의 창업자 카트리나 레이크는 스티치 픽스를 창업한 목적이 3000억 달러에 달하는 미국 패션 시장에서 자신에게 어울리는 옷을 찾고, 인터넷 쇼핑 경험 개선과 같은 보편적인 문제를 해결하기 위해서라고 설명했다. "스티치 픽스는 더 좋은 매장도 아니고, 더 좋은 전자상거래도 아닙니다. 단지 더 좋은 (쇼핑) 방식이죠."

일곱 번째 모델: 공유옷장 모델

공유옷장 모델(Shared Wardrobe Model)은 사용자가 온라인 렌탈 플랫폼에서 결제한 후 회원이 되면 1개월, 3개월, 6개월, 12개월 등 다양한 기간 동안 의류를 빌리는 서비스를 가리킨다. 의류는 배송을 통해 플랫폼과 회원 사이에서 오가며, 플랫폼에서 의류를 회수한 뒤 세탁, 소독, 냄새 제거, 다림질 등의 처리를 거쳐 다음 회원이 선택해 빌릴 수 있도록 재진열한다.

　필요한 의류를 전부 구입하는 것과 비교해 공유옷장은 젊은 여성들로 하여금 비교적 저렴한 비용으로 최신 유행하는 옷을 마음껏 입어볼 수 있는 즐거운 경험을 누리게 해준다. 이것이 바로 공유옷장이 전 세계에서 유행할 수 있는 핵심 가치 제안이다. 패션 렌탈 플랫폼은 공유옷장을 통해 지속적으로 렌탈 수입을 벌어들일 수 있을 뿐만 아니라, 사용자가 옷을 고르고 선택하는 행위를 통해 대량의 사용자 데이터도 얻을 수 있다. 사용자가 좋아하는 스타일이나 브랜드, 적당한 사이즈 등을 통해 기업은 유행 패션을 사전에 예측해 상품을 정확하게 구매함으로써 구매 비용을 낮추고 효율을 높일 수 있다.

　구독 순환 구조로 분석한 공유옷장 모델의 핵심 요소는 크게 세 가지다(그림 6-4). 첫째 온라인 렌탈 서비스. 둘째 구독료와 판매 수익, 전자는 회원이 월 단위로 지불하는 렌탈 비용을, 후자는 회원이 마음에

그림 6-4 공유옷장 모델의 구독 순환

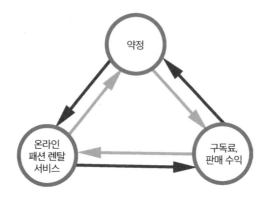

드는 옷을 구매했을 때의 판매 수익을 가리킨다. 셋째 약정. 사용자는 기업에 의류를 빌리는 서비스에 대한 비용을 정기적으로 지불하겠다고 약속하고, 사용자 데이터와 연동된 신용카드를 제시한다. 기업은 사용자에게 유료 구독 기간 동안 마음에 드는 의류로 갈아입을 수 있는 렌탈 서비스를 제공한다고 약속한다.

렌트 더 런웨이(Rent the Runway, 이하 'RTR'로 표기)가 2009년에 공유옷장 모델을 선보인 이래, 공유옷장은 전 세계에서 10여 년 동안 발전을 거듭하며 지금도 급성장 추세에 있다.

공유옷장 모델은 고속 성장을 이루었지만 동시에 많은 과제에 직면해 있다. 예를 들어 업체의 패션 디자인, 스타일, 최신 유행 등에 대한 파악 능력에 따라 사용자가 마음에 드는 의류를 고를 수 있을지 결정된다. 이는 업체의 구매팀, 빅데이터 발굴 능력과 추천 알고리즘 등에 커다란 과제가 된다. 의류의 위생과 안전에 대한 사용자의 우려를 해소하기 위해 업체는 세탁-품질 관리에 막대한 비용을 들이거나, 자체적인 세탁 관리 센터를 세워야 할 수도 있다. 그 외에도 빠른 배송을 원하는 사용자들을 위해 물류 배송에 대한 투자를 늘려야 하기도 한다. 물류비용이 큰 비중을 차지하는 상태에서 이러한 문제는 공유옷장 업체에 운영상에서 큰 부담으로 작용하기도 한다. 이러한 문제들은 공유옷장 업체들이 직시하고, 해결해야 하는 까다로운 문제들이다.

렌트 더 런웨이 스토리:
의류 렌탈이 일으킨 패션 혁명

렌트 더 런웨이(RTR)는 미국 뉴욕의 온라인 패션 및 하이패션 렌탈 플랫폼으로, '온라인 패션 렌탈의 시조'라고 불린다. 하버드 경영대학원의 MBA 동기인 제니퍼 하이먼(Jennifer Hyman)과 제니퍼 플라이스(Jennifer Fleiss)가 2009년에 창업했다. RTR 사이트에서 사용자가 70달러만 내면 캘빈 클라인(Calvin Klein)의 2,295달러짜리 화이트 오픈 숄더 드레스를 빌릴 수 있고, 30달러면 1,295달러짜리 베라 왕(Vera Wang) 드레스를 빌릴 수 있다. 온라인 패션 렌탈 플랫폼의 창시자로서 RTR은 온라인 패션 렌탈 업계의 발전을 선도하며 세계적으로 높은 인지도와 영향력을 얻었다.

드레스 렌탈에서 창업의 영감을 얻다

RTR의 창립자인 제니퍼 하이먼과 제니퍼 플라이스는 하버드 경영대학원 동문으로, 두 사람은 종종 창업에 대한 이야기를 나누곤 했다. 2008년 하이먼이 동생인 베키(Becky)와 함께 추수감사절을 보내게 됐다. 베키는 언니에게 2000달러짜리 마르케사 드레스를 보여주며, 친구의 결혼식에 입고 가려고 신용카드로 구입했다고 말했다. 이미 옷으로 가득 찬 동생의 옷장을 본 하이먼은 화가 머리끝까지 났다. 그럼에도 베키는 새로운 옷을 사면 기분이 좋다며 옷 사진을 페이스북에 올렸다.

베키의 말에 하이먼은 드레스를 빌려 입는 아이디어를 떠올렸다. 학교로 돌아간 하이먼은 플라이스에게 자신의 생각을 들려줬다. 뜻이 통한 두 사람은 함께 창업을 하기로 결정했다. 두 사람은 구입하거나 빌린 옷을 하버드 대학교와 예일 대학교로 가져가서 테스트를 실시했고, 사용자들로부터 큰 호평을 받았다. 여러 번에 걸친 테스트를 통해 하이먼과 플라이스는 '모든 소녀에게 신데렐라가 된 듯한 경험을 제공한다'는 사명을 내세웠다.

2009년 11월 RTR의 웹사이트를 정식으로 오픈했다. 이를 앞두고 하이먼은 4만 개의 이메일 주소를 수집한 뒤 메일을 일괄적으로 발송했다. 4만 개의 메일 주소 중에는 〈뉴욕타임스〉의 기자 제나 워샘(Jenna Wortham)의 것도 있었다. 하이먼은 워샘과 연락을 취했고, 워샘은 이를 소재로 여성 창업에 관한 기사를 썼다. 〈뉴욕타임스〉는 하이먼과 플라이스의 창업 스토리를 커버스토리로 내세웠고, 해당 기사가 나간 지 일주일 만에 10만 명의 사용자가 RTR 회원으로 등록했다.

RTR은 창업 초기 젊은 여대생을 주요 타깃층으로 삼았다. 미국 대학교에서는 화려한 파티 문화가 일상적으로 자리 잡고 있어 여대생들은 파티에서 신데렐라가 된 것 같은 이미지를 연출하기 위해 파티마다 다른 의상을 선보이려 하기 때문이다. RTR의 패션 렌탈 공유 플랫폼에서 사용자는 비교적 소액의 비용을 지불하고 하이패션을 빌릴 수 있다. 이것은 최신 유행을 좇지만 고가 상품을 소비할 능력이 부족한 여대생에게는 거부할 수 없는 매력이다. RTR은 하버드 대학교, 예일 대학교 등 대학교 캠퍼스 시장에서 널리 알려지면서 2010년 11월에 이르러 75만 명의 회원을 보유하게 되었고, 매주 신규 가입자가 평균 2만 명에 이르렀다.

과시 욕망은 패션 렌탈 사업의 촉진제

창업 초기 하이먼은 사용자를 상대로 전화 설문조사를 실시했는데, 사용자가 자신이 가지고 있는 옷을 입었을 때는 SNS에서 '좋아요'를 2개 받았지만 RTR의 서비스를 사용하고 나서는 '좋아요'를 평균 12개를 받았다는 답변을 들었다고 한다. 그래서 하이먼은 RTR의 서비스를 '좋아요 + 10'에 비유했다. RTR을 창업하기 전까지 광고 쪽에 몸을 담았던 하이먼이지만 창업 후부터 2017년까지 한 편의 광고도 없이 인터넷에서 사용자 입소문을 통해 사업을 빠르게 키웠다고 공개적으로 언급했다.

하이먼은 미국 여성은 평균적으로 매년 68벌의 옷을 구매하는데, 그중 80%는 몇 번 입지 않고, 50%는 한 번 입고 옷장 구석에 넣어둔다고 말했다. 한편 페이스북과 인스타그램 등 SNS에 예쁜 사진을 올리는 것이 크게 유행하면서 SNS에 올린 사진을 비교하고 경쟁하는 행동은 RTR의 패션 렌탈 사업을 간접적으로 촉진하는 결과로 이어졌다.

하이먼은 습관적으로 RTR을 넷플릭스에 비유하곤 하지만 사실상

RTR의 업무가 넷플릭스보다 훨씬 복잡하다. DVD 한 장을 배송하는 것보다 드레스 한 벌을 배송하는 것이 두말할 것도 없이 훨씬 복잡하고 어렵다. 배송 지연이나, 사이즈 오류 혹은 오염 등 작은 실수 하나도 사용자와의 관계를 곤란하게 만들 수 있기 때문이다. 그런 이유로 사용자 서비스를 위해 보다 스마트한 알고리즘을 설계해야 했다. RTR은 렌탈한 의상에 대한 위치 추적, 우수 고객의 니즈 사전 예측, 적합한 배송 방식 선택, 합리적인 가격 설정 및 효과적인 재고 관리 등 많은 문제를 해결해야 했다.

신상품을 평가할 때는 제품의 수명을 확인하기 위해 구매팀이 소재, 색상, 지퍼, 바느질 등 40가지가 넘는 데이터를 조사해야 한다. 제품의 수명이 길수록 투자수익률이 높아지기 때문이다. 하이먼은 처음에는 옷 한 벌 당 평균 12번 정도 렌탈할 수 있을 거라고 생각했지만, 투자자들은 8번만 렌탈되어도 큰 수익을 거둘 수 있다고 판단했다. 하지만 현재 RTR의 드레스 한 벌당 평균 렌탈 횟수는 30회 이상이다.

RTR의 운영 모델

RTR의 운영 모델은 매우 단순하다. 주로 다음의 4단계 나뉜다.

제1단계, 사용자는 회원으로 가입한 뒤 웹사이트, App에서 마음에 드는 의류 브랜드를 고른다. RTR 플랫폼에는 다양한 사이즈와 스타일, TPO에 맞는 수천 가지의 의류가 존재한다. 이들 의류는 300여 명의 전문 디자이너가 기획한 것으로, 그중에는 RTR 독점 디자인으로 제작된 의류도 상당수 포함되어 있다.

제2단계, 적당한 사이즈와 무료 백업 사이즈(옷이 지나치게 크거나 작은 것을 방지하기 위해)를 고른다. 여기에 32.5달러를 내면 해당 의류의 두 번째 스타일을 빌릴 수 있다. 거의 모든 의류에는 실제 사진과 고객 후기가 실려 있어서 해당 의류에 대한 다른 사용자의 의견을 참고할 수 있다.

제3단계, 시간 지정. 사용자는 자신의 필요에 따라 4~8일 간의 이용 시간, 상품 도착 시간을 선택할 수 있다. 만약 사용자가 행사에 입고 갈 목적으로 빌린다면 의상을 입어보고 여유롭게 교환할 수 있도록 행사 1~2일 전에 상품을 받아보는 편이 가장 좋다.

4단계, 무료 반송. 사용자는 배송료가 선지급된 라벨이 담긴 가방을 UPS 매장이나 우편함에 넣거나 UPS에 방문 회수를 신청하면 무료로 상품을 반송할 수 있다. RTR은 사용자에게 세탁 서비스를 제공하기 위해 미국에서 가장 큰 세탁 시설도 갖추고 있다. 그 외에도 5달러의 보험료를 내면 의류 파손에 따른 배상 책임을 면제받을 수 있다.

서비스와 가격

창업 후 지금까지 RTR은 계속해서 다음의 서비스를 선보였다(표 6-2 참고).

RTR Reserve: RTR의 기본 서비스로 사용자는 4~8일 동안의 가격으로 특별한 장소에 맞는 드레스와 액세서리를 빌릴 수 있다. 소매가의 10% 이하의 비용으로 최소 30달러부터 가격이 정해진다.

RTR Unlimited: 2016년 3월에 정식으로 출시된 서비스로 RTR에서 처음으로 선보인 패션 구독 서비스다. 사용자는 매달 159달러(운송비, 세탁비, 보험료 포함)를 내면 475개 이상의 브랜드에서 의류 4개를 고를 수 있다. 매달 상품을 반송한 뒤에는 횟수 제한 없이 상품을 고를 수도 있고 특별 할인가로 마음에 드는 의류를 구입할 수도 있다.

RTR Update: RTR이 2017년 10월에 출시한 저렴한 가격의 회원 서비스로 매달 89달러를 내면 350여 개 브랜드에서 4개의 의류를 고를 수 있다. 매달 무료로 반송하면 RTR에서 세탁과 소독을 처리한다. 회원은 특별 할인가로 마음에 드는 의류를 구입할 수 있다.

온라인을 통해 의상을 빌려주는 것 이외에도 RTR은 오프라인 매장

표 6-2 RTR의 온라인 패션 렌탈 서비스 가격

	RTR Reserve	RTR Update	RTR Unlimited
요청 내용	특별 행사용 의류	매달 옷장 교체	계속 신상품 착용
빌릴 수 있는 의류	1개	매달 4개	1회 4개, 무제한
교환 횟수	1개 백업 (사이즈)	매달 1회	무제한
매월 단품 개수		4개	무제한
해당하는 스타일 타입		350여 개 브랜드	475개 이상 브랜드, 하이패션 디자이너 브랜드 포함
구독료	30달러부터 (첫 주문 시 20% 할인)	매달 89달러 (첫 달 시작 시 69달러)	매달 159달러 (첫 달 시작 시 99달러)

을 개설했다. 2016년 뉴욕, 워싱턴, 시카고, 샌프란시스코, LA 등지에서 오프라인 플래그십 스토어를 열었다. 이들 매장에는 10만 개에 달하는 시착의상을 배치할 수 있다. 그러나 코로나의 유행으로 현재 오프라인 매장은 폐점한 상태다.

RTR 모델

RTR 비즈니스 모델 캔버스는 표 6-3과 같다.

표 6-3 RTR 비즈니스 모델 캔버스

주요 파트너 (Key Partners)	주요 활동 (Key Activities)	가치 제안 (Value Propositions)	고객 관계 (Customer Relationships)	고객층 (Customer Segments)
아마존 등 인프라 서비스 업체; 재택 디자이너; 브랜드 파트너; 배송 업체	온라인 렌탈 플랫폼 연구 개발 및 운영, 유지 · 보수; 사용자 데이터 수집; 구매팀의 상품 선택; 고객 서비스	초기: 모든 여성에게 신데렐라가 된 듯한 경험을 선사한다 현재: 모든 여성을 날마다 더욱 능력 있고, 자신감 넘치게 만들어 준다	셀프서비스	젊은 여성
	중요 자원(Key Resources)		**유통 경로 (Channels)**	
	웹사이트, App; 디자이너 팀; 전문 구매팀		웹사이트, App; 검색 엔진, SNS; 전자 메일 등	
비용 구조 (Cost Structure)			**수익원(Revenue Streams)**	
웹사이트, App 연구 개발 및 운영, 유지 · 보수 비용; 마케팅 및 운영 비용; 인프라 서비스 비용; 브랜드 구매 비용(또는 협력 브랜드 분배금); 관리 비용			구독료, 의상 렌탈비, 판매 수익	

렌탈 서비스로 패션 혁명을 이끌다

창업 당시, RTR은 베인캐피탈(Bain Capital)로부터 180만 달러의 벤처 투자를 받았다. 공개된 자료에 따르면, RTR은 창립 이후 2억 달러 이상에 달하는 벤처 투자를 받았는데, 그중에는 마윈과 차이충신(蔡崇信, 알리바바 그룹의 부회장)의 블루풀캐피털(Blue Pool Capital)에서 출자한 2000만 달러의 투자도 포함되어 있다.

온라인 패션 렌탈 사업을 통해 RTR은 패션 혁명을 일으켰다. 옷을 덜 사면서 입고 싶은 스타일을 더 입어볼 수 있는 RTR의 시스템은 사용자의 옷장과 옷 입는 방식을 철저히 바꿔놓았다. RTR 사용자의 평균 나이는 33세이며, 그중 90%가 뉴욕, 시카고 등 대도시의 젊은 화이트칼라 여성이다. RTR 웹사이트에 게재된 일부 자료에 따르면 RTR 플랫폼에서 모든 사용자는 평균적으로 매년 약 150일 동안 RTR에서 빌린 옷을 입으며, 89%의 사용자가 이전에 비해 옷을 더 적게 산다. 또 52%의 사용자가 좀 더 다양한 개인 스타일링을 경험할 수 있었으며, 71%의 사용자가 마음에 드는 신규 브랜드를 발견했다. 그중에서 가장 열정적인 RTR Unlimited 사용자는 매년 RTR 서비스를 120회 사용하는 것으로 나타났다.

2016년 RTR의 매출액이 1억 달러를 달성하며 처음으로 흑자로 전환했다. 2018년 말까지 RTR은 약 1000만 명의 회원, 500여 명의 디자이너, 15,000여 종의 스타일, 80만 개에 이르는 재고를 보유했다. 2017년에 비해 RTR의 구독 수입 증가세는 150%를 뛰어넘으며 회사

전체 수입의 절반을 차지했다.

RTR의 성공 포인트

첫째, 빌리되 소유하지 않는다. 경험적 소비(Experiential Consumption)
는 패션계의 추세가 되었다.

RTR의 발전은 신세대 젊은 소비자에게 소유는 더 이상 유일한 선
택이 아닌 것은 물론, 심지어 더 이상 주요 선택 사항이 아닐 수 있다
는 것을 증명한다. 아름다움을 사랑하는 여성의 본능이 온라인 패션
렌탈 서비스가 발전할 수 있었던 내재적 동력이라면, SNS에 사진을
올리거나 평가하는 현상 등은 온라인 패션 렌탈 서비스가 발전할 수
있었던 외재적 동력이라 할 수 있다. 내, 외부의 다양한 요소로 인해
경험적 소비는 패션계의 하나의 추세가 되었다.

둘째, 착의 상황이 온라인 의류 렌탈 서비스의 종류와 가격 전략을
결정하는 중요한 요소다.

RTR은 창업 초기 드레스를 빌려주는 방식을 선택했는데 시간이 지
날수록 일상복을 빌려주는 방식으로 확장했다. RTR은 회원 서비스
유형을 정의하는 데 사용자가 옷을 착용하는 시나리오(상황)를 중요한
요소로 삼는다. 시나리오(상황)은 크게 세 가지로 나뉜다. 첫째, 결혼식,
파티, 칵테일파티, 주말 여가활동 등의 모임에서 이뤄지는 특별 행사.
사용자는 필요에 따라 4~8일 동안 옷을 빌려 입을 수 있다. 둘째, 매
달 옷장 교체. 사용자는 매달 4개의 의류를 교체할 수 있다. 직장 여성

을 위한 오피스룩으로 적합하다. 셋째, 무제한 마음에 드는 의류 착용. 날마다 새 옷을 입고 싶어 하는 유행에 민감한 젊은 화이트칼라 여성에게 적합하다.

가격 전략을 자세히 살펴보자. RTR Reserve는 특별 행사에 참가하는 여성 소비자를 만족시키기 위한 것으로, 사용자의 니즈 상황과 횟수가 정확하지 않고 가격에 대해 상대적으로 덜 민감하기 때문에 단품 가격 전략을 취하고 있다. RTR Unlimited는 유행에 민감하지만 가격에 민감하지 않은 젊은 여성을 만족시키기 위한 서비스로, 고가 전략을 취한다. RTR Update는 오피스룩을 찾는, 가격에 상대적으로 민감한 직장 여성을 만족시키기 위한 서비스다. 그래서 상대적으로 낮은 가격 전략으로 정해졌다. RTR의 이러한 가격 전략은 여성의 착의 상황과 가격에 대한 사용자의 민감도를 충분히 검토한 결과라 할 수 있다.

셋째, 데이터와 알고리즘은 패션 구독 비즈니스의 발전을 이끄는 초석이다.

상술한 첫 번째 내용처럼 온라인 패션 렌탈 사업은 전형적인 경험적 소비에 속한다. RTR 사용자의 소비 과정에서 사용자가 빌린 의상의 디자인, 사이즈, 스타일, 배송시간의 정확도, 상품의 청결도, 보관 수준 등은 사용자 경험과 관련된 중요한 구성 요소다. 그러므로 이 과정에서는 어떤 부분의 실수도 사용자의 경험에 부정적인 영향을 줄 수 있다. 이와 동시에 모든 의류의 렌탈 횟수는 투자수익률에 영향을 주기 때문에 사용자 데이터, 패션 데이터의 수집 및 발굴, 이용, 구입, 배송, 사용자의 수요 예측 등의 알고리즘 설계는 매우 중요하다.

본질적으로 온라인 패션 렌탈 사업은 데이터를 기반으로 하고, 머신 알고리즘과 인간 구매 전문가의 협업을 통한 개인화 패션 렌탈 서비스다. 데이터 기반의 스피치 픽스가 알고리즘과 스타일리스트의 협업을 통한 개인화 추천 서비스인 것과 본질적으로 동일하다. 이 역시 패션 구독 비즈니스의 본질이 데이터와 알고리즘에 기반을 둔 사업이며, 인간 전문가의 전문적 판단이 중요한 부분임을 반영하고 있다. AI와 인간의 지혜가 어우러지며 전체 패션산업의 혁명을 이끌고 있다.

넷째, 입소문은 온라인 패션 렌탈 사업의 발전을 이끄는 중요한 원동력이다.

RTR이 사업을 확장하는 과정에서 입소문은 상당히 중요한 역할을 했다. 이는 온라인 패션 렌탈 사업의 목표 고객과 밀접한 관계가 있다. 하이먼이 연구 조사에서 얻은 사용자 피드백처럼 사용자는 RTR의 '클라우드 옷장'에서 옷을 빌린 후 받는 '좋아요' 숫자를 매우 중요하게 생각했다. 사용자가 자신의 옷장에 걸려 있는 옷보다 RTR의 서비스를 이용했을 때 더 좋은 평가를 얻음에 따라 RTR 서비스를 계속 이용할 생각이 더욱 강렬해지게 되었다.

그 밖에도 여성 사용자가 RTR의 드레스를 입고 결혼식이나 파티에 참석하거나, RTR의 오피스룩을 입고 출근하는 것 자체가 걸어다니는 광고판이 된다. 친한 친구끼리 SNS나 정보를 공유하는 행동 역시 패션 렌탈 사업에 있어서는 바이럴 광고와 같은 효과를 지닌다.

좋은 입소문과 바이럴 광고 효과는 RTR이 어떤 광고도 하지 않은 상황에서 고속성장을 이룰 수 있었던 비결이다.

(여덟 번째 모델: 주기적 소모품 모델

주기적 소모품 모델(Periodic Consumables Model)은 기업이 사용자에게 정기적으로 필요한 주기적 소모품 또는 교체품을 발송하는 모델을 말한다. 예를 들면 면도기, 속옷, 반려동물 사료 등이다. 이러한 일용품은 소비와 교체율이 높은 편이기 때문에 구매 시기를 잊는 경우가 많고, 또 이들 소모품을 사기 위해 자주 마트에 가는 것도 귀찮은 일이다. 기업이 매달 또는 분기마다 정기적으로 사용자에게 소모품을 보내주는 모델이 바로 이러한 문제를 해결해 주고 있다.

주기적 소모품 모델의 본질은 사용자가 번거로움을 덜기 위해 비용을 지불하는 데 있다. 사용자가 선택하기 힘들거나 계속해서 구매해야 하는 번거로움을 해결해준다. 주기적 소모품 모델은 소모성, 주기적 수요, 브랜드 분산이라는 세 가지 특징을 지닌다.

소모성은 사용 빈도가 높다는 의미로 냉장고, 세탁기처럼 내구성 소비품은 주기적 소모품 모델에 적합하지 않다. 주기적 수요는 해당 모델의 핵심적 특징으로 양말, 속옷처럼 늘상 교체해야 하는 물품이 해당된다. 남성이라면 면도날을 자주 교체하고, 여성이라면 정기적으로 생리대를 구매해야 한다. 이 모든 것이 주기적 생리적 수요에 속한다. 브랜드 분산은 사용자가 상품 브랜드에 대해 민감하지 않다는 것을 뜻한다. 일반적으로 소수의 브랜드에 대한 충성도가 낮은 편이어서 기업은 OEM 방식으로 상품을 공급할 수 있다.

구독 순환 구조로 분석한 주기적 소모품 모델의 핵심 요소는 크게 세 가지다(그림 6-5). 첫째 사용자 데이터와 추천 알고리즘에 기반한 상품 또는 샘플 박스. 둘째 매달 구독료와 추천 샘플을 통한 정품 매출 수익. 셋째 약정, 사용자가 기업에 정기적으로 비용을 지불해 서비스를 사용하겠다고 약속하고, 사용자 데이터와 연동된 신용카드를 제시한다. 기업은 사용자에게 비용을 지불하는 동안 주기성 상품을 정기적으로 배송하는 서비스를 제공한다고 약속한다.

달러 쉐이브 클럽(Dollar Shave Club)은 주기적 소모품 모델의 유명한 기업으로 2012년 마이클 더빈(Michael Dubin)이 창업했다. 면도기를 시작으로, 매달 회원비를 받는 방식을 통해 사용자에게 개인화 케어 제품을 제공했다. 사업 초기, 사용자는 매달 1달러만 내면 달러 쉐

그림 6-5 주기적 소모품 모델의 구독 순환

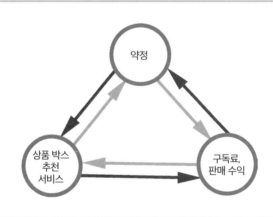

이브 클럽에서 보내주는 면도날을 약속된 시간에 받을 수 있었다.

2012년 3월 6일 마이클 더빈은 유튜브에 자신이 직접 출연한 코믹 광고 동영상을 올렸다. 이 제작비 4,500달러짜리 광고 동영상은 크게 인기를 끌었고, 광고가 나간 첫날 1만 2000건의 주문이 밀려들었다. 현재 유튜브에서 이 동영상의 조회 수는 수천만 뷰에 달한다. 입소문과 사용자 수의 가파른 상승에 힘입어 달러 쉐이브 클럽은 면도기에서 남성 케어 제품에 이르기까지 상품 품목을 계속 늘려갔다.

2016년 달러 쉐이브 클럽은 미국의 인터넷 쇼핑 면도용품 시장에서 51%의 점유율을 차지하며 질레트(Gillette)를 제치고 새로운 강자로 떠올랐다. 2016년 7월 19일 유니레버(Unilever)가 10억 달러를 주고 달러 쉐이브 클럽을 인수했다.

유니레버의 인수 배경에 대해 달러 쉐이브 클럽의 투자측 JP 모건(JP Morgan Chase & Co)의 이사 로미사 말리(Romitha Mally)는 이렇게 설명했다. "쉽게 쓰고 소비 속도가 빠른 상품의 대부분은 대형 유통업체를 통해 유통되기 때문에 생산업체는 최종 소비자의 사용 만족도를 파악하기 어렵다. 하지만 마이클 더빈은 소비자와 직접 연결할 수 있는 방법을 찾아냈다."

달러 쉐이브 클럽의 성공으로 많은 창업자가 구독제 전자상거래 시장에 뛰어들었고, 이는 미국 구독제 전자상거래의 발전을 촉진했다.

주기적 소모품 모델의 최대 과제는 브랜드와 공급 사슬에 있다. 소모품은 기본적으로 표준제품이므로 상품의 차별화가 부족하고, 브랜드도 분산되어 있으며, 소비자의 충성도가 낮은 편이다. 만약 구독제 전자상거래 업체가 자신만의 독특한 브랜드를 구축하지 못한다면, 또 브랜드에 맞는 사용자 경험을 제공하지 못한다면 가격, 물류 등에서 우위에 있는 대형 전자상거래의 공세에 쉽게 무너질 것이다. 독특한 브랜드를 구축해야만 구독제 전자상거래 업체는 가격 경쟁의 수렁에 빠지지 않고 공급 사슬을 장악하고 가격 결정권을 손에 넣을 수 있을 것이다.

잎시 스토리: 인플루언서의 영향력을
적극 활용해 뷰티 전자상거래의 정상에 서다

Ipsy.com은 2011년 뷰티 블로거 미쉘 판(Michelle Phan)과 마르셀로 캠버로스(Marcelo Camberos)가 공동으로 창립한 화장품 전자상거래 사이트다. 월정제 구독 서비스를 제공하는 잎시(Ipsy)에서는 매달 10달러의 구독료를 지불하면 구독자에게 샘플 화장품 5개가 들어 있는 파우치를 제공한다. 화장품 외에도 피부 케어 제품, 향수, 네일 제품 등이 들어 있어 혹자는 뷰티 박스 모델이라고 부르기도 한다.

미쉘 판: 흙수저 출신의 뷰티 전도사

잎시가 화장품 업계에서 랜덤 박스라는 개념을 처음으로 도입한 버치 박스(Birchbox)를 누르고 새로운 강자로 등극한 이유는 무엇일까? 그 정답은 잎시의 창업자인 미쉘 판에게서 찾을 수 있다.

미쉘 판은 베트남계 미국 여성으로, 미국의 유명한 뷰티 블로거, 유튜브 스타로 전 세계 수많은 팬을 보유하고 있다. 일곱 살 되던 해 판의 아버지가 가산을 모두 팔고 도망친 뒤, 판은 어머니와 함께 힘겨운 시간을 보내야 했다. 열세 살부터 그림을 배우기 시작한 판에게 어머니는 대학교를 졸업한 후 의사가 되라고 했지만 판은 어머니의 반대에도 예술에 대한 열정을 불태웠다.

2007년 어느 날, 판은 웹캠으로 메이크업 기본편이라는 동영상을 찍어 블로그에 올렸다. 이 7분짜리 동영상은 일주일 동안 4만 뷰를 기록했다. 이 일을 계기로 판은 많은 여성이 화장을 하면서 여러 가지 애로사항이 있다는 사실을 깨닫고, 자신만의 메이크업 노하우를 담은 영상을 꾸준히 올렸다. 아이라인을 그리는 법부터 졸업사진용 메이크업에 이르기까지 그녀가 온라인에 올린 메이크업, 피부 케어 노하우에 많은 사람이 열광하며 이른바 팬이 생기기 시작했다.

2009년 인터넷 뉴스 매체인 버즈피드(Buzzfeed)에서 '레이디가가 눈매 연출법'이라는 판의 영상 강좌를 추천했고, 이 동영상은 100만 뷰가 넘는 기록을 세웠다. 이 일을 계기로 판은 뷰티 전문가에서 인플루언서(Influencer)로 떠올랐다. 그녀가 다른 뷰티 전문가들을 제치고 인터넷에서 큰 인기를 누리게 된 까닭은 예술에 대한 남다른 열정과 애정 덕분이었다. 예를 들면 피부색에 맞는 립스틱 색상을 고르는 법을 가르쳐줄 때 판은 명암을 강조하는 색조 원리를 동원해 다양한 스타일링을 선보였다.

그녀에게 커다란 전환을 맞이할 기회가 찾아온 것은 2010년의 일이다. 그해 판의 메이크업 강좌 동영상을 우연히 보게 된 랑콤 관계자로부터 연락을 받고 랑콤의 미국 시장 색조 브랜드 홍보대사로 선정된 것이다. 그 후 판의 인지도와 영향력은 더욱 커졌는데, 이는 훗날 창업을 위한 발판이 되었다.

오피니언 리더를 활용해 브랜드와 소비자를 연결하다

판은 태국 여행 중에 아시아 여성들이 화장품 샘플에 관심이 많다는 사실을 발견하고 구독제 뷰티 전자상거래 플랫폼인 잎시를 창립했다. 잎시는 사용자에게 매달 10달러의 비용을 받고 화장품 샘플 5종이 들어 있는 '글램백(Glam Bag)'이라는 파우치를 제공한다. 사용자가 설문지를 통해 자신의 피부색과 피부 타입, 눈동자 색깔, 좋아하는 립스틱 색상 등의 데이터를 작성한 뒤 제출하면 잎시의 정식 구독자가 된다.

잎시는 판과 인플루언서를 자사의 비즈니스 모델을 위한 핵심 요소로 삼았다. 유튜브와 인스타그램에서 500명이 넘는 뷰티 인플루언서와 협업을 추진하기도 했는데 그중에는 배서니 모타(Bethany Mota)와 같은 미국 유튜브 스타도 있었다. 잎시는 그중 일부에게 보수를 지불하고, 자사의 SNS 영상에서 브랜드 관련 토론하는 모습을 촬영하기도 했다.

2015년 잎시는 '잎시 크리에이터 프로젝트'를 발표했다. 그 취지는 뷰티, 라이프스타일 동영상 콘텐츠를 대량 제작하기 위해 전문가를 양성하기 위한 것이었다. 잎시는 이 프로젝트를 위해 캘리포니아주의 산타모니카에 제작 스튜디오를 세우고 자격을 갖춘 신청자에게 콘텐츠 제작과 관련된 툴과 자원을 제공했다. 그리고 이들을 위해 무료로 교육과 훈련을 실시했다.

잎시는 많은 뷰티 KOL(Key Opinion Leader, 특정한 분야에 대해 정확한 상품 정보를 보유하고 제공함으로써 대중을 대상으로 구매행동에 영향력을 미칠 수 있는 사람을 가리킨다)과도 협력을 추진했다. 잎시는 KOL에게 높은 수익을 보장하는 뷰티 강의 동영상을 제작하도록 지도하고, KOL과 그들이 제작한 콘텐츠를 잎시 플랫폼을 사용하는 수백만의 사용자와 연결함으로써 콘텐츠를 적극 활용해 잎시의 구독 사업을 발전시키는 방식이었다. 이들 뷰티 KOL은 제작한 강의 동영상을 통해 매년 수백만 달러의 광고 수익을 벌어들일 수도 있고, 이를 잎시와 분배하는 것이다. 이와 함께 KOL이 제작한 뷰티 강의 동영상이 잎시의 사용자들의 관심을 꾸준히 불러일으키며 잎시의 브랜드 영향력을 더욱 높이는 결과로 이어졌다.

잎시의 CEO 마르셀로 캠버로스는 이렇게 설명했다. "이는 마치 하나의 생태계 시스템과도 같아서 랜덤 박스, 뷰티 KOL, 협력 브랜드 모두 하나같이 중요합니다. 고객이 어느 하나라도 마음에 들어 하지 않으면 구매 순환 구조는 세워질 수 없습니다."

2018년 잎시는 사용자가 마켓에서 뷰티 제품을 구매하면 현금을 받을 수 있는 'Shopper'라는 전자상거래 마켓을 선보였다. 잎시는 자사가 수많은 뷰티 브랜드와 협업(Collaboration)을 추진 중이며, 사용자가 액티브 유저로서의 잎시의 회원자격을 보유하고 협력 브랜드 상품을 구입하면 일정 비율의 캐시백을 받을 수 있는데 잎시가 사용자에게 수표로 지급하거나 또는 페이팔(Pay Pal)을 통해 지급한다고 밝혔다. 이러한 전략은 잎시가 더 이상 하나의 구독제 전자상거래 플랫폼이 아닌 구독과 뷰티용품 판매를 결합한 통합형 전자상거래 플랫폼임을 의미한다.

잎시 박스의 경영 노하우: 가성비와 수익 두 마리 토끼를 잡다

잎시의 주요 수익 모델은 월간 10달러의 뷰티 박스다. 이러한 저렴한 가격으로 잎시는 어떻게 랜덤 박스에 들어가는 상품 또는 샘플 5개를 확보하고 또 수익을 올릴 수 있었을까? 그 해답은 랜덤 박스 비즈니스를 지속적으로 경영할 수 있는 관건이다.

잎시의 경영 비결은 크게 두 가지로 요약할 수 있다.

첫째, 사용자가 박스를 뜯을 때마다 기뻐하고 흥분할 만한 참신하고 즐거운 경험을 계속 제공하는 것이다. 이러한 경험은 사용자에게 뜻밖의 즐거움을 선사할 뿐만 아니라 다음 구매에 대한 기대감을 높여준다. 박스를 뜯을 때마다 즐거웠던 경험은 사용자에게 계속 구독할 강력한 동기를 제공한다. 사용자 유지율이 높다는 것은 고객생애가치가 높다는 의미이고, 또 잎시가 지속적인 수익력을 갖고 있음을 의미한다.

이를 위해 잎시는 수많은 뷰티 브랜드와의 협업을 통해 다양한 브랜드를 공급하고 사용자 개인화 수요를 만족시켰다. 또 다른 한편으로 방대한 사용자 데이터를 바탕으로 정확한 페르소나를 진행하고, 알고리즘 설계를 통해 개인화 추천 서비스를 제공함으로써 사용자들은 자신에게 딱 맞는, 그러면서도 매번 다른 즐거움을 경험할 수 있는 랜덤 박스를 받을 수 있었다. 수많은 브랜드와의 협업, 개인화 추천 알고리즘을 바탕으로 잎시는 매번 자신만을 위한 선물을 받았다는 기분을 느낄 수 있는 경험을 고객에게 선사했다.

둘째, 박스에 들어 있는 제품 원가에 대한 통제력이다. 박스 안에 담긴 상품의 원가가 낮아야 박스당 수익력이 높아진다.

잎시는 뷰티업계에서 강력한 브랜드 영향력을 갖고 있어 수많은 뷰티 브랜드는 잎시에서 자사의 제품을 추천해 주기를 희망한다. 그래서 소비자에게 자사의 제품을 알리기 위해 이들 업체는 자사의 뷰티 제품 샘플을 잎시에 증정한다. 일부 정품의 경우에는 잎시가 별도로 비용을 지불하기도 한다. 상당수의 뷰티 브랜드가 잎시를 단순한 판매망이 아닌 더 많은 고객 경험을 제공하고 브랜드에 대한 인지도를 높일 수 있는 마케팅 채널로 여긴다.

수백만의 충성 구독자를 보유하고 있는 잎시는 즐거운 언박싱의 경험과 낮은 상품 원가를 결합해 매달 10달러의 구독료로 지속적으로 수익을 올릴 수 있었다.

잎시 모델

잎시의 비즈니스 모델 캔버스는 뒤의 표 6-4와 같다.

랜덤 박스 시장 후발주자에서 역전에 성공하다

잎시의 창업 스토리에서 보았듯이, 미국 뷰티업계에서 랜덤 박스의 시조는 2010년 창업한 버치박스다. 버치박스는 판과 인플루언서를 내세운 잎시의 비즈니스 모델과는 달랐다. 버치박스의 고객은 매달 랜

표 6-4 Ipsy 비즈니스 모델 캔버스

주요 파트너 (Key Partners)	주요 활동 (Key Activities)		가치 제안 (Value Propositions)	고객 관계 (Customer Relationships)	고객층 (Customer Segments)
아마존 등 인프라 서비스 업체; 뷰티 KOL; 브랜드 파트너; 배송 업체	전자상거래 플랫폼 연구 개발 및 운영, 유지·보수; 뷰티 동영상 제작 및 배포; 고객 데이터 수집; 샘플 추천; 고객 서비스		모든 여성들이 자신만의 독특한 아름다움을 보여줄 권리를 부여하다	셀프서비스	젊은 여성
	중요 자원(Key Resources)			유통 경로 (Channels)	
	웹사이트, App; 미쉘 판			웹사이트, App; 유튜브 등 동영상 사이트	
비용 구조(Cost Structure)				수익원(Revenue Streams)	
웹사이트, App 연구 개발 및 운영, 유지·보수 비용; 마케팅 및 운영 비용; 인프라 서비스 비용; 브랜드 구매 비용(또는 협력 브랜드 분배금), 관리 비용				구독료, 정품 판매 수익	

덤 박스를 받고 마음에 드는 상품을 발견하면 전자상거래 웹사이트에서 풀사이즈를 구매했다. '씨뿌리기(Seeding, 샘플링, 투어링, 데모 프로그램 등을 통해 다수의 사람들이 직접 제품을 경험하도록 하여 다른 사람들과 그 제품에 대해 의견을 나눌 수 있는 기회를 제공하는 마케팅 기법)'라고도 불리는 이 모델은 고객이 마음에 드는 상품을 발견한 후 아마존이나 월마트에서 그 상품을 구입할 수 있다는 데 문제가 있었다.

버치박스는 뷰티업계에서 랜덤 박스라는 시장을 개척했지만 2012

년 이후 잎시에게 계속해서 시장 점유율을 잠식당했다. 미국의 시장 조사기관인 슬라이스 인텔리전스(Slice Intelligence)가 발표한 보고서에 따르면, 2016년 미국 뷰티 랜덤 박스 시장에서 버치박스의 시장 점유율은 32%까지 떨어졌지만, 잎시는 68%로 증가했다(그림 6-6).

창업한 지 4년이 지난 2015년 잎시 플랫폼의 구독자 수가 100만 명을 돌파했다. 그해 잎시의 CEO 마르셀로 캠버로스는 인터뷰에서 다음과 같이 말했다. "매달 신규 구독자 수가 10만 명을 넘고 있습니다. 마케팅이나 로비 하나 없이 오로지 자체적으로 거둔 성과죠." 다른 구독제 샘플 업체와 달리 잎시는 주로 미쉘 판의 SNS 영향력을 통해 구독자가 유입되고 있다고 설명했다.

그림 6-6 버치박스와 잎시의 시장 점유율 변화 추이

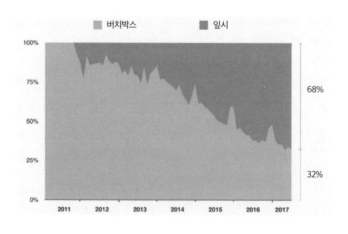

자료 출처: Second Measure

2018년, 잎시는 300만 이상의 회원을 보유하고, 1000여 개 이상의 브랜드와 협력 관계를 맺었으며, 뷰티를 주제로 제작된 디지털 영상 콘텐츠는 5억 뷰 이상을 기록했다고 소개했다. 뷰티 랜덤 박스 시장에서 잎시는 원조인 버치박스를 앞서며 뷰티 전자상거래의 리더가 되었다.

잎시의 성공 포인트

첫째, 뷰티 전도사인 판의 IP(intellectual property, 지식재산권)와 인플루언서의 적극 활용은 잎시 비즈니스 모델의 핵심이다.

잎시를 세우기 전에 판은 수준 높은 메이크업 동영상을 꾸준히 올리면서 수많은 팬들로부터 그 실력을 인정받았다. 이것은 최초의 목표 고객 그룹을 확보한 것과 같아 초기 소그룹에서 입소문과 신뢰를 얻을 수 있었다. 이들은 판의 무료 홍보원이 되어 SNS를 통해 판의 강의 동영상을 적극 공유하며 널리 퍼뜨려 판의 강의 동영상이 광범위하게 확산되었다. 버즈피드의 추천 역시 많은 사람이 판을 알게 된 계기가 되어 판은 소수의 팬을 거느린 뷰티 전도사에서 인플루언서로 떠오르며 막강한 영향력을 지닌 IP로 도약하게 되었다. 당시 판은 영상 콘텐츠부터 IP에 이르는 메커니즘을 초기 완성하고, 거기에 목표 고객군과의 연결력을 구축해 목표 고객군에서 신뢰를 얻을 수 있었다.

만약 판이 여기서 만족했다면 단지 인플루언서에 머무르고 훗날의 성공은 거두지 못했을지도 모른다. 랑콤의 관계자는 판의 IP의 상업적 가치를 발견하고 판의 고객군에서 랑콤이라는 브랜드를 알리기 위해 판의 개인 IP를 일종의 연결 고리처럼 활용했다.

또한 잎시는 판의 IP가 가진 상업적 가치를 적극 활용했다. 잎시의 성공은 본질적으로 판을 중심으로 하는 IP 마케팅의 성공으로 볼 수 있다. 판을 중심으로 하는 인플루언서들은 저마다 자신의 IP를 보유하고 있고, 그들은 잎시의 구독 서비스와 '아름다움을 사랑하는 젊은 여성'이라는 목표 고객군을 이어주는 연결 고리가 되었다. 판과 수많은 인플루언서의 연결력을 통해 잎시는 적은 비용을 들이고도 효과적으로 구독자 수를 빠르게 늘려갈 수 있었다. 이것이 바로 잎시가 저비용으로 높은 성장세를 실현할 수 있었던 비결이다.

둘째, 대규모 뷰티 KOL을 주축으로 하는 콘텐츠 마케팅은 잎시의 지속적인 성장을 이끈 원동력이다.

판 본인이나 판을 중심으로 하는 인플루언서 모두 강력한 IP 영향력과 연결력을 갖고 있었다. 그러나 만약 잎시가 IP에 의존해서만 성장을 추구했다면 분명 커다란 위기에 처했을 것이다. 모든 IP는 생명주기가 있어 한 IP가 내리막길로 접어들면 잎시에 매우 불리한 영향을 끼칠 수 있기 때문이다. 이러한 사실을 잘 알고 있던 잎시는 효과적인 조치에 나섰다.

잎시가 추진한 크리에이터 프로젝트의 핵심은 성장 중인 수많은 뷰티 KOL를 주축으로 하는 콘텐츠 마케팅 시스템을 구축하는 데 있다. 인플루언서를 꿈꾸는 젊은 여성들에게 잎시의 전문적인 툴과 동영상 촬영 리소스, 전문적인 교육과 훈련, 높은 수익 창출 가능성, 잎시와의 별도 계약 없는 자유로운 활동, 여기에 판이라는 슈퍼스타급 IP의 영향력은 크리에이터 프로젝트에 앞다투어 참가할 만큼 매력적인 요소였다. 크리에이터 프로젝트를 통해 잎시는 무료로 동영상 콘텐츠를 제작했는데, 이것은 잎시의 콘텐츠 마케팅의 중요한 부분이 되었다. 또 한편으로 대량의 뷰티 KOL을 꾸준히 육성함으로써 잎시는 뷰티 분야에서 강한 발언권과 브랜드 영향력을 줄곧 유지할 수 있었다.

판을 중심으로 하는 인플루언서가 잎시가 성장할 수 있었던 1차 기폭제였다면, '잎시 크리에이터 프로젝트'로 형성된 뷰티 KOL 중심의 콘텐츠 마케팅 시스템은 끊임없는 성장 동력이 되었다.

셋째, 저비용의 고객 경험 창조 메커니즘이 잎시가 지속적으로 수익을 올릴 수 있는 비결이다.

잎시가 저비용으로 우수한 고객 경험을 제공해 수익을 거둘 수 있었던 주요 원인은 저비용의 고객 경험 창조 메커니즘을 구축했기 때문이다. 잎시의 사용자들은 1000개가 넘는 협력 브랜드에서 브랜드를 선택할 수 있는 경험을 할 수 있고, 추천 알고리즘이 제공하는 개인화 쇼핑 경험을 즐길 수 있다. 잎시는 브랜드 파트너가 제공해 주는 대량의 무료 샘플 덕분에 상품 구매비용을 크게 절감할 수 있는데, 이는 잎시의 주요한 경쟁력이다. 잎시는 저비용의 사용자 경험 창조 메커니즘을 구축한 이후 고효율-정확성-저비용의 시스템으로 지속적으로 사용자에게 뷰티 샘플을 제공할 수 있었다. 이는 잎시와 브랜드 파트너 간의 장기 협력을 더욱 결속하는 결과로 이어졌다.

주기적 소모품 모델의 대표적 사례로서 잎시는 저비용의 고객 경험 창조 메커니즘을 구축할 수 있는 능력이 구독 박스의 성공을 좌우하는 열쇠가 된다는 사실을 잘 보여주고 있다. 하지만 잎시의 고객 경험 창조 메커니즘이 모든 구독 박스에 적합한 것은 아니다. 자신의 비즈니스 특성에 따라 목표로 삼은 구독자에게 맞는 경험 창조 메커니즘을 만들어가야 한다.

제7장

특수한 구독 모델들

디지털 콘텐츠 구독 서비스, 클라우드 구독 서비스와 구독제 전자상
거래 외에도 두 가지 특수한 구독 모델이 있다. 상술한 세 가지 유형
중 어느 곳에도 속하지 않지만 여러 업계와 기업에서 광범위하게 활
용되며 대표주자로 평가되기도 한다. 이번 장에서는 멤버십 패키지
모델과 네트워크 모델이라는 특수한 구독 모델을 소개하고자 한다.

아홉 번째 모델: 멤버십 패키지 모델

멤버십 패키지 모델(Equity Package Model)은 기업이 내부 또는 외부의 기본 서비스를 통합 · 재구성해 멤버십 패키지 방식으로 사용자에게 제공하는 구독 모델을 가리킨다.

멤버십 패키지 모델의 본질은 기업이 사용자에게 상품 할인쿠폰, 인기 상품 우선 구매 기회 제공, 전용 서비스 등 다양한 서비스가 포함된 멤버십 패키지를 판매하는 데 있다. 기업은 자신의 목표에 따라 다양한 멤버십 패키지를 설계할 수 있다.

사용자의 가치 측면에서 보자면, 멤버십 패키지 모델은 사용자에게 가치 있는 것을 얻고 더 좋은 기회를 누렸다는 소비 경험을 제공해 만족감을 높여준다. 이를 통해 상품과 서비스에 대한 사용자의 충성도를 높여준다.

기업의 가치 측면에서 보자면, 멤버십 패키지 모델은 자사의 기본 상품과 서비스의 한계를 극복하고, 내부의 여러 부문간 회원 시스템 혹은 내부와 외부 회원 시스템 간의 통합을 통해 내부 또는 외부 업무 간의 협력을 강화한다. 이는 기업이 사용자 수를 늘리고, 사용자의 충성도와 활약도를 강화하며, 고객생애가치를 높이고, 기업의 경쟁력을 강화하는 데 유용하다.

구독 순환 구조로 분석한 멤버십 패키지 모델의 핵심 요소는 세 가

그림 7-1 멤버십 패키지 모델의 구독 순환

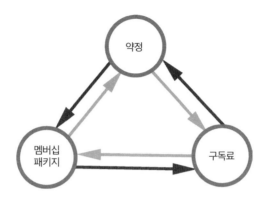

지다(그림 7-1). 첫째 멤버십 패키지, 대부분의 혜택은 아마존 전자상거래의 익일 무료 배송 서비스와 같은 기업 내부 또는 외부의 기본 서비스를 기본으로 한다. 둘째 구독료와 별도 판매 수익, 구독료가 직접수익이라면 별도 판매 수익은 간접수익에 속한다. 간접수익이란 구독 비즈니스에 직접 포함되지 않는 수익을 가리킨다. 셋째 약정, 사용자는 기업에 정기적으로 비용을 지불해 멤버십 패키지 구독 서비스를 사용하겠다고 약속하고, 기업은 사용자에게 유료 구독 기간 동안 멤버십 패키지에 포함된 혜택을 제공한다고 약속한다.

멤버십 패키지 모델의 적용 조건

어떤 조건을 갖춘 기업이 멤버십 패키지 모델에 적합할까? 멤버십 패키지 모델이 어떤 특별한 업계에 국한되는 것은 아니지만, 해당 모델을 적용하려면 비교적 까다로운 조건을 갖춰야 한다. 크게 다음의 세 가지 조건으로 정리해 볼 수 있다.

첫째, 멤버십 패키지 모델을 적용하기 위한 전제 조건으로 기업은 고정 수요와 사용 빈도가 높은 기본 상품과 서비스를 갖춰야 한다. 아마존의 온라인 리테일 서비스의 경우가 그러하다. 아마존의 경우 기본적인 리테일 서비스가 없거나, 고정 수요와 사용 빈도가 높지 않은 리테일 서비스를 제공해야 한다면 프라임과 같은 멤버십 패키지 모델을 출시하기 어려웠을 것이다. 고정 수요와 사용 빈도가 높은 상품과 서비스를 갖고 있어야만 사용자와 장기적으로 안정적인 관계를 구축할 수 있고, 그렇게 구축된 관계가 밑바탕이 되어야 사용자에게 보다 다양하고 가치 있는 멤버십 패키지 모델을 선보일 수 있다.

둘째, 멤버십 패키지 모델에서 중요한 기반은 기업이 구축한 우수한 기본 멤버십 시스템이다. 예를 들면 차이나 모바일(China Mobile)의 휴대폰 계정 시스템과 같은 것이다. 차이나 모바일은 자사의 사용자에게 음성 통화, SMS, 모바일 데이터 등 인프라 통신 서비스를 제공함으로써 9억 개에 달하는 휴대폰 사용자를 아우르는 방대한 계정 시스템을 구축했다. 이를 토대로 차이나 모바일은 텐센트, 아이치이, 요우쿠투더우(優酷土豆, 중국 동영상 사이트), 망고(芒果) TV 등 동영상 플랫폼과의 협력을 통해 '동영상 회원 + 모바일 데이터'의 멤버십 패키지를 출시했다.

셋째 멤버십 패키지 모델에서 혜택을 선택할 때는 가급적 한계비용이 낮은 상품과 서비스를 선택하는 게 무엇보다 중요하다. 예를 들어 아마존의 프라임 회원이 누리는 혜택 중에서 무료 배송과 같은 고비용 서비스를 제외하고, 우선 구입권, 킨들 전자책 열람, 영화 및 TV 프로그램 시청, 사진 저장, 회원 전용 이벤트 등은 모두 한계비용이 높지 않은 서비스에 속한다. 이러한 서비스를 통해 아마존은 사용자의 가치와 경험을 높일 수 있을 뿐만 아니라 추가 비용에 대한 부담을 덜 수 있다. 무료 배송은 기본 서비스에 속해야 하는 혜택을 아마존에서 프라임 회원 전용 혜택으로 변경한 것으로, 아마존의 리테일 서비스에 대한 사용자의 경험을 크게 향상시켰을 뿐만 아니라, 아마존이 일반 사용자에게 보다 수준이 낮은 물류 서비스를 제공하는 합리적인 근거로 활용되기도 한다. 여기서 한 발 더 나아가 일반 사용자가 프라임 회원 서비스를 구매하도록 촉진하는 결과로 이어지기도 한다.

위의 몇 가지 특징을 통해 멤버십 패키지 모델을 선택한 기업은 대부분 아마존, 알리바바, 차이나 모바일 등처럼 초대형 플랫폼 기업이라는 사실을 알 수 있다. 이들은 고정 수요와 사용 빈도가 높은 기본 상품과 서비스를 갖추고 있을 뿐만 아니라 방대한 멤버십 시스템을 갖추고 있다. 여기에 멤버십 패키지 모델을 통해 더 많은 사용자를 끌어들이고 그들의 사용 가치를 높이고 사용자의 경험과 충성도, 활약도를 높이는 것은 궁극적으로 고객생애가치와 기업 총가치를 끌어올리는 효과로 이어진다.

멤버십 패키지 모델의 발전 현황과 과제

아마존 프라임은 멤버십 패키지 모델의 집대성이라 할 수 있다. 2005년 출시되었을 때 2일 내 무료 배송 서비스를 앞세워 10여 년 동안 발전해 현재 아마존 프라임 회원의 서비스 메뉴에는 무료 배송, 우선 구매권, 킨들 전자책 열람, 영화 및 TV 프로그램 시청, 사진 저장, 멤버 전용 이벤트 등 다양한 혜택이 담겨 있다. 이러한 혜택을 구독하는 회원은 매년 119달러(2018.5.11부터 99달러에서 인상됨)만 지불하면 된다.

이러한 매력적인 혜택으로 인해 수많은 전 세계 사용자가 돈을 내고 아마존 프라임 회원 구독자가 되었다. 2018년 4월 제프 베조스(Jeff Bezos)는 주주에게 보내는 서신에서 아마존 프라임의 전 세계 유료 회원 수는 1억 명 이상이라고 밝혔다. 이들 1억 명 이상의 충성고객은 아마존 사이트에서 다른 사용자보다 높은 연간 소비액, 높은 갱신율로 아마존의 온라인 리테일 사업의 지속적인 고속 성장을 이끌어 아마존이 세계 최고의 전자상거래 사이트가 되는 데 일조했다.

아마존 프라임 회원 모델은 처음 등장한 모델이 아니라, 미국 최대의 오프라인 유통업체, 회원제 창고형 할인매장인 코스트코(Costco)에서 영감을 받은 것이다. 아마존 프라임이 전 세계 시장에서 승승장구하고 있을 때, 코스트코는 쇠락하기는커녕 마찬가지로 고속 성장했다. 현재 코스트코는 전 세계 9개국에서 총 700여 개의 매장을 운영 중인데 연매출액 1,100억 달러 이상, 회원수 8,800만 명이 넘는 세계에서 두 번째로 큰 리테일 업체가 되었다.

아마존 프라임이 막대한 성공을 거둔 뒤로 중국의 전자상거래 기업들도 앞다투어 이 모델을 모방하기 시작했다. 2018년 알리바바는 '알리바바의 모든 멤버십을 한데 모았다'고 평가되는 이른바 '88VIP' 멤버십 서비스를 출시했다. '88VIP'는 요우쿠투더우, 어러머(餓了麽), 샤미(蝦米), 타오표표(淘票票)와 타오바오, 텐먀오의 멤버십을 한데 합친 것이다. 88VIP 회원을 위해 알리바바는 멤버십 내 리소스를 통합·재구성해 각 부문의 시너지 효과를 충분히 이끌어냈다. 알리바바의 이러한 통합 방식은 멤버십 패키지 모델이 자체적으로 나아가야 할 시스템 통합의 길을 보여주고 있다. 이러한 모델은 내부에 풍부한 리소스를 보유하고, 다양한 사용자의 소비 욕구를 만족시킬 수 있는 초대형 플랫폼을 갖춘 기업에서만 운용이 가능하다.

알리바바에 비해 풍부한 내부 리소스를 갖추지 못한 징둥은 멤버십 패키지 모델의 두 번째 길, 즉 크로스오버 협력 방식을 선택했다. 2018년 4월 27일 10시 징둥의 플러스(PLUS) 회원(아마존 프라임과 유사)에서 '징둥 PLUS 연간 사용권 개통 시, 아이치이 VIP 연간 멤버십 혜택을 동시에 누릴 수 있다'는 이벤트를 선보였다. 징둥의 PLUS 회원에 새로 가입했거나 서비스를 1년 갱신한 회원은 198위안 상당의 아이치이 VIP 연간 멤버십 혜택을 누릴 수 있도록 한 것이다.

멤버십 패키지 모델의 가치는 의심할 여지가 없지만 커다란 도전에 직면해 있기도 하다. 예를 들면, 매력적인 멤버십 패키지의 설계, 멤버십 패키지의 비용과 수익 간의 균형, 멤버십 패키지를 통한 내부 또는 내/외부 업무 간의 리소스 시너지 효과 촉진 등에 대한 고민이 필요하다.

이러한 문제들을 해결할 수 있는 정답은 하나로 정해져 있는 것이 아니다. 기업은 자신의 실제 상황에 근거해 문제를 분석하고 해결해야 한다. 무엇보다 멤버십 패키지 모델의 설계는 한 번의 결정으로 끝나는 작업이 아니라 지속적으로 수정하고 개발을 거쳐야 하는 과정이다. 기업은 자신이 처한 성장 단계에 따라 자신에게 가장 적합한 선택을 해야 한다.

아마존 프라임 스토리: 원스톱 솔루션이 만들어낸 아마존 제국

아마존 프라임(로고는 그림 7-2와 같음)은 아마존에서 소비자에게 제공하는 유료 구독 회원 서비스로, 2005년 2월 2일에 등장했다. 프라임 회원은 연간 119달러의 구독료를 내면 2일 안에 배송되는 무료 배송 서비스(일부 지역에서는 당일 배송), 음원과 동영상 스트리밍 서비스를 누릴 수 있을 뿐만 아니라, 월간 또는 연간 비용에 따른 기타 혜택을 경험할 수 있다. 2018년 4월 아마존의 창업주인 제프 베조스는 프라임 서비스가 세계적으로 1억 명 이상의 회원을 보유하고 있다고 발표했다.

미국 시장에서 아마존 프라임 회원은 다음과 같은 혜택을 누릴 수 있다.

1. 프라임 로고가 들어간 상품을 구매할 경우 2일 내 무료 배송 서비스 제공, 일부 도시의 경우 당일 무료 배송 서비스 제공
2. TV 및 영화 프로그램 무제한 시청, 100만 곡 이상의 음원 스트

그림 7-2 아마존 프라임 로고

리밍 무료 청취

3. 사진 무제한 저장 공간 제공

4. 35만 권 이상 되는 킨들 전자책 무료 다운로드

5. 아마존에서 프라임 나우(Prime Now) 사용 시 2시간 이내 무료 배송 서비스 제공. 주로 일용품 및 채소, 과일 등 신선제품 및 전자제품 등. 첫 주문 시 10달러 할인 등 프라임 나우의 이벤트 제공

6. 프라임 얼리 억세스(Prime Early Access) 서비스. 일반 회원보다 30분 전 사전 구매 가능

7. 돌발적으로 진행되는 프라임 회원 전용 이벤트, 예를 들어 프라임 회원 전용(exclusive for Prime) 또는 프라임 회원 10% 할인(10% off for Prime) 등

아마존 프라임의 회원 증가를 이끈 세 가지 전략

셀링 포인트를 잡아라: 익일 무료 배송 서비스

2005년 아마존 프라임은 가장 먼저 2일 이내 무료 배송 서비스를 선보였다. 이와 상대적으로 비프라임 회원이 무료로 빠른 배송 서비스를 받으려면 35달러 정도를 내야 해야 했고, UPS를 사용할 경우 물건을 받기까지 업무일 기준 평균 3~5일이 걸렸다. 이러한 물류 효율은 사용자의 인내심을 시험했다. 이성적인 소비자는 비교를 통해 아마존 프라임에서 제공하는 2일 이내 무료 배송 서비스에 거부할 수 없는 매력을 느꼈다. 이 서비스는 출시된 지 10여 년이 지난 후에도 사용자

가 프라임 회원이 되는 데 가장 먼저 고려하는 조건이다. 그런 점에서 2일 이내 무료 배송 서비스는 아마존 프라임의 가장 중요한 셀링포인트라 할 수 있다.

물류 효율을 한 단계 높이고 더 많은 사용자가 프라임 회원으로 등록하거나 갱신할 수 있도록 프라임은 물류 분야에 지속적으로 투자해 더 나은 서비스를 더 다양하게 출시했다. 1만 개 이상 되는 지역에서 생활하는 우수 회원(35달러 이상 구매)은 300만 개에 달하는 제품을 당일 또는 익일에 무료로 받아볼 수 있다. 좋아하는 영화, 음악, 도서, 게임 등 상품을 가장 먼저 받아보고 싶어 하는 회원에 대해서는 조건에 맞는 상품을 예약 구매하면 출시일 당일에 무료로 배송해 주는 서비스를 제공하기도 한다. 미국 내 일부 주요 도시의 회원을 겨냥해 출시한 프라임 나우 서비스는 무료 2시간 또는 1시간 배송 서비스로, 주로 가정일용품, 킨들, 에코(Echo), 파이어(Fire) 등의 상품을 취급한다. 그 밖에도 프라임에서는 고객의 차량 또는 자택에 문을 열고 들어가 상품을 직접 배송하는 프라임 키(Prime Key) 서비스를 출시했다.

현재 아마존 프라임은 동영상 스트리밍, 음원 스트리밍, 킨들 전자책 등을 포함한 더 많은 부가 서비스를 제공하고 있지만 익일 무료 배송 서비스는 여전히 아마존 프라임의 가장 중요한 셀링포인트라 할 수 있다(그림 7-3).

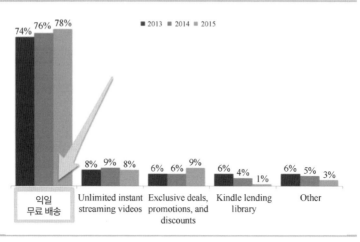

그림 7-3 아마존 프라임 회원 가입에 영향을 주는 주요 요소

■ 2013 ■ 2014 ■ 2015

74% 76% 78%

익일 무료 배송

8% 9% 8%
Unlimited instant streaming videos

6% 6% 9%
Exclusive deals, promotions, and discounts

6% 4% 1%
Kindle lending library

6% 5% 3%
Other

자료 출처: RBC Capital Markets

회원을 활용한 전략: 무료 체험

아마존 프라임은 출시된 뒤 꽤 오랜 시간 동안 예상했던 이상적인 성장세를 거두지 못했다.

2011년 9월 28일 아마존에서 킨들 파이어(Kindle Fire)를 출시했다. 아마존의 앱스토어, 영화 및 TV 프로그램 스트리밍, 전자책 등이 설치된 태블릿 PC로, 가격은 199달러였다. 아마존은 새로 출시된 태블릿 PC에서 구매자에게 프라임의 30일 무료 체험 서비스를 제공했다. 사용자는 프라임에 무료로 등록한 뒤 수백 만 편의 영화와 TV 프로그램, 애플리케이션, 게임, 뮤직, 전자책, 뉴스, 오디오북, 잡지 및 파일 등을 무료로 사용할 수 있었다.

잠재 고객에게 연간 99달러에 달하는 프라임 회원 서비스는 꽤 비쌀지도 모르지만, 무료 체험은 물론 배송비를 당장 아낄 수 있다면 프라임 회원에 등록하지 않을 이유가 없었다.

아마존의 이러한 전략은 실제로 프라임에 가입하는 회원 수의 증가를 가져왔다. 아마존 프라임 회원은 2011년 3분기부터 급성장하기 시작해 2012년 3분기까지 연평균 성장률이 59.6%에 달했다(그림 7-4).

무료 체험이 좋은 결과를 얻으면서 아마존은 지금까지 수억 개에 달하는 상품 페이지에서 프라임과 그 무료 체험 계획을 광범위하게 추진할 수 있었다.

그림 7-4 킨들 파이어 출시 후 아마존의 프라임 회원 수 증가 추이

자료 출처: Company filings, Morningstar

결제와 갱신 유도: 모든 수단을 동원해 결제 전환율과 갱신율을 높이다

컨슈머 인텔리전스 리서치 파트너스(CIRP)의 연구에 따르면, 아마존 프라임의 30일 무료 체험이 종료된 뒤 사용자의 73%가 유료 회원으로 등록했다고 한다. 구독 첫해 만기 당시 사용자의 91%가 갱신을 했으며, 그중 96%는 세 번째 해의 비용을 지불했다. 미국 소매업계에서는 이러한 유료 전환율과 사용자 유지율을 최적기준(Gold Standard)이라고 여긴다.

아마존이 무료 사용자를 유료 사용자로 전환할 수 있었던 비결은 무엇일까? 또 아마존 프라임 회원의 지속적인 갱신을 유도할 수 있었던 비결은 무엇일까? 그 주요 전략은 크게 네 가지로 정리할 수 있다.

첫째 무료 혜택을 통해 유료 사용자에게 가격 이상의 가치를 선사하다.

프라임 회원의 충성도를 높이고, 뛰어난 가성비는 물론 멤버십을 계속 유지하고 싶다는 기분이 들도록 아마존은 다양한 혜택을 제공했다. 예를 들면 동영상 스트리밍, 음원 스트리밍, 사진 저장, 오디오북, 전자책 등 다양한 혜택을 프라임 회원은 매달 12.99달러(2018.1월부터 10.99달러에서 인상됨)만 내면 누릴 수 있다.

이에 비해 사용자가 다른 플랫폼에서 그러한 서비스를 단독 구독할 경우 5배 이상의 비용을 지불해야 한다. 예를 들어 프라임 회원 혜택과 유사한 일부 서비스에 대한 다른 플랫폼에서의 구독료는 다음과 같다.

　동영상 스트리밍(넷플릭스 = 7.99달러/1개월)

　음원 스트리밍 서비스(스포티파이 = 9.99달러/1개월)

　이미지 저장(드롭박스(Dropbox) = 9.99달러/1개월)

　오디오북(오더블(Audible) = 14.95달러/1개월)

　전자책(킨들 언리미티드(Kindle Unlimited)) = 9.99달러/1개월)

이렇게 차이가 분명하기 때문에 사용자는 아마존 프라임을 선택할 보다 확실한 이유가 있다.

신규 무료 체험 사용자에게 아마존은 프라임의 장점을 설명하는 메일을 발송한다(이미지 첨부). 기존 사용자에게는 쇼핑 시 아직 사용해보지 않은 무료 프라임 서비스를 알려주어 사용자가 아마존 플랫폼에 보다 쉽게 적응하도록 유도해 유료 회원의 고객생애가치를 높인다.

둘째, 혜택 위주의 구독 취소 페이지 설계로 고객의 이탈을 최대한 만류하다.

아마존 프라임에서 제공하는 서비스가 아무리 매력적이라고 해도 사용자 이탈은 피할 수 없는 현상이다. 발생 가능한 사용자 이탈에 대비해 아마존은 고객을 최대한 만류하고, 이탈을 낮출 수 있도록 구독 취소 페이지를 설계하는 데 심혈을 기울였다.

프라임 회원(체험 사용자 포함)이 프라임 회원 구독을 취소할 경우 그림 7-5와 같은 페이지를 보게 된다.

해당 페이지에서 아마존은 사용자가 구독 취소 결정을 다시 고려해보도록 취소 단계를 정교하게 설계했다.

그림 7-5 아마존 프라임 회원의 구독 취소 페이지 예시

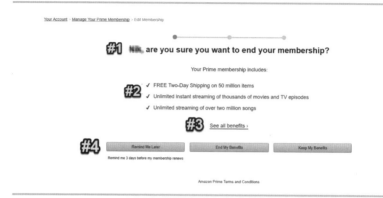

자료 출처: 아마존 웹사이트

1. 가장 눈에 띄는 위치에 '귀하의 회원 자격을 확실히 취소하시겠습니까?'라는 문구가 등장한다. 해당 문구 앞에 사용자의 이름을 추가해 개인의 중대한 결정이라는 느낌을 들게 한다.

2. 프라임 회원의 세 가지 핵심 혜택을 사용자에게 상기시켜준다: 5000만 개에 달하는 상품에 대한 2일 이내 무료 배송, 수많은 영화 및 TV 프로그램 시청, 200만 곡 이상의 음원 스트리밍 서비스.

3. 행동 유도(Call To Action) 버튼을 제공해 구독 취소에 따라 잃게 되는 다양한 장점을 소개한다.

4. 세 개의 행동 유도 버튼을 제공한다: 추후에 알리기, 내 혜택 종료하기, 내 혜택 유지하기. 이를 통해 구독 취소를 가능한 늦추거나 아마존이 사용자에게 기대하는 결정, 즉 내 혜택 유지하기를 선택하도록 유도한다.

'내 혜택 종료하기' 버튼을 누르더라도 아마존에서는 마지막으로 사용자를 붙잡기 위해 보다 저렴한 상품 또는 개별 구독 서비스를 추천한다. 구독을 취소하겠다는 생각을 바꿔 계속 아마존의 서비스를 이용하기를 권해 보는 것이다.

셋째, 멤버 전용 서비스를 제공하다.

아마존 프라임 회원은 특정한 날에 한해 비프라임 회원은 누릴 수 없는 할인 혜택을 누릴 수 있다(그림 7-6). 뿐만 아니라 아마존은 프라임 회원 전용 쇼핑데이인 '프라임 데이(Prime Day)'를 열어 프라임 회원만을 위한 대규모 할인 이벤트를 실시한다. 이러한 할인 이벤트를 통해 프라임 회원은 경제적 이득은 물론, 특별한 우월감을 느낄 수 있다.

넷째, 비프라임 회원 고객을 겨냥한 무료 배송의 소비문턱을 높이다.

프라임 회원의 2일 이내 무료 배송 서비스에 대한 매력을 높이기

그림 7-6 아마존 프라임 회원 전용 혜택

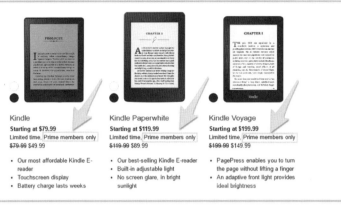

자료 출처: 아마존 웹사이트

위해 아마존은 2016년에 비프라임 회원 고객을 겨냥한 '소비문턱'을 높였다. 즉, 무료 배송을 원할 경우 최소 49달러(혹은 최소 25달러의 서적 구입)를 구매해야 한다. 이러한 조치로 비프라임 회원이 무료 배송 서비스를 받을 수 있는 문턱이 높아지면서 프라임 회원 증가를 촉진하는 결과를 가져왔다.

하지만 월마트 등 기타 소매업체에서 무료 배송 서비스를 내놓아 아마존은 경쟁력을 유지하기 위해 최소 소비문턱을 낮출 수밖에 없었다.

아마존 프라임의 성적과 가치

2018년 4월 제프 베조스는 주주에게 보내는 서한에서 아마존 프라임이 거둔 성과를 이렇게 설명했다.

"프라임이 출시된 지 13년이 지난 현재, 우리는 전 세계적으로 1억 명이 넘는 프라임 유료 회원을 보유하고 있습니다. 2017년 아마존 프라임은 전 세계적으로 50억 개의 상품을 판매했습니다. 그해 전 세계 프라임 회원의 증가 수와 미국 프라임 회원의 증가 수 모두 이전 해의 실적을 초과했습니다. 미국의 프라임 회원은 현재 1억 개 종류에 달하는 상품을 무료로 2일 안에 배송해 주는 서비스를 누릴 수 있습니다. 우리는 프라임 회원 서비스를 멕시코, 싱가포르, 네덜란드와 룩셈부르크 등으로 확대할 것이며, 미국과 독일에서 Business Prime Shipping 서비스를 선보일 것입니다. 또한 프라임 배송의 속도를 높이기 위해 계속 노력 중입니다. 현재 8000개 이상 도시에 당일 배송 또는 익일 배송 서비스를 제공하고 있습니다. 전 세계적으로 9개국 50개 도시에서 프라임 나우 서비스를 제공하고 있습니다. 2017년 프라임 데이는 본사 창립 이래 최대 매출액을 기록한 글로벌 쇼핑 데이(훗날 사이버 먼데이(Cyber Monday, 미국 추수감사절 연휴 이후의 첫 월요일을 가리키는 것으로, 연중 가장 큰 소비철 중 하나인 블랙프라이데이 할인행사가 이어지는 날이다. 매년 온라인 판매 업체들이 이 기간에 집중적으로 할인행사를 벌인다)에 추월되기 전까지)로 기록되었습니다. 이날 프라임에 가입한 신규 회원 수는 역대 그 어느 때보다도 많습니다."

아마존에서 매년 작성하는 가장 중요한 서한에서 베조스는 프라임을 AWS(클라우드 서비스), 온라인 리테일 등 16개 핵심 사업 부문에서 가장 앞에 놓았다. 이 점만 보더라도 베조스가 프라임 서비스를 얼마나 중시하는지를 알 수 있다. 그렇다면 그가 프라임 서비스를 이토록 중요시하는 이유는 무엇일까? 1억 명이 넘는 프라임 유료 회원은 아마존에 어떤 가치를 가져다주었을까?

첫째로 프라임 회원비는 그 자체만으로 적지 않은 수입이다. 가격 인상 전 99달러의 연간 회원비로 계산해 보면 아마존은 2017년 회원비만으로 99억 달러의 수입을 벌어들였다. 이는 그 재정연도 총매출액 1,778억 7000만 달러의 5.5%를 차지한다. 회원비 인상에 힘입어 이 수입은 꾸준히 증가할 것으로 전망된다. 여기서 벌어들인 수익으로 아마존은 자동 창고(Automatic Warehouse), 드론 배송 등의 프로젝트에 투자하고, 나아가 사용자의 쇼핑 경험을 개선·향상시킴으로써 프라임 회원의 가치를 높이고, 이는 다시 그들의 갱신율을 높여준다.

둘째, 프라임 회원 서비스의 출시로 아마존 사용자의 충성도와 소비액이 대폭 증가했다. 프라임 연간 회원비를 지불한 소비자는 '본전을 뽑겠다'는 심리에서 아마존이 일상적인 니즈를 만족시킬 수만 있다면 프라임 회원들은 자연스레 아마존 웹사이트를 애용하게 될 것이다. 심지어 이들은 적극적으로 아마존 웹사이트를 둘러보면서 마음에 드는 상품이 있는지 살펴볼 것이다. 필요한 물품을 사는 소비든 욕구를 만족하려는 소비든 프라임 멤버들은 아마존을 최우선 쇼핑처로 여길 것이다.

모건스탠리(Morgan Stanley)의 연구 데이터(그림 7-7)에 따르면, 아마존 프라임 회원은 연평균 2,486달러를 소비하는 데 반해 비프라임 회원의 연평균 소비액은 544달러다. 전자의 경우가 후자의 4.6배에 달한다. 46%의 프라임 회원은 아마존 웹사이트에서 매주 최소 1회 이상 쇼핑하지만, 비프라임 회원의 경우 13%에 그친다. 소득이 15만 달러 이상인 미국인 중 70%가 프라임 회원을 구매했다. 이들은 가처분소득이 높은 편이어서 소비 능력과 소비 욕구가 증가하면서 프라임 회원의 평균 소비액도 증가했다. 이러한 데이터는 프라임 서비스가 회원 충성도와 소비액 부문에 크게 기여하고 있음을 증명하고 있다.

셋째, 프라임 회원의 소비가 매출액의 지속적인 급격한 성장을 이끌었다. 이를 통해 더 많은 제3자 입점업체가 아마존에 입점하면서 상품 공급 범위와 수량이 확대되었다. 또한 프라임의 배송비 무료 서비스로 자체 브랜드 상품이 빠르게 성장하면서 아마존과 공급 업체의 가격 협상 능력이 강화되었고 상품의 원가는 감소했다. 아마존은 여

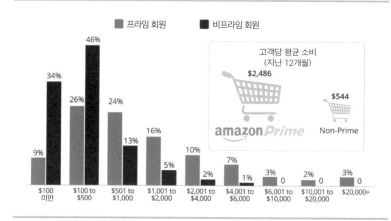

그림 7-7 아마존 프라임 회원과 비프라임 회원의 소비 구조 비교

자료 출처: 모건스탠리

기서 절감한 비용을 회원들에게 돌려줬다.

넷째, 아마존 자체 브랜드 상품의 가격 인하로 제3자 입점업체들은 운영 비용을 절감하려고 프라임 시스템에 가입하게 되었다. 그로 인해 아마존 프라임 회원이 선택할 수 있는 상품은 더욱 다양해지고 쇼핑 경험 또한 향상되었다. 이와 동시에 아마존 물류 주문이 계속 증가하면서 주문당 배송 비용이 감소하고 효율은 향상되었다. 베조스는 서한에서 2017년 아마존 프라임이 전 세계적으로 50억 개 이상 되는 상품을 판매했다고 강조했다. 이렇게 방대한 규모의 상품을 공급하려면 저비용, 고효율의 창고 및 물류 배송 시스템이 뒷받침되어야 하는데, 이 점에 있어서 제3자 입점업체들의 기여가 크다고 할 수 있다.

선택할 수 있는 아마존의 상품이 증가함에 따라 프라임을 구매 혹은 갱신하는 회원 수 또한 증가했다. 프라임을 구매하는 회원 수가 증가할수록 사용자의 평균 소비 횟수와 금액도 증가했다. 이에 따라 제3자 입점업체들에 대한 아마존의 가격 인하 압박이 커지면서 그들의 할인 판매가 증가했다. 입점업체의 할인 판매가 많아질수록 프라임 회원은 더 저렴한 가격을 누릴 수 있고, 가격이 저렴해질수록 회원의 충성도는 높아진다. 이것이 바로 베조스가 극히 중시하는 '플라이휠 효과(Flywheel Effect: 가격을 낮추면 고객이 모이게 되고, 고객이 많아지면 공급자가 몰려들고, 공급자가 많아지면 다시 고객이 증가하면서 규모가 커져 비용이 절감되고 효율이 높아짐으로써 다시 가격을 낮출 수 있는 선순환을 만든다는 경영 전략)'다.

아마존의 플라이휠 효과는 프라임에 적용될 수 있을 뿐만 아니라 프라임과 온라인 리테일, AWS(클라우드 서비스) 3대 핵심 사업을 연동해 범위가 확장되고 더 큰 영향력을 지닌 '플라이휠 효과'를 만들어냈다. 20여 년 동안 '플라이휠 효과'가 꾸준히 축적되면서 오늘날의 아마존 제국이 탄생했다.

아마존 프라임의 성공 포인트

첫째, 한 우물 파기 전략, 최고의 셀링포인트를 만들다.

십여 년에 걸친 발전을 통해 1억 명이 넘는 유료 구독자를 보유하게 된 아마존 프라임의 멤버십 패키지에도 커다란 변화가 생겼다. 그럼에도 가장 중요한 셀링포인트는 여전히 익일 무료 배송 서비스다. 아마존의 전자상거래 사용자들이 배송 효율에 '불만'이 많다는 사실을 잘 알고 있던 아마존은 2005년에 프라임을 출시하면서 익일 무료 배송 서비스를 선보였다.

불만을 효과적으로 해결할 수 있음을 검증한 아마존은 배송 서비스 개선에 대한 투자를 지속적으로 늘려갔다. 일부 주요 도시의 배송 소요시간을 1일, 2시간, 1시간으로 축소한 것이다. 배송 효율이라는 셀링포인트에 계속 포커스를 맞춘 결과, 아마존 프라임은 마침내 경쟁 우위를 차지하며 고객으로부터 큰 신뢰를 받을 수 있었다.

멤버십 패키지 모델의 멤버십 패키지에서 아마존의 '익일 무료 배송'과 같은 셀링포인트를 찾아내는 것은 매우 중요하다. 그리고 이러한 셀링포인트는 멤버십 패키지를 포함하는 기본 서비스와 긴밀히 연계되어야 한다. 그렇지 않으면 시너지 효과를 거둘 수 없다.

둘째, 비장의 무기, 무료 체험.

세일즈포스의 사례에서 그들의 무료 체험 전략이 잠재 고객의 가입과 구독을 유도했다고 설명했다. 현재 많은 클라우드 서비스 업체들이 사용자에게 무료 체험 서비스를 제공하고 있다. 예를 들면 일부 클라우드 컴퓨팅 업체에서는 신규 고객에게 사전 충전 서비스를 제공하고 있는데, 이는 변형된 형태의 무료 체험에 속한다.

아마존 프라임 역시 무료 체험 전략을 사용해 상당히 좋은 효과를 거두었다.

이것은 우연인가, 아니면 필연인가?

모든 디지털 제품과 서비스는 그것이 콘텐츠 제품이든 기능성 제품이든 무료 체험 전략을 중요한 옵션으로 삼아야 한다고 생각한다. 무료 체험의 가치는 크게 두 가지에 있다. 하나는 사용자의 선택 비용을 0으로 낮춘다는 점, 또 하나는 사용자의 사용 습관을 기르는 것이다. 일단 사용자가 체험을 통해 해당 제품의 가치와 장점을 이해하고 사용 습관을 기르게 되었다면 유료 전환율이 대폭 상승하게 된다. 세일 즈포스, 아마존 프라임 등 대형 기업이 무료 체험을 선호하는 근본적인 이유가 바로 여기에 있다.

셋째, 멤버십 패키지 모델이 만들어낸 시너지 효과, 사용자에게 쉬운 선택권을 제시하다.

아마존 프라임의 멤버십 패키지에는 핵심인 익일 무료 배송 서비스 외에도 영화 및 TV 프로그램 등 동영상 스트리밍, 음원 스트리밍, 전자책, 오디오북, 사진 저장, 게임, 뉴스, 잡지 등 다양한 서비스 혜택이 포함되어 있다. 이러한 다양한 혜택이 한데 묶어지면서 강력한 시너지 효과를 일으켜 사용자는 여타의 플랫폼에서 누릴 수 없는 가성비 높은 혜택을 누리게 된다. 그로 인해 잠재고객은 고민할 필요 없이 자연스레 아마존 프라임 회원에 가입하는 쪽을 선택한다.

이와 함께 아마존 프라임의 다양한 혜택이 '익일 무료 배송'이라는 셀링포인트를 효과적으로 뒷받침하면서 수많은 롱테일 사용자에게 아마존 프라임을 선택할 근거를 제공해 주었다.

넷째, 종합 서비스를 통한 사용자 확보, 사용자의 충성도 배양 및 고객생애가치 향상.

다양한 혜택은 시너지 효과를 낼 뿐만 아니라 사용자가 아마존 프라임을 선택하도록 이끌며, 강력한 자물쇠 효과(Lock in effect, 소비자가 상품 또는 서비스를 구입·이용하기 시작하면 더 좋은 상품 또는 서비스가 나오더라도 이미 투자한 비용이나 번거로움 등 여러 가지 이유로 다른 상품이나 서비스로 옮기는 것이 쉽지 않게 되는 현상)를 만들어냈다. 쇼핑이나 영화 또는 TV 프로그램 시청, 음악, 전자책, 뉴스 및 잡지 혹은 오디오 북, 사진 저장 등에서 아마존 프라임은 사용자에게 종합 원스톱 솔루션을 제공했다. 그 결과 아마존 프라임 회원은 해당 상황에 처한 경우 다른 경쟁 서비스는 제쳐 두고 프라임 서비스를 가장 먼저 찾게 됐다.

종합 서비스는 사용자를 머무르게 하고, 대량의 충성고객을 육성함으로써 회원의 고객생애가치를 높이는 결과를 가져왔다. 이러한 멤버십 패키지 모델 전략은 플랫폼 또는 생태계를 보유한 기업들이 학습 또는 참고할 만하다.

다섯째, 기초사업과 멤버십 패키지 구독 서비스의 '플라이휠 효과'를 만들다.

플랫폼 또는 생태계를 보유한 기업들은 모두 적지 않은 기초사업(Basic Business)을 갖고 있다. 예를 들면 아마존의 온라인 리테일, 동영상 스트리밍, 음원 스트리밍, 킨들 전자책, 오프라인 마켓 등은 모두 기초사업에 속한다. 이러한 기초사업은 아마존에서 사용자를 유입하는 '창구'로서, 저비용으로 고객을 획득할 수 있는 경로를 프라임 구독 서비스에 제공해주었다. 이를 통해 프라임은 지속적으로 대량의 사용자를 얻을 수 있었다.

또한 아마존은 프라임 회원에게 아직 사용하지 않은 혜택에 대한 정보를 빈번히 제공해주어 프라임 서비스가 다른 기초사업을 떠받치는 격이 되어 아마존의 기초사업에 더 많은 액티브 유저가 생기게 되었다. 이처럼 아마존 프라임과 기초사업 간에 강력한 '플라이휠 효과'가 형성되어 동반 성장하는 선순환 구조가 만들어졌다.

그런 점에서 플랫폼 또는 생태계를 가진 기업은 멤버십 패키지 구독 서비스를 구축함으로써 순환매출이 보장된 사업 부문을 확보할 수 있고, 기초사업과 선순환을 형성해 전체 사업의 동반 성장을 이끄는 '플라이휠 효과'를 거둘 수 있다.

열 번째 모델: 회원 네트워크 모델

회원 네트워크 모델(Member Network Model)은 기업이 구독 회원이라는 네트워크를 생성해 회원 사용자에게 서비스를 제공하는 구독 모델을 가리킨다.

회원 네트워크 모델의 본질은 회원 사용자에게 있다. 회원은 가치의 사용자인 동시에 창조자다. 모든 회원 사용자는 네트워크 서비스를 구독하기 위해 비용을 지불하는 동시에 그 자체도 네트워크 서비스의 일부분이다. '자아성장을 통해 타인을 위하고, 타인을 도와 자아성장을 이룬다(成己爲人, 成人達己)'는 말은 회원 네트워크 모델의 가치를 개괄적으로 보여준다.

회원 네트워크 모델은 통신, SNS, 커뮤니티, 게임 등 강력한 네트워크 효과를 일으키는 상품과 서비스에 적합하다. 예를 들면 모바일 통신 서비스가 모든 사용자에게 통신 서비스를 제공하고, 동시에 신규 사용자 역시 모바일 통신 네트워크의 가치를 높이는 것이다.

구독 순환 구조로 분석한 회원 네트워크 모델의 핵심 요소는 세 가지다(그림 7-8). 첫째 회원 사용자 네트워크 서비스, 둘째 구독료와 부가소득, 셋째 약정. 사용자는 기업에 정기적으로 회원 네트워크 서비스를 사용하기 위해 비용을 지불하겠다고 약속하고, 기업은 회원 사용자에게 구독 기간 동안 회원 사용자 네트워크 서비스를 제공한다고

그림 7-8 회원 네트워크 모델의 구독 순환

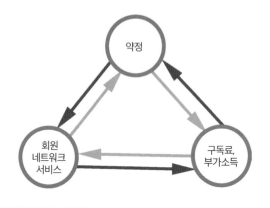

약속한다.

회원 네트워크 모델의 주요 특징은 다음과 같다.

첫째, 상품과 서비스는 고정 수요(Rigid Demand), 잦은 사용 빈도 혹은 쉬운 몰입이라는 특징을 반드시 갖춰야 한다. 왓츠앱이 사용자에게 제공하는 무료 메신저 서비스는 고정 수요, 잦은 사용 빈도라는 특징을 지닌 상품이다. 게임 〈월드 오브 워크래프트(World of Warcraft)〉는 MMORPG(대규모 다중 접속 온라인 롤플레잉 게임)로, 수백만 명에 달하는 전 세계 유저에게 스릴과 도전 가득한 세계를 보여주었다. 게임에 매료된 유저들이 점점 늘어나면서 방대한 유저 네트워크가 형성되었다. 게임 〈월드 오브 워크래프트〉의 성공 뒤에는 유저의 몰입이라는 특징에 대한 깊은 통찰과 효과적 활용이라는 비결이 숨어 있다.

둘째, 사용자는 네트워크 가치의 사용자이자 동시에 네트워크 가치의 창조자다. 네트워크의 모든 사용자는 가치를 창조하고, 여기서 더 큰 가치를 획득하기에 이러한 순환 반복을 통해 네트워크 자체의 가치가 점점 높아진다.

셋째, 회원 네트워크 비즈니스는 핵분열식 성장 모델로 입소문에 크게 의존한다. 입소문은 네트워크의 핵분열식 성장을 가속화한다. 만약 회원 네트워크 서비스가 좋은 입소문을 얻으면 핵분열식 성장을 가속화하지만, 나쁜 입소문이 퍼지거나 긍정에서 부정적인 반응으로 바뀌게 되면 사용자의 성장이 급격히 느려지면서 마이너스 성장에 이를 수도 있다.

회원 네트워크 모델의 경우 기업과 사용자에 대한 핵심 가치는 모두 네트워크 자체에 있다. 기업이 방대한 규모, 높은 충성도와 활약도를 가진 회원 사용자 네트워크를 구축하면 사용자끼리 빈번한 교류와 소통이 일어나면서 더욱 돈독한 관계를 구축할 수 있다. 여기서 더 많은 이익을 얻게 되면서 사용자는 해당 네트워크에 더욱 충성하게 된다. 이러한 과정에서 선순환이 형성되어 궁극적으로는 사용자를 핵심으로 하는 생태계 시스템이 만들어진다. 이러한 생태계 시스템의 운영자로서 기업은 네트워크 규모를 지속적으로 키우고 활성화해야 상업적 가치를 더욱 높일 수 있다.

존 워릴로우(John Warrillow)는 저서 《구독경제 마케팅(원제: The Automatic Customer)》에서 왓츠앱의 사례를 다음과 같이 소개했다.

"매년 1달러만 내면 구독 메신저 플랫폼인 왓츠앱의 사용자는 타인에게 메시지를 무제한으로 보낼 수 있다. 전자 메일 운영업체의 네트워크를 사용해 메시지를 보내는 것과 달리, 왓츠앱은 인터넷을 통해 메시지를 보낸다.

일단 휴대폰에 왓츠앱을 설치하면 왓츠앱을 사용하는 다른 사용자에게 무료로 메시지를 보낼 수 있다. 이러한 효과적인 전략 덕분에 사용자 수가 대폭 증가했다. 2014년 상반기까지 사용자가 왓츠앱에 공유한 사진이 '페이스북'보다 많았을 뿐만 아니라 사용자 수도 '트위터'보다 2배 이상 많았다. '페이스북'이 190억 달러로 왓츠앱을 인수하기로 결정했을 때 페이스북의 일일 사용자 증가 수가 수백만에 달했다.

왓츠앱은 전형적인 네트워크 모델 구독 서비스로, 구독하는 사용자의 수가 늘어날수록 구독자가 되는 가치 역시 점점 높아진다. 심지어 구독자는 업체의 무료 영업사원이라고 할 수 있다. 왓츠앱의 사용자는 메시지를 보내는 비용을 아낄 수 있다며 주변의 친구들에게 왓츠앱에 가입하라고 권유할 것이다. 왓츠앱은 인수될 당시에 어떤 마케팅 매니저도 고용하지 않은 상태였다."

연회비 1달러의 사용료를 내야 하는 왓츠앱과는 다르지만 마찬가지로 메신저 기능에서 출발한 텐센트의 위챗(WeChat)은 모든 사용자에게 무료 서비스를 제공하며 월간 액티브 유저 수 10억 명에 이르는 거대한 위챗 사용자 생태계 시스템을 구축했다. 이를 바탕으로 위챗은 PC 시대 QQ(중국에서 가장 인기 있는 무료 인스턴트 메신저 컴퓨터 프로그램)를 기반으로 출발한 텐센트의 경쟁력을 모바일 인터넷 시대로 확대했다.

구독료가 기업에 커다란 수입을 제공하지만 기업이 회원 네트워크 모델에서 얻는 가치는 그보다 훨씬 크다. 방대한 회원 네트워크를 기반으로 하는 부가 사업이야말로 기업이 더 눈여겨봐야 할 부분이다. 예를 들면 마크 저커버그(Mark Zuckerberg)가 왓츠앱을 인수한 것은 구독 수익 때문이 아니라 모바일 플랫폼에서 왓츠앱이 형성한 방대한 사용자 네트워크와 인수 후 페이스북이 왓츠앱을 통해 모바일 광고 등을 확보할 수 있는 거대한 잠재적 상업 가치를 보았기 때문이다.

네트워크 모델을 선택한 기업은 사업 초기에는 모든 것을 처음부터 재시작하는 콜드부팅(Cold Booting)이라는 도전에 직면해야 한다. 초기에는 회원 사용자가 많지 않고 네트워크 가치도 낮아서 사용자들을 끌어들이는 것이 쉽지 않다. 사용자 수가 일정 규모에 도달해야 고속 성장이라는 선순환을 형성할 수 있다는 점에서 이 모델을 유지하려면 기업은 자본을 계속해서 투입해야 한다. 충분한 자기 자본 또는 벤처자금의 지원 없이 기업은 네트워크 모델의 지속적인 운영을 유지할 수 없다.

그 외에도 네트워크 모델을 선택한 기업은 네트워크 사용자 간의 교류에 관한 규정과 시스템 구축, 사용자 네트워크의 윤리와 법률적 충돌 해소, 사용자의 개인 정보 보호 및 보안 유지 등과 같은 문제를 해결해야 한다.

정허다오 스토리: 고급 회원 네트워크로 비즈니스 인맥 플랫폼을 재정의하다

정허다오(正和島)는 중국 내 기업인을 위한 비즈니스 네트워크 플랫폼으로 경제잡지 〈중국기업가(中國企業家)〉의 사장인 류둥화(劉東華)가 2011년에 창립했다.

정허다오는 엄격한 실명 회원제로 운영되고 있는데, 연 매출액 1억 위안(한화 약 170억 원) 이상인 창업가, 회장, CEO 등 고위 경영진만 가입할 수 있다. 가입 시 엄격한 자격 심사를 거친 뒤 매년 수만 위안의 연회비를 내야 한다. 자격 심사를 통과하고 연회비를 납부하면 '다오린(島都)'이 되어 잡지 〈의사결정참조(決策參考)〉, 〈매일추천(每日推薦)〉 모바일 신문, 웹사이트 클라이언트 뉴스, 그리고 기업가 오프라인 모임 등 다양한 서비스를 누릴 수 있다.

2018년 5월 6일 정허다오의 창업자 류둥화는 〈정허다오는 무엇인가? 무엇을 위해 뛰는가?〉라는 글에서 정허다오를 이렇게 소개했다.

"정허다오는 무엇인가? 정허다오는 중국 및 전 세계 기업인을 위한 심도 있는 교류를 위한 플랫폼이다. 좀 더 구체적으로 말하자면 지속적으로 업그레이드되는 신용 시스템이 뒷받침하는 기업인의 공급-수요를 매칭하는 플랫폼으로서, 공급-수요의 매칭에는 사람, 인지, 그리고 자원과 기회의 공급-수요가 포함된다.

정허다오는 무엇을 위해 뛰는가? 정허다오는 비즈니스 세계가 더욱 신뢰할 만한 가치를 지닐 수 있도록 최선을 다한다. 최소의 비용, 최고의 효율, 최대한의 가능성, 최상의 조건으로 기업인으로 대표되는 다양한 공급-수요의 매칭을 실현하기 위해 노력한다. 억울한 피해를 보는 사람이 없도록, 공급자와 수요자 모두 안심할 수 있는 완전히 새로운 표준 모델을 위해 노력한다."

첫 핵심고객을 잡아라

정허다오의 부총재 왕쿤펑(王昆鵬)은 정허다오가 어떻게 최초의 핵심고객을 확보했는지 정허다오의 탁월한 성과를 분석하며 그 경험을 크게 세 가지로 정리했다.

첫째, 가치관을 우선시한다. 왕쿤펑은 정허다오의 사명을 "신용 있는 기업인을 연결해 비즈니스 세계를 한결 신뢰할 수 있도록 만드는 데 있다"고 강조했다. 정허다오는 신뢰와 신용을 생명보다 더 중요하게 여긴다. 이는 정허다오 창업을 준비할 때부터 류둥화가 외부에 전하던 가장 핵심적인 메시지로, 처음 정허다오를 찾은 최초의 기업인 중 대다수가 본질적으로 류둥화와 그의 팀이 제시한 가치관에 인식을 같이했다.

둘째, 고객보다 고객을 더 잘 이해한다. 다오린은 정허다오에 가입할 때 자신에 대한 정허다오의 인지 수준에 놀라곤 한다.

셋째, 핵심고객에게 이익과 명예를 제공한다. 정허다오는 핵심고객을 '개척자'라고 부르며, 커뮤니티 내에 지역별 다오린 기구 의장, 부락 추장, 사무총장 등의 직함을 마련했다. 이를 통해 가입 회원에게 소속감과 가치, 명예를 부여한다.

사용자에 대한 정확한 이해

정허다오는 일찍이 개인, 사회, 수요, 환경이라는 네 가지 차원에서 다오린에 대한 정확한 페르소나를 진행해 이를 토대로 사용자를 위한 서비스를 기획하고 제공했다.

정허다오는 개인적인 차원에서 다오린의 연령, 성별, 취미, 관심 등 기본적인 속성에 대해 기초 페르소나를 진행한다. 예를 들어 정허다오 다오린의 평균 연령은 45세 전후로, 남성과 여성의 비율은 각각 74%와 26%를 차지한다. 그들의 취미와 관심사는 매우 다양하다. 또 사회적인 차원에서 교육 수준, 주요 직무, 사회적 직무라는 세 가지 측면에서 다오린을 형상화한다. 예를 들면, 정허다오 다오린의 학력은 기본적으로 대학 학부 이상이고 MBA, EMBA 전문 교육을 받은 비율도 매우 높다. 그리고 수요적 차원에서 다오린의 수요를 크게 세 가지로 나눠 파악한다. 즉, '무엇을 필요로 하는가? 무엇을 고민하는가? 무엇을 기대하는가?' 정허다오는 초기부터 사회 교류에서 기업인이 가장 고민하는 여덟 가지 항목을 제시한 뒤, 이를 토대로 정허다오 다오린의 '오계육규(伍戒六規)'를 마련했다. 환경적 측면에서는 시간, 상태, 방식 등 부문에서 다오린을 위한 서비스 시나리오를 정의했다. 그 결과, 정허다오의 다오린이 온라인에서 가장 활발하게 활동하는 시간은 저녁 9시~10시 사이인 것으로 나타났다. 이 시간대가 되면 기업가는 상대적으로 독립된 환경에 머무르기 때문에 문제를 진지하게 고민해 볼 수 있을 뿐만 아니라, 쓸데없는 일에서 벗어날 수 있기 때문이다.

사용자의 니즈가 상품과 운영을 이끈다

웹사이트에 게재된 동영상에서 창업자 류둥화는 정허다오의 사용자의 니즈에 대한 통찰과 서비스 매칭 방식을 이렇게 소개했다.

"전 세계에 기업가라는 그룹이 언제, 어디서나 24시간 자신들의 니즈를 제시할 수 있는 방식은 아마 없을 겁니다. 우리는 기업가의 다양한 니즈를 직접적으로 만족시키는 것이 아니라, 기업가의 다양한 니즈를 만족시키기 위한 최상의 조건을 만들어 줍니다.

정허다오에는 신용, 학습, 협력이라는 세 가지 소셜(Social)이 존재합니다. 수준 높은 교류를 통해 우리는 기업가를 위해 신뢰 대칭, 정보 대칭, 공급-수요 대칭이라는 세 가지 문제를 해결해 줍니다.

크고 작은 기업가들 모두 정허다오의 서비스를 원합니다. 그래서 우리는 정허다오의 사용자를 세 그룹으로 나누었습니다. 최상위에 속하는 사용자는 다오린, 중간에 해당하는 다수의 사용자는 기업가 위주의 첨단 비즈니스 그룹, 우리는 이들을 하이커(海客)라고 부르죠. 이보다 아래에 있는 사용자 그룹이 가입 회원입니다.

우리의 디지털 라벨 시스템(Digital Label System)은 각 기업가에게 점점 더 정확한 페르소나를 부여해줍니다. 주관·객관적 라벨을 인공지능을 이용한 방식과 결합해 모든 고객을 정확하게 정의·평가·설명

·분류합니다. 우리는 고객에게 최상의 조건, 가장 정확하고 가장 효율적인 매칭을 마련해 줍니다."

사용자에게 더 나은 서비스를 제공하기 위해 정허다오는 사용자 니즈를 삼단계로 분류하고, 서로 다른 상품과 운영 방식을 통해 사용자의 니즈를 만족시켰다. 우선 다오린끼리 서로 만족시킬 수 있는 니즈라면 정허다오는 별다른 작업에 나서지 않아도 된다. 단지 운영 규칙을 세우고, 규칙과 기준을 통해 다오린 간의 학습과 비즈니스 협력의 질서를 확립해주면 된다. 다음으로 사용자끼리 만족시키기 어려운 니즈의 경우, 정허다오는 우수한 전문 기관 회원을 가입시켜 문제를 해결해 준다. 마지막으로 대다수의 다오린이 해결하지 못한 니즈는 플랫폼별로 존재한다는 특징을 지니고 있다는 점을 감안해 정허다오는 자체 개발한 상품과 서비스를 통해 문제를 처리한다. 이렇게 삼단계로 사용자의 니즈를 만족시킴으로써 정허다오는 '다오린 중심'이라는 비즈니스 생태계 시스템을 구축했다.

좀 더 구체적인 예를 들어 설명해 보겠다. 정허다오에 가입한 수많은 다오린은 투자·융자를 얻고자 한다. 여유 자금이 있어 투자할 만한 프로젝트를 찾는 다오린이 있는가 하면, 성장 단계에서 융자를 긴급히 필요로 하는 다오린도 존재한다. 이러한 니즈는 제3의 독자 기구를 통해 반드시 타당성을 보증받아야 한다. 정허다오는 수준 높은 분석과 논증을 진행한 뒤 정허다오 투자펀드사를 설립해, 공동투자 방식을 통해 다오린 간의 투자·융자 문제를 해결했다.

다오린끼리 보다 효과적이고 적극적으로 교류할 수 있도록 정허다오는 지역을 기준으로 하는 수평형 좌표인 '다오린 기구', 업계별 또는 취미, 관심사를 기준으로 하는 수직형 좌표 '부락', 다각도로 조합하는 방식으로 정허수(正和塾) 스터디 그룹을 만들었다. 이렇게 서로 다른 좌표를 토대로 모든 다오린은 자신에게 해당하는 하나 혹은 몇 가지 접점을 찾을 수 있다.

이러한 방식을 통해 정허다오는 다오린의 정허다오에 대한 소속감과 공감대를 더욱 강화하는 동시에 다오린 간에 자발적으로 교류하도록 함으로써 더 이상 정허다오에 의존하지 않고도 니즈를 해결할 수 있는 환경을 제공했다. 예를 들면 촬영, 벽곡, 트래킹, 사막 탐험 등의 활동은 정허다오가 공식적으로 추진한 것이 아니라 다오린끼리 자발적으로 진행한 것으로 플랫폼에서 빠르게 확산되고 유행했다.

현재 정허다오 플랫폼에는 7000여 명의 다오린 외에도 수십만 명의 하이커 사용자가 활동 중이다. 다오린과 하이커들은 매일 정허다오 앱에서 정보를 검색하거나 〈의사결정참조〉를 구독하며 마음에 드는 부락의 토론에 참가하거나 지역 다오린 활동을 조직한다.

백만, 천만의 사용자를 보유한 인터넷 상품에 비하면 정허다오의 사용자 규모는 비교도 되지 않을 것이다. 하지만 류촨즈(柳傳志, 중국 최대 민영기업 레노버와 레전드 홀딩스의 회장), 마윈, 왕젠린(王健林, 중국의 부동산 재벌 완다(萬達) 그룹의 회장), 장루이민(張瑞敏, 중국 가전 기구 브랜드 하이얼(海爾)의 설립자), 왕스(王石, 중국 최대 부동산 개발업체 완커(萬科)의 설립자), 궈광창(郭廣昌, 중국 최대 민영 투자기업 푸싱(復星)그룹 회장), 리수푸(李書福, 중국 자동차 업체 지리(吉利) 그룹의 회장), 닝가오닝(寧高寧, 중국 중화그룹(中國中化集團) 회장 겸 중국화공그룹(國化工集團) 회장), 평룬(憑侖, 중국 완퉁(萬通) 부동산 그룹 회장) 등 비즈니스 업계의 거물 인사가 대거 포진해 있고, 다오린 모두 연매 출액 1억 위안(한화 약 170억 원) 이상 기업의 대표가 가입된 곳이라면, 그 누구도 이 플랫폼을 우습게 볼 수 없을 것이다.

현재 정허다오는 중국 최대의 기업가를 위한 소셜 플랫폼으로, 이 곳에 가입한 다오린 그룹은 중국 경제 각 방면에서 활동하며 중국 경 제에 커다란 영향력을 행사하고 있다.

정허다오 모델

정허다오의 비즈니스 모델 캔버스는 표 7-1과 같다.

표 7-1 정허다오 비즈니스 모델 캔버스

주요 파트너 (Key Partners)	주요 활동 (Key Activities)	가치 제안 (Value Propositions)	고객 관계 (Customer Relationships)	고객층 (Customer Segments)
IaaS 등 인프라 서비스 업체; 외부 서비스 기구	온라인 플랫폼 연구 개발 및 운영, 유지·보수; 다오린 사용자 확대; 회원 서비스	기업인을 위한 수준 높은 사교 플랫폼	1:1 마케팅; 셀프 서비스	기업의 의사결정자
	중요 자원(Key Resources)		유통 경로 (Channels)	
	웹사이트, 앱; 회원 네트워크		영업팀; 고객 추천	
비용 구조(Cost Structure)			수익원(Revenue Streams)	
온라인 플랫폼 연구 개발 및 운영, 유지·보수 비용; 회원 운영 비용; 인프라 서비스 비용; 관리 비용			구독료; 부가서비스 수입	

정허다오의 성공 포인트

첫째, 사용자 페르소나는 사용자의 니즈에 정확히 매칭하기 위한 발판이다.

정허다오는 개인, 사회, 니즈, 환경의 네 가지 차원에서 다오린에 대한 정확한 사용자 페르소나를 진행한다. 사용자가 관련 활동에 깊숙이 참여할수록 더 많은 라벨이 추가된다. 이를 통해 정허다오는 각 다오린 사용자의 니즈 특징을 정확하게 파악해 이를 토대로 다오린 사용자에게 개인화 서비스를 제공한다.

회원 네트워크 모델 기업의 경우 모든 회원은 그 자체만으로 핵심 가치의 일원이기 때문에 회원의 정확한 페르소나 작업은 매우 중요하다. 정확한 사용자 페르소나를 기반으로 해야만 네트워크에서 모든 사용자에게 개인화 서비스를 제공할 수 있어 네트워크 참여도를 높이고, 네트워크의 총가치를 향상시킬 수 있다.

둘째 첫 핵심 사용자는 회원 네트워크의 기반으로, 네트워크의 핵심 가치를 구현한다.

모든 회원 네트워크 모델은 시작 단계에서 '닭이 먼저냐, 달걀이 먼저냐'라는 문제에 직면하게 된다. 예를 들면 전 세계에서 최초로 전화를 설치한 사용자, 최초로 휴대폰을 구매한 이동통신 사용자 모두 누구에게 전화를 걸어야 하는지 모른다는 문제에 직면했을 것이다. 하지만 전화와 휴대폰 사용자가 늘어남에 따라 통신 네트워크의 가치가 점차 커지고 사람들에게 편리함을 가져다주게 되었다.

어떻게 '콜드부팅'할 것인가? 정허다오의 콜드부팅의 핵심은 창립자인 류둥화의 든든한 인맥에 있었다. 마윈, 류촨즈, 리수푸 등과 같은 유명 기업가 모두 류둥화의 친구들로 정허다오의 초기 후원자들이다. 이것은 정허다오가 강력한 첫 번째 핵심 사용자군을 형성할 수 있는 토대가 되었고, 이 집단의 사회적 영향력은 막대해서 이들이 주창하는 가치관이 한데 모여 신뢰와 신용을 핵심으로 하는 정허다오의 가치관이 탄생했다. 이러한 핵심 사용자군과 핵심 가치관 덕분에 정허다오에 가입하려는 다오린의 수가 점차 증가했다.

이처럼 회원 네트워크 모델 기업의 경우 첫 핵심 사용자군의 선택은 매우 중요한 일이다. 전체 회원 네트워크의 핵심 가치의 초석을 닦고, 훗날 네트워크에 가입하는 후발주자에게 강력한 본보기가 되고 응집 효과를 일으킬 수 있기 때문이다. 세우고자 하는 핵심 가치가 있다면 그 핵심 가치를 가장 잘 구현할 수 있는 핵심 사용자를 최선을 다해 선별하고 개척해야 한다.

셋째, 사용자 경험을 바탕으로 하는 입소문은 회원 네트워크의 성장을 이끄는 동력이다.

정허다오는 기업가 사이의 입소문 효과를 상당히 잘 활용한 덕분에 모든 다오린 사용자를 정허다오의 홍보원으로 만들 수 있었다. 다오린 사용자의 입소문은 정허다오의 장기적인 성장 여부를 좌우하는 잣대가 되었다.

회원 네트워크 모델 기업은 전형적인 지수적 성장의 비즈니스이므로 입소문은 대단히 중요하게 작용한다. 이때의 입소문은 각 회원이 네트워크의 가치를 사용하는 과정에서 겪는 사용자 경험에서 비롯된다. 입에서 입으로 전해지는 좋은 입소문에 힘입어 회원 네트워크는 폭발적으로 성장할 수 있다. 반대로 좋지 않은 입소문이 전해지면 회원 네트워크를 빠르게 쇠락의 길로 접어들게 할 수 있다.

넷째, 회원 네트워크의 교류 시스템이 네트워크의 참여율과 사용자 유지율을 결정한다.

정허다오는 사용자의 라벨을 바탕으로 다오린 기구, 부락, 정허수 등 다양한 교류 시스템을 설계해 모든 다오린이 네트워크에서 자신에게 적합한 교류 방식을 찾아낼 수 있도록 돕는다. 또한 모든 교류는 셀프로 진행되는데, 이는 플랫폼의 운영 비용을 낮춰주는 것은 물론 다오린 사용자 간의 교류 효율을 크게 높여주었다.

정허다오의 경우 다오린은 정허다오의 서비스를 누리는 사용자일 뿐만 아니라, 정허다오 플랫폼의 운영에 깊이 관여하는 참여자다. 정허다오의 가치는 정허다오의 작업자가 직접 만드는 것이 아니라 다오린들이 함께 만들어간다. 정허다오가 추구하는 핵심 가치가 바로 여기에 있다.

모든 회원 네트워크 모델을 기반으로 하는 기업의 경우 교류 시스템이 네트워크의 운영 효율과 비용을 결정한다는 점에서 교류 시스템의 설계는 매우 중요한 문제다. 원활한 교류 시스템은 회원 간의 충분한 교류를 촉진하는 것은 물론, 나아가 네트워크의 참여율과 사용자의 유지율을 높일 것이다.

artificial intelligence

car lental

delivery service

subscribe & like

제3부
구독으로의 변혁과 전환

cloud computing

global network

individual preference

youtube creator

Subscription Economy

제8장

창업자: 구독 서비스를
어떻게 구동할 것인가?

2018년 맥킨지는 구독경제가 점점 더 많은 사람의 일상생활의 일부분이 될 것이라고 지적했다. 넷플릭스, 스포티파이로 대표되는 동영상 스트리밍과 음원 스트리밍 구독 서비스, 아마존 프라임의 회원 전자상거래 구독 서비스, 스티치 픽스의 패션 구독 서비스, 버치박스와 잎시를 위시한 뷰티 구독 서비스부터 블루 에이프런(Blue Apron)의 식재료 배송 구독 서비스, 케어오브(Care/of)의 영양제 구독 서비스에 이르기까지 구독의 분야는 다양하다.

현재 미국에서 구독은 모든 곳에 존재한다. 구독이 점점 더 많은 분야에 침투함에 따라 구독은 기업이 고객, 소비자에게 상품과 서비스를 제공하는 중요한 방식으로 자리 잡았다. 맥킨지는 2018년 미국시장에 3,500여 개의 구독 박스 브랜드가 존재하는데, 이는 전년도에 비해 40% 증가한 수치라고 설명했다. 이러한 구독 박스 브랜드 중 47%가 12개월 사이에 새롭게 등장한 것이다. 2011년 미국 구독제 전자상거래 시장의 총 규모는 5,700만 달러였으며, 2016년에 이르러서는 26억 달러로 폭증하며 45배 이상의 성장세를 보였다.

우리는 제2부에서 구독제 전자상거래가 구독경제의 일부분일 뿐이라는 점을 살펴보았다. 또한 구독경제가 유료 디지털 콘텐츠 구독 서비스, 클라우드 구독 서비스 등 다른 영역을 포괄하고 있음을 확인했다. 그러므로 구독경제의 범위는 구독제 전자상거래를 훨씬 넘어선다. 구독경제는 이후로 수많은 완전히 새로운 구독 서비스의 탄생을 촉진하고, 계속해서 전통 업계의 변화를 이끌 것이다.

구독경제의 미래가 밝은 만큼 이 파도를 타려는 창업자가 점점 늘어나고 있다. 그들은 자신의 구독 서비스를 개설해 달러 쉐이브 클럽, 스티치 픽스, 잎시처럼 안정적이면서도 지속적인 순환매출을 거둘 수 있기를 꿈꾼다.

그렇다면 구독 서비스를 어떻게 작동시킬 것인가?

대부분의 창업자는 두 가지 중요한 문제에서 실수를 저지른다. 하나는 상품-시장의 적합성(PMF)에 도달하지 못한 상태에서 고객 개척을 위해 과도하게 자원을 투입하는 것이고, 나머지 하나는 PMF에 도달한 뒤 고속 성장에 필요한 자원을 충분히 투입하지 못하는 것이다. 전자의 경우가 브레이크를 밟지 않아 심각한 실패를 초래한다면, 후자는 액셀러레이터를 밟아야 하는 최적의 시기를 놓쳐 성장세가 꺾이면서 장기적으로 역시 실패하고 만다. 그런 점에서 PMF는 모든 창업자가 중요시해야 할 문제다. 어떤 의미에서 스타트업은 두 종류로 나뉜다. 즉, PMF에 도달한 업체와 그러지 못한 업체로 나뉜다. 만약 PMF를 달성하지 못한 스타트업이라면 대부분의 성장을 위한 활동은 헛수고이거나 제 살 깎기식 성장 방식을 선택했을 것이다.

앞의 제2장에서 살펴보았듯이 구독 비즈니스의 평가 지표 중에서도 PMF를 평가하는 중요 지표에는 입소문과 실망 지수가 포함된다. 이 두 지표 모두 상품이 이미 출시되어 어느 정도 사용되었을 때 도출될 수 있는 결과다. 이를 위해서는 앞서 상품의 핵심 가치 제안을 정확히 정의하고, 최소기능상품(Minimum Viable Product, MVP)을 확정하며, 초기 사용자 확보 및 운영 등의 문제를 해결해야 한다.

이번 장에서는 창업자가 0에서 시작해 구독 서비스를 구축하는 방법, PMF 도달을 통한 규모화성장의 발판을 마련하는 법 등에 대한 내용을 다루고자 한다.

핵심 가치 제안은 고객의 불만을 해소하는 솔루션을 제시하는 것

가치 제안은 비즈니스 모델의 핵심으로, 구독 서비스가 제공하는 가치와 고객 니즈를 어떻게 연결할 것인지, 그리고 고객이 왜 구독 서비스에 비용을 지불해야 하는지에 대해 설명한다. 간단히 말해서, 가치 제안은 '내 구독 서비스는 고객의 어떤 불만을 해결해 줄 수 있는가?', '고객은 왜 나의 서비스를 구독해야 하는가?'라는 문제에 대한 대답을 들려준다.

가치 제안 캔버스

고객의 불만은 모든 구독 서비스가 가치 제안을 설계하는 출발점이 된다. 고객이 가장 불만스럽게 여기는 문제를 정확히 찾아내야만 구독 서비스의 핵심 가치 제안을 명료하게 정의할 수 있다. 그렇다면 고객이 가장 불편하게 여기는 점을 어떻게 찾아야 하는가? 고객의 불만을 해결해 줄 솔루션은 어떻게 찾아야 하는가?

이 문제를 해결하기 위해 비즈니스 모델 캔버스의 창시자인 알렉산더 오스터왈더는 《밸류 프로포지션 디자인(원제: Value Proposition Design)》에서 가치 제안 캔버스라고 불리는 매우 유용한 도구를 제시했다. 가치 제안 캔버스는 고객에 대한 기업의 이해를 설명하는 데 사용되는 고객 프로필(Customer Profile)과 고객에게 어떻게 가치를 만들어 줄 계획인지를 보여주는 가치 맵(Value Map)으로 구성된다. 고객 프로필과 가치 맵이 부합할 때, 이들 사이의 일치를 실현할 수 있다. 가치 제안 캔버스의 목표는 기업이 출시한 상품과 시장이 서로 매치되도록 하여 상품이 시장의 니즈를 만족시키도록 하는 데 있다.

특정한 고객층을 상세히 묘사하는 고객 프로필은 고객 활동(Customer Job), 불만(Pains)과 혜택(Gains)으로 구성된다. 고객 활동은 고객이 현재 진행 중이거나 혹은 최선을 다해 완성한 활동, 현재 해결하기 위해 최선을 다하는 문제 혹은 그들이 최대한 만족해야 하는 니즈일 것이다. 고객 활동을 조사·연구할 때는 고객이 완성하려는 주요 활동과 보조 활동을 구별해야 한다. 활동에는 기능성 활동, 사회 활동, 개인 정서 활동, 지원 활동이 포함된다.

불만은 고객이 활동을 완성하는 것을 방해하거나 고객이 활동을 완성하는 과정에서 발생하는 방해 요소를 가리킨다. 불만의 정도에 따라 일반적으로 고객의 불만은 크게 세 가지로 나뉜다. 첫째 원치 않는 결과 및 문제, 특성. 둘째 장애물. 셋째 위험. 혜택은 고객이 원하는 결과와 혜택을 설명한 것으로 필수 혜택, 기대 혜택, 갈망 혜택, 예상 외 혜택이라는 네 가지 유형의 혜택을 구별해야 한다.

고객 프로필에 바탕을 둔 가치 맵은 어떠한 제품 또는 서비스를 제공할 계획인지를 보여준다. 고객의 불만 해소 또는 기대를 충족시켜 주는 방식을 통해 고객에게 가치를 만들어 주는 것이다. 가치 맵은 상품과 서비스, 불만 해소 방안, 혜택 창출 방안으로 구성된다.

상품과 서비스의 형식은 복잡하고 다양해 유형일 수도 있고, 무형일 수도 있으며, 디지털 서비스일 수도 있고, 재무 서비스 등일 수도 있다. 상품과 서비스는 단독적으로 가치를 만들어낼 수 없고, 특정한 고객층 및 고객의 활동, 불만과 혜택과 관련될 때 비로소 가치를 창출할 수 있다.

불만 해소 방안은 상품과 서비스가 특정한 고객층의 불만을 어떻게 경감할 것인지를 설명한다. 좋은 가치 제안은 언제나 감소할 수 있는 가장 극단적이고, 한정적인 불만들에 주목한다. 혜택 창출 방안은 상품과 서비스가 고객의 혜택을 어떻게 창출하는지를 보여준다. 고객에게 제공하려는 기대 또는 고객이 놀랄 만한 결과 및 혜택을 명확하게 설명한다. 여기에는 기능 효과, 비용 절감, 긍정적인 감정 등이 포함된다.

문제-솔루션 부합

고객 프로필과 가치 맵을 분석했다면 둘 사이의 부합점을 찾아야 한다. 부합점을 찾는 일은 고객이 진정으로 관심을 기울이는 활동, 불만, 혜택을 해결해 주는 상품과 서비스를 놓고 상품 가치 제안을 설계하는 과정이다. 알렉산더 오스터왈더의 이론에 따르면 부합은 다음의 세 단계에서 일어난다. 서면 단계인 '문제-솔루션 부합', 시장 단계인 '상품-시장 부합', 은행 계좌에서 구체화되는 '비즈니스 모델 부합'이다.

상품과 시장의 부합은 성공적인 가치 제안을 위한 핵심 요소로, 구독 비즈니스 창업자는 고객의 핵심적인 불만을 해결해 줄 수 있는 구독 서비스를 설계해야 한다. 예를 들어 스트리밍 서비스 업체인 넷플릭스의 경우 그 핵심 가치 제안은 '언제, 어디서든 영상을 볼 수 있다'는 것이고, 구독제 패션 전자상거래인 스티치 픽스는 '개인 스타일리스트'라는 핵심 가치를 제안한다. 클라우드 서비스 업체인 세일즈포스의 경우 초기 핵심 가치 제안은 '더 나은 CRM'이었다. 이러한 기업들의 핵심 가치 제안이 시장에서 큰 성공을 거둘 수 있었던 근본적인 원인은 바로 그것이 시장의 니즈와 상당히 부합했기 때문이다.

그렇다고 모든 상품과 서비스가 구독 모델에 적합한 것은 아니다. 그렇기 때문에 기계적으로 구독 모델을 모방할 것이 아니라, 고객의 핵심 불만을 토대로 구독 서비스의 핵심 가치 제안을 기획해야 한다. 낮은 구매 빈도-높은 가치를 특징으로 하는 제품과 서비스를 제공하는 업체라면 구독 모델을 신중하게 사용해야 한다. 예를 들면 휴대폰의 경우 대부분의 사람들이 몇 년마다 한 번씩 구입하기 때문에 구독 모델을 사용해 '휴대폰 구매'라는 서비스를 제공하기 어렵다. 낮은 빈도-높은 가격을 특징으로 하는 상품으로는 구독 순환을 구축하기 어렵기 때문이다.

최소기능제품을 통한 가치 제안의 빠른 검증

구독 서비스의 가치 제안을 설계한 뒤에는 구독 서비스와 시장의 부합 정도를 검증해야 한다. 그렇다면 이를 어떻게 검증할 것인가? 바로 최소기능상품(MVP)이 좋은 답이 될 것이다.

에릭 리스(Eric Ries)는 실리콘밸리 IT 업체인 IMVU의 공동 창업자이자 CTO로, 저서 《린 스타트업(원제 : The Lean Startup)》에서 MVP 이론을 제시하며 이렇게 정의했다. "이른바 MVP는 개발팀이 최소한의 대가로 제품을 구현해 사용자의 문제를 해결해 줄 수 있는 수준을 최대한 파악하고 검증하도록 한다."

에릭 리스는 창업자는 반드시 MVP를 최대한 빨리 시장에 출시한 뒤에 사용자의 피드백을 바탕으로 반복 최적화해야 하는데, 이 과정을 '만들고, 측정하고, 배우는(Build-Measure-Learn)' 순환이라고 한다고 제시했다.

MVP는 가치 제안을 빠르고 저비용으로 검증하도록 돕는다는 점에서 그 가치가 크다. 만약 MVP를 만들지 못했다면 핵심 가치 제안을 검증할 수 없고, 제품에 대한 사용자의 피드백을 얻을 수도 없다. 그러니 사용자의 피드백을 반영해 제품을 반복 최적화하는 것은 더욱 불가능하다. 반드시 기억해야 할 점은 구독 서비스가 사용자 중심의 비즈니스 모델이라는 사실이다. 사용자의 문제를 해결해 준다는 방향성을 고수해야만 성공을 거둘 수 있다. 폐쇄적 성향은 사용자와의 괴리 감을 불러와 결국 사용자들에게 버림받는 결과를 가져온다.

그렇다면 MVP를 어떻게 마련하고 검증할 것인가? 사용자 인터뷰, A/B 테스트(서로 다른 A안과 B안을 사용해 대조 실험하고 선호도가 높게 나오는 쪽으로 결정하는 선호도 조사법), 제품 소개 웹페이지 및 동영상, 크라우드 펀딩 등 다양한 방법이 존재한다. 최대한 빠른 속도로, 최소한의 비용 과 가장 간단한 방법으로 사용자와 소통하고, 사용자의 피드백을 빠르게 확보해 이를 토대로 반복 최적화하는 것을 원칙으로 한다.

예를 들어 앞에서 소개한 구독제 패션 렌탈 플랫폼인 RTR은 자사 의 가치 제안을 검증하기 위해 예일 대학교, 하버드 대학교 등에서 재 학 중인 여학생들에게 오프라인 렌탈 서비스를 제공했다. 사용자는 옷을 빌리기 전에 직접 입어 볼 수 있었다. 이러한 간단하면서도 효과 적인 방법을 통해 초기 사용자의 실제 피드백을 대량 수집한 RTR은 이후 구독 패션 렌탈 플랫폼을 정식으로 출시하는 데 필요한 귀중한 사용자 데이터를 축적했을 뿐만 아니라 자사의 비즈니스 모델의 가능 성을 빠르게 검증할 수 있었다.

시드 유저를 확보하고 운영해
시장에서 상품이 정착되도록 한다

상품 개발 및 수정 단계에서 시드 유저(Seed User)는 매우 중요한 역할을 한다. 그렇다면 시드 유저란 무엇인가? 시드 유저란 목표 고객(Target User) 시장이라는 토양에서 제품이 뿌리를 내려 자리 잡을 수 있도록 돕는 사용자를 가리킨다. 그들은 제품이 더 많은 사용자에게 인정받고 사랑받을 때까지 제품의 성장과 함께한다.

어떤 의미에서 시드 유저는 특수한 엔젤투자자(기술력은 있으나 자금이 부족한 창업 초기 벤처기업에 자금 지원과 경영 지도를 해주는 개인투자자)와 같다. 시드 유저는 비록 돈을 투자하지는 않지만 가장 불만스럽게 생각하는 니즈와 그것을 해결할 수 있는 깊은 이해를 갖고 있고, 시간과 에너지를 쏟아붓는다. 게다가 그들은 제품이 지닌 결함을 최대한 용인하고 수정과 최적화를 위한 의견을 제시한다. 그렇게 해서 제품이 그들의 니즈를 만족시켰을 때 그들은 여전히 그 제품을 다른 사용자에게 홍보하고 판매하는 최고의 영업사원이 되어준다.

《사람들 모두 PM이다(원제: 人人都是商品經理)》의 저자 쑤지에(蘇杰)는 지후(知乎, 중국의 대표적 지식공유 플랫폼)에서 제품 반복(Product Iteration, 고객의 니즈를 계속 확인해 제품에 대한 아이디어, 설계, 문제 수정, 실행 등을 반복하는 개발 방법론) 과정에서 시드 유저의 공헌을 이렇게 설명했다.

"그들(시드 유저)은 당신이 해결하고자 하는 그 문제로 인해 가장 불편함을 느끼는 사람들이다. 제품의 콘셉트를 검증하는 일부터 니즈를 수집하는 단계에 이르기까지 이들을 찾아내고, 그들과의 관계를 잘 유지해야 한다. 그들은 제품에 대해서 많이 도와줄 수 있다.

첫째, 기꺼이 협조한다. 그들은 매우 불편을 겪고 있기 때문에 누군가 그 문제의 해결을 도와준다면 자연히 반가울 수밖에 없다. 당신의 제품을 기꺼이 테스트해 보겠다거나 적극적으로 협조하겠다는 사람이 없다면 그것은 누군가의 불만을 해결해 줄 수 없을 만큼 당신의 제품 콘셉트에 문제가 있다는 뜻이다.

둘째, 가치 있는 많은 정보를 제공할 수 있다. '병을 오래 앓으면 그 방면의 의사가 된다'는 속담처럼 그들은 그 문제를 스스로 해결하려고 시도해 본 적이 있다. 그들이 지금 어떻게 하고 있는지 파악해 신상품에 대한 의견을 듣다 보면 분명 큰 수확을 거둘 수 있을 것이다. 그래서 시드 유저는 '사용자 컨설턴트'라고도 불린다.

셋째, 결함을 참아낼 수 있다. 시드 유저는 문제를 해결하고자 하는 생각이 간절하지만, 사용자로서 자원이 부족하기 때문에 아이디어만 있을 뿐 효과적인 솔루션을 만들어낼 수 없다. 이러한 상황에서 한 가지 해결안이 생기면 그들은 결함을 참아낼 수 있다. 이러한 불완전한 제품이야말로 진정한 의미의 반복 결과물로서, 당신의 기능 항목에서 선별해 MVP를 만들어 시드 유저들에게 맡기면 된다.

넷째 의무감으로 무장한 영업사원이 될 수 있다. 당신의 제품이 마음에 들면 그들은 당신의 제품을 사람들에게 알리려 적극적으로 행동할 것이다. 그래서 선택할 때 세분화된 부문의 오피니언 리더를 찾는 일이 무척 중요하다."

　이처럼 초기 제품에 대해 시드 유저의 가치는 매우 크다. 그렇다면 시드 유저는 어떤 특징을 지니고 있어야 할까?

　첫째, 그들은 해결하고자 하는 문제 때문에 매우 불편을 겪고 있다. 예를 들어 온라인 패션 렌탈 서비스의 시조인 RTR은 사업 초기에 예일 대학교, 하버드 대학교 등에서 재학 중인 여대생 그룹에서 시드 유저를 찾아냈다. 이들은 신데렐라처럼 꾸미고 싶어 하지만 주머니 사정이 넉넉하지 못하기에 그에 대한 그들의 불만에 주목했고, 이 점 때문에 그들은 온라인 패션 렌탈 서비스에 더욱 적극적인 관심을 보였다. 그들의 예쁘게 차려입고 싶어 하는 니즈를 만족시켜줄 수 있다면 그들은 초기 패션 렌탈 서비스에서 나타나는 부족함이나 심지어 결함마저도 기꺼이 용인할 수 있다. 둘째, 그들은 자발적으로 소통하고 사용 경험을 적극적으로 피드백해 주기를 원한다. 그런 점에서 그들은 초기 제품의 테스터라고 볼 수 있다. 셋째, 그들은 특정한 커뮤니티 내에서 영향력을 가지고 있다는 게 무엇보다 중요하다. 자신이 직접 사용하는 것은 물론, 자신의 사용 경험을 자신이 속한 커뮤니티에 공유하고 나아가 그 안에서 강력한 입소문 효과를 만들어낸다.

　그렇다면 최초의 시드 유저는 어떻게 확보해야 하는가? 모든 제품이 초기에는 불완전하고 심지어 조악한 면이 있지만, 사용자의 선택지가 갈수록 많아지고 인내심은 떨어지는 현재의 상황에서 제품 자체만의 매력으로 시드 유저를 끌어들이기는 쉽지 않다. 그러므로 사용자와의 신뢰를 구축하고, 심지어 친근한 관계를 맺어야 한다는 점이 시드 유저를 확보하기 위한 핵심 원칙이다.

이 단계에서 사용자의 친구가 되어 그들의 불만과 니즈를 해결해주고, 그들의 고민과 도전에 관심을 가져야 한다. 그들의 목소리에 귀 기울이고, 진심으로 그들을 존중하며 따뜻한 관심을 보여야 한다. 제품이 고속 성장과 성숙 단계에 접어들었더라도 여전히 사용자를 중심으로 놓고 그들의 목소리에 귀 기울여야 한다. 그래야만 사용자의 니즈를 언제나 이해하고 파악할 수 있다.

시드 유저를 확보하는 방식은 매우 다양한데, 흔히 사용되는 것으로는 다음과 같은 방법이 있다.

첫째, 주변의 가족과 친구는 충성스러운 첫 번째 시드 유저가 된다. 그들은 가장 신뢰할 수 있는 그룹으로 제품의 성공 여부에 상관없이 상품을 저버리지 않는다. 그래서 주변의 지인들을 첫 시드 유저로 삼고 MVP 사용 후기에 대한 피드백 의견을 내도록 한다.

이러한 방법을 적용할 시드 유저를 탐색할 때는 크게 두 가지 점에 주의해야 한다. 하나는 모든 지인이 제품의 목표 고객은 아니기 때문에 목표 고객의 특징을 지닌 지인을 시드 유저로 선별해야 한다. 나머지 하나는 지인들과는 대체적으로 깊은 유대를 맺고 있기 때문에 특별한 감정을 가지고 제품을 대할 수 있다. 그로 인해 객관적인 의견을 제시하지 못할 가능성이 있는데, 이런 경우 최대한 감정을 배제하고 제품의 부족한 점과 결함을 있는 그대로 말해달라고 부탁해야 한다.

둘째, 오늘날의 인터넷 환경에서 사용자는 SNS 플랫폼에서 활동할 것이 분명한데, 만약 어떠한 SNS 플랫폼에서도 활동하지 않는 사람이면 사용자가 될 수 없다. 우리는 모두 특정한 사회 네트워크에 소속되어 있다는 사실을 감안해 시드 유저를 찾을 때는 SNS 플랫폼을 충분히 활용해야 한다. 시드 유저의 특징에 맞는 커뮤니티에 들어가서 적극적으로 의견이나 논평을 올리는 방식으로 커뮤니티 내에서 자신의 영향력을 구축할 수도 있다. 또한 이러한 커뮤니티 사용자를 끌어들여 시드 유저로 삼을 수 있다.

셋째, 오프라인 행사에 참여하거나 조직하는 것도 한 방법이다. SNS가 아무리 발달했다고 해도 오프라인에서 사귄 친구에 대한 신뢰가 온라인보다는 높기 마련이다. 그런 점에서 오프라인 행사는 시드 유저를 확보할 수 있는 중요한 장소가 된다. 특정한 오프라인 행사에서 직접 만나 소통하면서 관계를 쌓다 보면 오프라인에서 만난 친구들을 시드 유저로 쉽게 끌어들일 수 있다.

넷째, SNS 스타를 찾아서 시드 유저로 삼으면 효과가 크다. 말콤 글래드웰(Malcolm Gladwell)은 《티핑 포인트(원제: Tipping point)》에서 폭발적인 유행이 일어날 때 개별 인물의 법칙을 충분히 고려해야 한다고 지적했다. 유행의 기폭제가 될 수 있는 인물에는 관계자, 내부자, 판매원이 포함된다. 관계자 및 내부자, 또는 판매원을 시드 유저로 삼을 수 있다면 제품의 초기 홍보 및 확산에 큰 도움이 될 것이다.

SNS 스타는 전통적인 스타와 달리 반드시 대중적 인지도를 갖고 있는 것은 아니지만 특정한 커뮤니티에서 특별한 발언권과 영향력을 지니고 있다. 이들은 주로 자신이 속한 커뮤니티의 관계자, 내부자 또는 판매원이다. 만약 이들을 시드 유저로 육성해 그들로부터 인정과 평가를 받을 수 있다면 그들이 속한 커뮤니티에서 입소문 효과를 일으켜 해당 제품에 대한 관련 사용자 그룹의 관심을 싹틔울 수 있다.

예를 들어 마이마이(脈脈, 직장인을 위한 실명제 SNS 플랫폼으로 인맥, 협력, 구직 등의 정보를 제공)는 초기에 업계 내 유명 SNS 스타를 홍보대사로 초빙했다. 이들 SNS 스타들은 개인적인 영향력을 활용해 마이마이는 믿을 수 있다는 긍정적인 이미지를 적극 홍보해 준 덕분에 마이마이는 중국의 대표적인 직장인을 위한 커뮤니티 플랫폼으로 자리 잡을 수 있었다.

위에서 설명한 방법 이외에도 시드 유저를 확보할 수 있는 방법은 다양하다. 예를 들어 대형 커뮤니티에 제품과 관련된 내용을 올려 특정 계층의 사람들에게 제품 내부 테스트 참여 코드를 보내는 업체들도 있다.

시드 유저를 확보해 그들이 자신의 가치를 발휘하도록 하려면 이들을 운영할 수 있어야 한다. 일반적으로 시드 유저를 운영할 수 있는 커뮤니티를 만들어 시드 유저들이 제품 반복(Product Iteration) 과정에 참여하도록 할 수 있다.

시드 유저를 충분히 존중하고 전용 혜택을 제공하는 것 외에도 그들과 개인적인 친분을 쌓아 주인 의식을 심어줘야 한다. 그래야만 그들이 제품에 적극적으로 참여해 귀중한 피드백과 건설적인 의견을 제공함으로써 신속한 제품 반복과 최적화 작업을 진행할 수 있다. 더욱이 이러한 시드 유저는 충성 고객으로 성장해 시장이라는 토양에서 제품이 뿌리내리고 발전해 성공을 거두도록 돕는 역할을 한다.

시드 유저의 확보 및 운영 방면에서 샤오미(小米)는 대표적인 모범 사례라 할 수 있다. 샤오미는 상장을 위한 투자설명서에서 특별히 지면을 할애해 샤오미 팬을 다음과 같이 언급했다. "2018년 3월 31일 현재 스마트폰 또는 노트북이 아닌 샤오미 인터넷 관련 제품을 5대 이상 보유한 '샤오미 팬'의 수는 140만 이상, 2018년 3월 MIUI 포럼에서 활동 중인 월간 액티브 유저 수 900만 이상, 2010년 8월 MIUI 포럼 등장 후 2018년 3월 31일까지 사용자가 올린 누적 포스팅 수는 약 2억 5천만 개에 이른다."

샤오미는 시드 유저의 확보와 운영을 초기 제품 개발을 위한 전략의 일환으로 삼았을 뿐만 아니라, 이들을 훗날의 충성 고객으로 성장시켜 이를 기반으로 샤오미만의 독특한 팬 문화를 만들어냈다. 이를 통해 샤오미는 스마트폰 시장에서 괄목할 만한 성과를 거둘 수 있었다.

PMF 평가와 최적화를 통해 규모와 성장의 초석을 닦다

MVP를 만들고 소규모 사용자 그룹을 확보했다면 PMF 평가와 최적화 작업에 착수할 수 있다. 앞의 제2장에서 PMF를 평가하는 지표를 소개했는데, 그중에서 가장 쉽게 적용해 볼 수 있는 것으로는 숀 엘리스의 '실망 지수'가 있다.

사용자 그룹에 '만약 당신이 해당 구독 서비스를 더 이상 사용할 수 없게 되었을 때 어떤 기분이 드는가?'라는 질문을 하고 그에 대한 피드백을 조사할 수 있다. '무척 실망스럽다'고 대답한 응답자의 비율 통계가 필요한데, 만약 '무척 실망스럽다'고 대답한 사용자의 비율이 40%에 달하면 PMF에 도달한 것이다. 만약 응답자의 비율이 40% 미만이라면 PMF에 도달하지 못한 것으로, 서비스 개선이 필요하다는 의미로 이해할 수 있다.

슈퍼휴먼 스토리:
PMF를 통해 제품의 셀링포인트를 찾아내다

슈퍼휴먼(Superhuman)은 미국 캘리포니아주에 본사를 두고 있는 SaaS 스타트업으로, 사용자에게 빠른 전자메일 서비스를 제공하는 데 주력하고 있다. 창업자인 라홀 보라(Rahul Vohra)는 그로스 해킹을 만든 숀 엘리스의 지도하에 PMF를 평가하고 최적화하는 방법을 진행했던 과정을 블로그를 통해 소개했다.

라홀 보라는 2015년 슈퍼휴먼을 창립했지만 2017년까지 자체 개발한 전자메일 상품은 여전히 큰 진전을 보지 못하고 있었다. 라홀 보라는 숀 엘리스와 논의 끝에 제품의 PMF를 평가하는 데 실망지수를 사용하기로 결정했다.

라홀 보라는 2주 동안 자사의 제품을 최소 두 번 사용한 100여 명의 사용자를 선별해 그들에게 네 가지 질문이 담긴 설문 조사 내용을 발송했다.

질문1: 만약 당신이 슈퍼휴먼을 더 이상 사용할 수 없다면 어떤 기분이 드는가?

A) 무척 실망스럽다 B) 다소 실망스럽다 C) 상관없다

질문2: 당신은 어떤 유형의 사용자가 슈퍼휴먼에서 가장 큰 혜택을 누릴 수 있다고 생각하는가?

질문3: 당신이 슈퍼휴먼을 통해 얻은 좋은 점으로는 무엇이 있는가?

질문4: 당신은 슈퍼휴먼이 어떻게 바뀌기를 원하는가?

위의 내용은 점차 구체화되는 관계에 있다. 첫 번째 질문에 대한 사용자의 응답을 통해서 라홀 보라는 슈퍼휴먼이 PMF를 달성했는지 판단할 수 있었다. 조사 결과, 22%의 사용자가 '무척 실망스럽다'고 답했다는 점에서 당시의 슈퍼휴먼은 PMF에 아직 도달하지 못한 상태라는 사실을 확인할 수 있었다. 조사 결과가 만족스럽진 않았지만 22%의 사용자를 통해 라홀 보라는 제품의 최대 지지자 그룹을 발견할 수 있었다.

표적 시장(Target Market)을 축소하기 위해 라홀 보라는 기대치가 높은 22%의 사용자에게 중점을 두고 이들의 캐릭터를 세분화한 뒤 그들의 두 번째 질문에 대한 응답을 통계했다. 그 결과, 슈퍼휴먼의 목표 고객군은 창업자, 고위 경영진, 매니저 및 사업 개발 전문가(business development director)라는 것을 확인할 수 있었다.

라홀 보라는 축소된 목표 고객군을 대상으로 PMF 평가를 실시한 결과, 슈퍼휴먼의 실망지수가 33%에 달한다는 사실을 발견했다. 이 비율은 비록 40%의 역치보다는 낮지만 22%보다는 훨씬 높았다. 다시 말해서 목표 고객층을 창업자, 고위 경영진, 매니저, 사업 개발 전문가 그룹으로 정의하면 슈퍼휴먼의 PMF가 높아진다는 고무적인 결과를 얻을 수 있다는 의미였다.

그 후 제품을 개선하고 제품의 매력을 높일 수 있는 근원을 찾기 위해 라홀 보라는 기대치가 높은 22% 사용자의 세 번째 질문에 대한 답변을 통계했다. 그 결과, 기대치가 높은 사용자는 슈퍼휴먼의 신속하면서도 편리하고 실용적인 단축키를 가장 마음에 들어 한다는 사실을 확인할 수 있었다.

첫 번째 질문에서 '다소 실망스럽다'고 답한 사용자에 대한 통계와 분석도 이어졌다. 이들 사용자는 슈퍼휴먼에서 얻을 수 있는 가장 큰 수확으로 남다른 속도감을 지적했다. 이러한 작업을 통해 라훌 보라는 사용자의 가장 큰 불만이 바로 '속도'에 있다는 것을 확신할 수 있었다.

이를 토대로 라훌 보라는 '다소 실망스럽다'고 답한 사용자 그룹을 대상으로 '속도'라는 주제로 2차 선별 작업을 진행했다. 이들 사용자가 속도를 슈퍼휴먼의 장점으로 여기는지 조사한 끝에, 라훌 보라는 속도를 슈퍼휴먼의 장점으로 여기지 않는 사용자를 무시, 포기하고 속도를 우선시하는 사용자에 집중하기로 결정했다.

이러한 사용자들은 제품의 장점을 가장 잘 받아들일 수 있는 사용자이기 때문에 라훌 보라는 일부 문제를 개선하면 이 부분에서 중도 성향의 사용자가 기대치 높은 사용자로 전환될 수 있다고 판단했다.

첫 번째 질문에서 '상관없다'고 대답한 사용자에 대해 라훌 보라는 네 번째 질문에 대한 이들의 대답을 조사했다. 그 결과, 사용자의 사용을 방해하는 주요 요인으로 모바일 앱 부족이 드러났다. 그 밖에도 라훌 보라는 통합, 첨부파일 처리, 달력, 단일 수신함, 검색 등에 대한 사용자의 다양한 니즈를 발견했다. 이들 사용자의 목소리는 슈퍼휴먼의 상품 개선에 귀중한 피드백을 제공했다.

고객의 불만과 상품 개선을 위한 피드백을 확보한 라훌 보라는 팀원들과 함께 제품에 대한 개선 작업에 들어갔다.

첫째 기대치가 높은 사용자가 선호하는 제품의 특징을 강화한다. 속도를 더욱 향상시키는 것은 물론, 자동화 서비스와 다양한 설계가 가능한 단축키를 적극적으로 개발한다. 예를 들어 슈퍼휴먼은 서비스 반응 시간을 50밀리초(Millisecond) 이내로 단축해 순식간에 검색할 수 있는 기능을 제공하고자 했다. 그 속도는 구글의 지메일(Gmail)보다도 빠른 것이었다. 그 외에도 사용자가 '->'라고 입력했을 때 이를 '→'로 자동 전환해 주기는 기능을 추가한다.

둘째 중도적 사용자가 기대하는 제품의 특징을 개선한다. 여기에는 모바일 애플리케이션 프로그램 개발, 통합 기능 추가, 첨부파일 처리 개선, 스케줄러 기능 도입, 단일 수신함 옵션 추가, 검색 최적화, 읽은 메일 확인 추가 등의 기능이 포함되었다.

이러한 개선 작업을 통해 슈퍼휴먼은 중도적 성향의 사용자, 심지어 무관심한 사용자마저 충성 사용자로 만들 수 있었다.

이러한 개선 조치 중에서 우선순위를 정하기 위해 라훌 보라 팀은 각 조치의 비용과 영향을 분석했다. 각 항목을 비용과 영향력의 두 가지 측면에서 분석해 우선순위를 정했다. 가장 쉽게 실현할 수 있는 저비용-고영향 항목을 시작으로 점진적으로 제품을 개선해 슈퍼휴먼은 빠르게 성과를 거두면서도 궁극적으로 개선 목표를 달성할 수 있었다. PMF의 개선 목표와 조치를 확정한 뒤 라훌 보라는 '무척 실망스럽다'로 대답하는 사용자의 비율을 끌어올리는 것을 팀의 유일한 OKR(Objectives and Key Results, 목표 및 핵심 결과) 지표로 삼았다. 그리고 매주, 매월 추적 조사를 실시했다. 지속적인 연구 개발을 통해 라훌 보라와 그의 팀이 개선 작업을 4분의 3 정도 진행했을 때 PMF는 58%까지 대폭 증가했다. 그 후에도 라훌 보라의 팀은 제품 개선에 꾸준히 매진한 끝에 PMF를 높은 수준으로 유지할 수 있었다.

이러한 노력을 바탕으로 라훌 보라는 자신의 팀과 함께 PMF의 목표를 달성했다.

창업의 초기 성공은 물론, 후속적인 규모화 성장을 위한 든든한 초석이 된다는 점에서 이러한 성과는 모든 구독 서비스 창업자들이 간절히 바라는 순간일 것이다.

제9장

혁신가: 전환으로 생겨난 격차를 어떻게 뛰어넘을 것인가?

이번 장에서는 '전환의 기로에서 어떤 선택을 내릴 것인가?'라는 문제를 비롯해 구독에 관한 핵심적 인지 시스템의 구축, 전환으로 생겨난 격차(Divide)를 뛰어넘는 방법 등 전통기업의 전환에 관한 문제를 다루고자 한다. 기업의 구독으로의 전환 과정을 이해하고, 그 과정에서 필연적으로 직면하는 도전과 치러야 할 대가를 보다 직관적이고 심도 있게 이해할 수 있도록 MS와 밍위안윈(明源雲)이 클라우드 구독으로 전환하는 사례를 소개하고자 한다.

창업자의 선택: 전환할 것인가, 전환하지 않을 것인가?

창업자 또는 고위 경영진이라면 아마도 다음과 같은 하나의 문제에 직면할 것이다. '전환할 것인가, 전환하지 않을 것인가?' 이것은 기업 미래의 생사존망을 좌우한다는 점에서 매우 어려운 선택이 아닐 수 없다.

기업 전환은 크게 두 가지 상황으로 구분된다. 첫 번째 자발적 전환. 현재 주요 사업이 아직 성장 중이거나 안정 궤도에 오른 상황에서 위기에 미리 대비한다는 자세로 자발적으로 혁신해 '제2의 성장'을 추구한다. 두 번째 수동적 전환. 현재 주요 사업이 외부 경쟁의 영향으로 하향세의 위험에 처해 있거나 업계 전체가 크로스오버에 따른 위협 등의 상황에 있어 새로운 생존 공간 확보를 위해 어쩔 수 없이 전환을 통해 변화해야 하는 경우를 가리킨다.

이론적으로는 자발적 전환이 당연한 선택이지만, 실제로 의사결정자들은 그렇게 생각하지 않을 가능성이 크다. 만약 주요 사업이 여전히 성장세에 있거나 안정 궤도에 오른 상태여서 기업의 매출과 이윤이 여전히 계속 증가하고 있다면, 또 오랫동안 심혈을 기울여 자신만의 비즈니스 모델과 핵심 경쟁력을 만들었다면, 현재의 업계에서 이미 확고하게 자리잡고 있고 명성을 얻었다면, 투자 대비 단기 수익이 상당히 낮은 새로운 모델에 많은 자원을 쏟아붓지 않을 것이다. 또 내부적으로는 오랫동안 만들어온 이권을 뒤흔든다는 위기감과 직원들의 몰이해, 새로운 모델의 불확실성 등 온갖 불리한 요소가 선택을 가로막을 것이다.

이러한 상황에서 어떤 결정을 내릴 것인가? 전환할 것인가? 전환하지 않을 것인가?

속담에서 말했듯이 다행히도 태양 아래 새로운 것은 없다. 우리는 일찍이 현자들이 이러한 난제를 어떻게 마주하고 어떤 결정을 내렸는지를 파악해 자신이 처한 상황에 맞게 합리적인 선택을 하면 된다.

MS의 CEO 사티아 나델라(Satya Nadella)는 저서 《히트 리프레시(원제: Hit Refresh)》에서 MS가 과거 처했던 상황을 자세히 소개했다. 2013년 당시의 MS는 자발적 전환의 가장 좋은 시기를 놓치고 말았다. MS가 당시 직면한 시장 환경은 위태롭기 짝이 없었다. 전 세계적으로 PC 출하량이 정점을 찍고 내리막길을 걷는 가운데, 스마트폰의 분기 출하량이 3억 5000만 대를 뛰어넘은 반면 같은 기간 PC의 분기 출하량은 7천만 대에 그쳤다. 또 한편으로 윈도우8의 매출이 부진한 것과는 대조적으로 같은 기간 iOS와 Android의 판매율이 급상승했다. PC 시장을 수십 년간 독점해 온 MS는 모바일 인터넷이라는 큰 물결이 거세게 일어나는 것을 고스란히 지켜보면서도 좀처럼 변화의 파도에 올라타지 못했다.

그 결과 MS의 시가총액은 1999년 당시 최고치의 절반에도 미치지 못하는 수준으로 떨어지고 말았다. 그러다 보니 MS 내부 직원들의 사기도 크게 떨어진 상태였다. 이러한 사면초가의 상황에서 당시 MS의

CEO였던 스티브 발머(Steve Ballmer)는 조기 퇴임을 결정하고 MS의 변혁을 이끌 새로운 CEO 후보를 물색하기 시작했다.

이러한 어려운 상황에서 사티아 나델라는 '모바일 퍼스트, 클라우드 퍼스트'라는 혁신 전략안을 통해 MS 이사회의 신임을 받으며 2014년 2월 4일 MS 역사상 세 번째 CEO의 자리—영광스러워 보이지만 도전 가득한 자리—에 오르게 됐다.

MS의 CEO 자리에 오른 뒤 사티아 나델라는 MS에 대한 변혁을 추진했다. 내부적으로는 기업 문화, 전략과 비전을 다시 세우는 한편, 외부적으로는 MS가 개방과 협력에 적극적이라는 이미지를 심어주려 힘썼다. 사티아 나델라의 지휘 아래 MS는 한결 혁신적이고 개방적인 자세로 변하기 시작했다. 이러한 노력에 힘입어 MS의 클라우드인 애저는 아마존 AWS의 뒤를 이어 세계 2위의 클라우드 컴퓨팅 서비스로 떠올랐으며, Office365가 오피스(Office) 시리즈를 대체해 전 세계에서 가장 많이 사용하는 개인 및 기업용 생산성 플랫폼(Productivity platform)으로 자리 잡았다. 이로써 윈도우 운영 시스템은 더 이상 MS의 가장 중요한 수익원이 아니다.

사티아 나델라가 추진한 혁신으로 MS의 시가총액은 4년 동안 2배 가까이 성장했으며, 2018년 11월에는 아마존을 넘어섰다. 무려 19년 만에 전 세계에서 시가총액이 가장 높은 기업이라는 자리를 되찾는 데 성공한 것이다.

비즈니스 모델의 관점에서 볼 때 사티아 나델라가 추진한 MS의 전환은 MS의 주력 사업이었던 운영 시스템, 사무용 소프트웨어 등 전통적인 소프트웨어 라이선스에서 인터넷을 기반으로 하는 클라우드 구독 서비스로의 전향이다. MS는 바로 구독 모델로 전통적인 소프트웨어 기업에서 전 세계적인 클라우드 서비스 기업으로 전환했고, 나아가 전 세계에서 가장 비싼 몸값을 자랑하는 기업이 되었다. 이러한 의미에서 MS의 혁신은 기업 문화와 전략, 상품에만 국한되지 않는다. 나아가 1970년대 빌 게이츠가 MS를 세운 이래 MS가 생존을 걸었던 소프트웨어 라이선스를 핵심으로 하는 비즈니스 모델의 혁신이라 할 수 있다.

MS의 전환은 의심의 여지없이 성공적이다. 여기서 독자에게 묻고 싶은 것이 있다. 만약 당신이 2013년 MS가 처한 곤경에 처했다면 당신은 스티브 발머와 MS 이사회처럼 현명한 결정을 내릴 수 있는가? 사티아 나델라가 2013년에 제시한 남다른 안목이 담긴 전략과 같은 혁신안을 제시할 수 있는가? 사티아 나델라처럼 성공할 때까지 흔들림 없이, 전략적으로 혁신을 추진할 수 있는가?

성장형 사고방식으로 변화를 추구하라

인지(Cognition)란 무엇인가? 심리학에서는 인지를 사람이 지식을 획득하거나 응용하는 과정, 혹은 정보를 가공하는 과정이라고 여긴다. 사람과 사람 사이의 가장 본질적인 차이는 인지에서 비롯된다. 기업 리더의 인지력의 중요성에 대해 푸성(傅盛, 중국 2대 인터넷 보안기업 치타(獵豹)모바일 최고경영자)은 이렇게 평가했다. "리더는 핵심 문제에 있어서 모든 사람을 아우를 수 있는 강력한 인지 시스템을 반드시 갖춰야 한다. 그래야 리더가 될 자격이 있고, 정확한 결정을 내리며, 조직 전체를 정확한 길로 이끌 수 있다. 만약 잘못된 인지를 지녔다면 날마다 난리를 쳐도 제대로 된 경영을 할 수 없다. 실적, 비전은 단지 보조적 수단일 뿐, 핵심은 반드시 인지 시스템을 갖춰야 한다는 것이다."

이러한 평가에 크게 동감한다. 기업의 가장 큰 걸림돌은 창업자의 인지적 병목현상(Cognitive Bottleneck)에서 생겨난다. 스타트업, 성장 중인 기업, 안정 궤도에 오른 기업 모두 예외가 아니다. 창업자의 인지 능력을 결정하는 모든 요소 중에서도 핵심은 사고 모델이다. 그것은 마치 컴퓨터의 CPU처럼 창업자의 머릿속에 깔린 기본 논리와 사고 능력을 좌우한다.

사고 자체에 높고 낮음의 구분은 없지만 차이는 '모델'에서 비롯된다. 스탠퍼드 대학교 심리학과 교수 캐롤 드웩(Carol S. Dweck)은《마인

표 9-1 고정형 사고방식과 성장형 사고방식 비교

고정형 사고방식	성장형 사고방식
도전 회피	도전 환영
변화와 불확실성 지양	변화와 불확실성 포용
제한에 관심	기회 모색
변화에 대한 추진력이 없음	모든 것을 할 수 있음
비판을 받아들이지 못함	피드백 중시, 자발적 학습
변화에 대한 거부감, 안전지대(Comfortzone)에 머무는 것을 선호	끊임없이 탐색하고 학습
실패에 직면해 노력해도 소용없다고 여긴다	실패에서 배운다
졸업 후 배우지 않음	평생 배움

자료 출처: 《마인드셋》 내용을 바탕으로 정리

드셋(원제: Mindset)》에서 사고방식을 고정형 사고방식(Fixed Mindset)과 성장형 사고방식(Growth Mindset)으로 구분했는데, 이는 성공과 실패, 성과와 도전에 대응하는 기본적인 심리 상태를 구체화한 것이다. 두 사고방식을 좀 더 쉽게 구분할 수 있도록 이들의 차이점을 표 9-1과 같이 정리했다.

위의 표에서 우리는 두 가지 전혀 다른 사고방식을 지닌 사람들의 차이를 분명하게 확인할 수 있다. 기업 CEO 등 고위 의사결정자가 가진 막중한 지위와 영향력에 대입하면 두 개의 전혀 다른 사고방식이 기업에 얼마나 큰 차이를 가져다줄지 쉽게 알 수 있다.

위의 내용을 많은 지면을 할애해 이야기한 이유는 한 가지 중요한 관점을 설명하기 위해서다. 즉, 기업이 전환의 격차를 뛰어넘으려면 창업자의 핵심적 인지 문제를 가장 먼저 해결해야 한다. 만약 창업자가 고정형 사고방식을 지녔다면 그는 영원히 성공적인 전환과 혁신의 길로 이끌지 못할 것이다. 성장형 사고방식을 지닌 창업자만이 편견을 버리고 열린 마인드로 변화와 불확실성을 포용하고, 자발적 학습을 통해 실천 과정에서도 지속적으로 인지를 향상시켜 궁극적으로는 기업의 전환과 혁신을 성공적으로 이끌 수 있다. 이는 사티아 나델라가 MS의 전환 과정에서 이미 실행했고, 또 실행 중인 일이다.

그렇다면 창업자는 어떻게 인지적 병목현상을 극복할 수 있을까? 이에 대해 푸성은 세 가지 처방전을 제시했다.

"첫째 대추세를 굳게 믿어라. 아이디어는 즉시 행동으로 옮겨라. 대추세를 따르고, 회사의 다양한 인지적 결정을 믿어라. 단순하게 비판하지 말고 업계 리더를 믿어라. 그들은 분명 당신보다 더 많은 정보를 가졌으며, 정보를 처리하는 능력 또한 당신보다 뛰어나다. 그들의 인지는 현 단계에서 당신이 따라잡을 수 있는 것이 아니다. 이해가 안 되도 실행하고, 실행하면서 이해하라.

둘째 우물 안 개구리가 되지 말고 외부에 가르침을 청하라. 외부에 가르침을 청할 수 있는 마인드는 매우 중요하다. 그건 당신의 시야를 넓혀준다. 업계의 고수를 찾는 것은 그리 쉬운 일이 아니다. 그들이 당신보다 강한 건 그들이 똑똑해서가 아니라, 당신이 모르는 인지를 지녔기 때문이다.

셋째 현실에 충실하되, 미래를 내다보라. 현실에 충실하면서 두려울 때 잘못 생각한들 또 어떠한가? 많이 틀려봐야 맞는 기회도 생기는 법이다. 이는 자신을 위한 사고 훈련이다. 어떤 일에 직면했을 때 최악의 결과가 무엇일지 생각해 보라. 생각해 보고 나면 최악의 결과와 당신의 마음속 두려움이 전혀 다른 급이라는 것을 발견하게 될 것이다."

구독 모델로의 전환을 원하는 기업의 창업자 또는 경영진이 무엇보다 먼저 해야 할 일은 구독이라는 추세를 살피고 믿으며, 이를 바탕으로 구독 모델에 대한 인지 시스템을 빠르게 구축하는 것이다. 인지 시스템을 구축하는 과정에서 업계의 전문가에게 가르침을 구하거나, 이 책에 소개된 대략적인 구조를 참고할 수도 있다. 하지만 외부에 가르침을 청하거나 이 책을 열심히 읽는다고 해도 몸소 실행하는 것에 미치지 못한다. 직접 실행해야만 고객, 사용자, 협력 파트너 등의 피드백 중에서 빠르게 배우고 반복할 수 있으며, 세분화된 시장에서 구독 모델의 특별한 인지 또는 노하우를 계속해서 축적해 궁극적으로 기업의 전환을 성공적으로 이끌 수 있다.

업계에 대한 통찰력과 장기적 안목, 명확성이 담긴 전략적인 전환 목표를 세우라

구독 모델로의 전환을 바라는 창업자가 인지적 병목현상을 넘어서 구독 모델과 자신이 몸담고 있는 업계의 특징을 결합해 인지 시스템을 구축했다면 매우 다행스런 일이다. 이제는 통찰력과 장기적 안목, 명확성이 담긴 전략적인 전환 목표를 세울 준비가 됐다는 뜻이다.

전략적 전환 목표는 전환의 성공 여부에 결정적인 영향을 끼치므로 그 중요성은 망망대해에서 배를 인도하는 등대와도 같다. 만약 기업 전환의 전략 목표가 업계 특징과 맞아떨어진다면, 또 업계의 향후 발전 추세에 부합한다면 기업의 내/외부 역량을 결집해 기업이 정확한 방향으로 나아가도록 인도할 수 있다. 반면, 전환의 전략 목표가 업계 특징이나 업계의 향후 발전 추세와 어긋난다든가, 혹은 명확하지 않다면, 기업의 역량을 결집해 기업의 전환을 이끌 수 없다. 이러한 전환은 철저히 실패하거나 중도에 그만두게 된다.

이보다 더 심각한 문제는 기업의 리더가 업계에서 현재 일어나는 거대한 변화를 전혀 깨닫지 못하거나 무시하고 전환과 혁신을 거부한 채 제자리걸음 하다 결국 실패의 길로 들어서는 것이다. 미국 시장에서 케이블 TV 부문의 선두주자인 컴캐스트(Comcast Corporation), 타임 워너(Time Warner) 등은 동영상 스트리밍 시대에 발 빠르게 대처하지 못하고 넷플릭스 등 완전히 새로운 구독 모델을 기반으로 하는 동영상 스트리밍 서비스 업체에 패했다. 이는 업계를 바라보는 기업 리더의 통찰력과 안목이 얼마나 중요한지 보여주는 증거라 할 수 있다.

특히 강조하고 싶은 점이 있다. '구독은 모든 제품에 통하는 만능열쇠가 아니다.' 어디에서나 다 통하는 구독 모델도 존재하지 않는다. 구독 모델과 세분화된 영역의 특성, 향후 성장 추세를 종합적으로 고려해야만 최대 효과와 그 가치를 끌어낼 수 있다. 구독 모델로의 전환을 희망하는 기업 리더라면 이 점을 간과하지 말아야 한다. 고객 또는 사용자의 니즈를 충분히 파악한 상태에서 자신이 몸담고 있는 업계의 특성과 성장 추세를 고려해 통찰력과 안목이 담긴 전략적 전환 목표를 세워야만 기업의 전환을 성공으로 이끌 수 있다. 그렇지 않고 유행을 좇아 단순히 남의 성공을 흉내 내는 것으로는 전환에 성공할 수 없다.

그렇다면 업계에 대한 통찰력과 안목, 그리고 명확성이 담긴 전략적 전환 목표는 어떻게 정할 수 있는가? 다음의 원칙들이 그 답이 될 것이다.

첫째 전환 목표를 세우는 사람으로는 수준 높은, 내부 직원의 수준을 뛰어넘는 업계에 대한 인지 능력을 갖춘 인재를 확보한다.

전환을 이끄는 리더는 반드시 성장형 사고방식을 지닌 사람이어야 한다. 고정된 사고방식을 지니지 않은 사람, 그것이 가장 중요한 전제 조건이다. 이러한 핵심 인물 없이 전환 목표를 세우는 것은 전환을 시도하는 기업에는 재난이나 다름없다. 핵심 인물은 기업 내부인이거나 외부인일 수도 있고, 심지어 해당 업계에 속하지 않은 또 다른 부문의 전문가일 수도 있다. 업계 외부의 전문가가 더 독립적이고 객관적일 수 있다는 점을 고려하면 이들은 업계 내부 또는 내부 인물보다 더 정확히 업계를 통찰할 수 있고, 통찰력과 식견이 담긴 전환 목표를 제시할 가능성이 크다.

MS는 클라우드 시대로 전환하는 과정에서 '사티아 나델라'라는 업계에 대한 풍부한 경험, 업계의 흐름을 읽는 통찰력을 보유하고 성장형 사고방식을 견지한 전문가형 CEO가 있었기에 기업의 전환에 성공할 수 있었다.

둘째 전략적 전환 목표를 세움에 있어 업계의 향후 발전 추세를 충분히 고려하고, 기업의 현재 조직 능력에 입각해야 한다. 업계의 향후 발전 추세에 순응해야 업계를 선도하는 최전선에 설 수 있고, 경쟁 우위를 확보할 수 있다. 업계 추세와 어긋나는 전환은 위험할 뿐만 아니라, 전환이 완성되었을 때 도태될 가능성이 크다. 그 밖에도 현재 보유한 조직 능력에 입각해야 콘셉트, 목표를 행동과 결과로 빠르게 전환할 수 있다. 그렇지 않으면 탁상공론이 될 수 있다.

MS의 CEO 사티아 나델라가 제시한 '모바일 퍼스트, 클라우드 퍼스트'라는 전략적 전환 목표는 허황된 목표가 아니라 세계가 PC에서 모바일 오피스로 전환하는 대추세에 순응하기 위한 전략적 전환이었다. MS가 수십 년 동안 생산성 플랫폼 분야에서 쌓은 조직 능력과도 충분히 매치되었다. 그 밖에도 MS의 윈도우(Window)와 오피스(Office)가 전 세계에서 십억여 명에 달하는 액티브 유저와 수많은 기업 고객을 이미 확보하고 있었기에 MS는 빠르게 많은 구독자의 지지를 얻을 수 있었다. 이는 MS가 상품 거래 모델에서 클라우드 구독 모델로 성공적으로 전환하는 데 초석이 되었다.

셋째 공식적인 전략적 전환 목표를 세우기 전에, 잠재적 전환 목표에 대한 소규모의 빠른 진행이 가능한 제품과 서비스의 내부 검증을 실시하는 것이 바람직하다. 이는 두 가지 이점이 있다. 하나는 빠르게 시행착오를 거칠 수 있다. MVP를 빠르게 만들어 최소한의 비용과 리스크로 제품과 서비스의 가능성을 검증할 수 있다. 이는 현재 모바일 인터넷 분야에서 가장 흔히 사용되는 방법이기도 하다. 다른 하나는 향후 전환을 위한 '원년멤버'를 축적할 수 있다. 이들은 소수정예지만, 향후 전환을 추진할 핵심 역량이 된다.

사티아 나델라는 《히트 리프레시》에서 한 가지 비밀을 털어놓았다. MS가 2014년 클라우드 서비스로 대대적으로 전환하기 전에 MS의 수석 소프트웨어 설계책임자인 레이 오지(Ray Ozzie, Lotus Notes의 발명가)는 2008년부터 높은 등급의 기밀로 부쳐진 클라우드 인프라 상품의 개발 프로젝트, 코드명 '레드독(Red Dog)'을 책임지고 있었다. '레드독' 팀은 전설적인 서버 및 개발 도구 사업부(Server and Tools Business Group, STB) 소속이었지만, 오랫동안 비밀리에 연구 개발을 진행했기 때문에 매출이 전무했다. STB에서 점점 주변부로 밀려나던 레드독 팀은 사티아 나델라가 MS의 CEO가 되어 '클라우드 퍼스트'라는 전략 비전을 내놓고 나서야 비로소 중앙 무대로 진출했다. 이것이 오늘날 세계적으로 유명한 MS 애저의 탄생 비화다.

넷째 전환 목표는 반드시 분명하고 명확해야 하며 계량화·측정 또한 가능해야 한다.

분명하고 명확한 목표는 팀의 역량을 응집해 모든 팀원이 자신이 어떤 목표를 위해 노력해야 하는지 분명하게 인식하게 한다. 또한 계량화, 평가 가능한 목표는 전환의 전략 목표를 모든 관계부서와 담당자에게 '세분화'할 수 있다.

목표의 명확성, 계량화와 관련해 GE의 전 CEO 잭 웰치(Jack Welch)가 만든 '1위 또는 2위가 되라(Be Number One Or Number Two)'는 원칙은 가장 유명하다. 그는 경쟁이 치열한 글로벌 시장에서 경쟁자보다 앞서야만 성공할 수 있으며, 어떤 사업부든 존재 조건은 바로 시장에서 1위 또는 2위가 되는 것이며, 그렇지 않으면 해체, 조정, 폐쇄 또는 매각해야 한다고 주장했다.

다섯째 전환의 전략 목표를 세울 때 전환의 전술 방법과 투입해야 하는 자원을 동시에 확정해야 한다. 그래야 전략 목표의 실행 가능성과 달성 가능성을 확보할 수 있다.

전략 목표만으로는 충분하지 못하므로 전환 목표를 세우려면 그것을 제대로 실현할 수 있는 전술 방법을 사전에 꼼꼼히 설계해야 한다. 그리고 이를 토대로 투입할 인력, 자금 등 각종 자원을 확정해야 한다.

여기서 한 가지 반드시 주의해야 할 점이 있다. 모든 전환은 전술 방법이 정해지면 그것으로 끝이 아니라, 실천 과정에서 시장의 피드백을 보며 계속해서 조정하고 반복해야 한다. 그런 점에서 전술 방법의 설계는 지속적인 최적화의 과정으로, 그것에 필요한 자원 역시 전술 방법의 최적화에 따라 때맞춰 조정해야 한다.

전면적 전환을 통해
고객 중심의 기업 문화를 구축하라

기업 문화는 눈에 보이는 존재는 아니지만 조직 전체에 영향을 미친다. 조직 내에서 문화는 모든 구성원의 비전, 사명, 가치관과 직결된다. 기업 문화는 구성원의 명확한 가치관을 반영한 습관성 행위로 이루어져 있다. 이러한 행위는 제도에 의해 규정되거나, 내부적으로 오랜 관습을 통해 자리 잡은 것일 수도 있다. 기업 문화는 '기업은 무엇 때문에 존재하는가?', '기업은 어디로 나아가야 하는가?', '기업에 진정 중요한 것은 무엇인가?' 등과 같은 핵심적인 문제를 정의한다.

진정한 기업 문화는 벽에 붙은 포스터나 홈페이지에 실린 구호가 아니라, 기업 내 모든 구성원의 마음에 자리 잡고 그들의 일상적 행위를 통해 나타나는 것이다. 고객이 찾아올 때마다, 고객의 문제를 해결할 때마다, 상품을 기획할 때마다, 심지어 업무를 보고할 때조차 기업의 문화가 드러난다.

전환은 모든 조직에게 힘겹고, 불확실성이 가득한 과정이다. 그중에서도 가장 어려운 점은 기업 문화의 변혁이다. 제품 거래 등 전통적인 비즈니스 모델에서 구독 모델로 전환하는 기업에 가장 중요하고, 가장 어려운 것 또한 기업 문화의 변혁이다.

제품 문화를 어떻게 7일 24시간 풀가동하는 운영 문화로 전환할 것인가? 거래 문화를 어떻게 서비스 문화로 전환할 것인가? 고객의 결제 금액을 중시하는 문화를 어떻게 고객생애가치에 관심을 갖는 문화로 전환할 것인가? 또 정기적으로 제로로 돌아가는(Return to Zero) 실적 평가의 기준을 어떻게 고객 유지율과 전환율을 중시하는 문화로 전환할 것인가? 민첩한 연구 개발 시스템은 어떻게 구축하고, 진정한 의미의 고객 중심 문화는 어떻게 확립할 것인가? 이러한 문제들은 모두 전통적인 비즈니스 모델이 구독 모델로 전환되는 과정에서 반드시 직면하고 해결해야 하는 중요한 문제다.

구독 모델로 전환하는 기업은 반드시 고객을 중심으로 하는 기업 문화를 구축해야 한다. 고객 중심주의를 유지하는 비결은 주권을 고객에게 돌려주고 고객의 입장에서 기업이 제공하는 상품과 서비스를 바라보는 것이다. 이는 과거 기업의 관점에서 문제를 바라보던 시각과는 완전히 다른 것이다.

화웨이(華爲)의 창업자 런정페이(任正非)는 이 문제를 명확히 설명했다. "고객을 위한 서비스는 화웨이가 존재하는 유일한 이유이며, 고객의 니즈는 화웨이 성장의 원동력이다. 우리는 고객 중심주의를 고수하며, 고객의 '불만'을 정확히 찾아내 고객의 니즈에 신속하게 반응한다. 고객에게 세심한 서비스를 제공하고, 끊임없이 고객을 위해 가치를 창조하고 나아가 고객의 성공을 돕는다. 고객의 성공이 곧 우리의 성공이다."

아마도 많은 사람이 그것은 모든 기업이 할 수 있는 상투적인 말이라고 여길 것이다. 하지만 절대다수의 기업이 진정한 의미의 고객 중심주의를 실현하지 못한 것이 현실이다. 예를 들어 거래 단계에서 상당수 기업이 고객과의 거래를 성사시키는 데 급급해 무리한 약속을 남발하는가 하면, 상품의 매력을 높이기 위해 광고 등의 마케팅 수단을 통해 상품의 품질을 과대포장하기도 한다. 또한 서비스 비용을 절감하기 위해 고객의 컴플레인을 무시하거나 경시하기도 하고, 상품의 이윤을 높이려고 품질이 떨어지는 재료를 쓰는 모습을 볼 수 있다. 이러한 기업들이 겉으로는 고객 중심주의를 지향한다고 표방하지만, 그 원칙을 잊었거나 혹은 원래부터 그 원칙을 지키지 않았을 것이다.

2017년 4월 9일 오후, 시카고에서 켄터키주 루이빌(Louisville)로 가던 유나이티드 항공사(United Airlines) 국내선에서 오버부킹(Over-booking, 초과예약)이 발생했다. 자사의 직원 4명을 탑승시키기 위해 현장 보안요원이 하차를 거부하는 승객 한 명을 강제로 끌고 나갔다. 한 승객이 그 장면을 촬영해 인터넷에 올리자, 유나이티드 항공사는 네티즌으로부터 큰 비난을 받았다. 분노한 네티즌들은 백악관 청원 사이트에 유나이티드 항공사 사태를 조사할 것을 요구하는 서명운동을 벌였다. 여론을 잠재우기 위해 유나이티드 항공사의 CEO인 오스카 무뇨스는 사과 성명을 발표하며 이런 일이 다시는 발생하지 않도록 잘못을 고쳐 나가겠다고 밝혔다.

이 사건을 계기로 유나이티드 항공사는 자신의 오만한 행동에 따른 참혹한 대가를 치러야 했다. 〈LA타임스〉는 이에 대해 유나이티드 항공사가 직면한 최대 도전은 '승객에게 최선을 다해 서비스를 제공한다'는 것을 직원들 스스로 깊이 느낄 수 있는 기업 문화를 확립하는 것이라고 논평했다. 후속적으로 실시된 개혁 조치에서 유나이티드 항공사는 "우리의 목표는 고객을 최우선으로 여기는 항공사가 되는 것"이라고 밝혔다. 유나이티드 항공사 사건은 '고객 중심주의'라는 원칙이 구호에만 그칠 것이 아니라 기업의 핵심 가치관과 기업 문화를 구현한 결과물로 나타나야 한다는 점을 보여준다.

《히트 리프레시》에서 MS의 CEO 사티아 나델라는 MS의 기업 문화를 혁신하기 위한 자신의 노력을 설명하는 데 많은 페이지를 할애했다. CEO 자리에 오르기 전에 사티아 나델라는 MS 이사회에 의견서를 제출했는데, 책에서는 그 당시의 상황을 이렇게 설명했다.

"이사회에 제출한 의견서에서 나는 'MS의 부활'을 호소했다. 그러려면 더욱 광범위한 연산과 환경 지능(Ambient Intelligence)을 갖춰야 한다. 이는 인간이 설비와 감각기관을 포함하는 다양한 경험과 상호작용할 수 있다는 의미로, 이러한 모든 경험은 클라우드의 지능, 데이터가 생성한 지능, 그리고 인간과 상호작용하는 지능을 통해 작동한다. 나는 그러나 MS의 이러한 부활은 조직 문화를 가장 우선시하고, 회사 안팎에서 신뢰를 구축한 상태에서만 비로소 실현할 수 있다고 썼다."

'모바일 퍼스트, 클라우드 퍼스트'를 MS의 혁신 전략으로 삼은 사티아 나델라는 본격적으로 기업 비전을 '리프레시'하기 시작했다. 처음 몇 달 동안 경청하고 소통한 끝에 그는 2014년 7월 10일에 전 직원에게 전체 메일을 보냈다. 전체 메일에서 그는 자신의 포부를 이렇게 밝혔다.

"우리는 오직 MS만 세상에 가져다줄 수 있는 것을 반드시 파악하고 수용해야 합니다. MS는 '모바일 퍼스트, 클라우드 퍼스트' 세상에서 생산력과 플랫폼을 제공하는 전문가입니다. 우리는 생산력을 리모델링해 전 세계의 모든 조직, 모든 사람이 비범한 성과를 거두도록 할 것입니다.”

이는 MS의 비전이 빌 게이츠가 최초로 제시한 '모든 가정, 모든 사무실 책상에는 개인용 컴퓨터를 갖게 될 것'이라는 것에서 '전 세계의 모든 조직, 모든 사람이 비범한 성과를 거두도록 할 것'이라는 단계로 바뀌었음을 의미한다.

자신이 제정한 새로운 전략과 비전, 그리고 전환 전략을 바탕으로 사티아 나델라는 완전히 새로운 경영진을 조직하기 시작했다. 기존 경영진이 사직하는 어려움을 겪기도 했지만 사티아 나델라는 경영진은 공통된 세계관을 갖고 단결력을 갖춘 팀이 되어야 한다는 자신의 경영 방침을 고수했다.

사티아 나델라의 탁월한 지휘하에 MS는 '고객 중심주의, 다원화와 포용성 유지, 전사적 운명 공동체'라는 이념을 내걸고, 성장형 사고방식을 가진 학습형 조직으로 점차 변모해갔다. 이러한 조직 문화를 세웠기 때문에 사티아 나델라는 데스크탑 시대의 패자(覇者)라 불렸던 MS를 클라우드 서비스 분야의 선두주자로 전환하는 데 성공을 거둘 수 있었다. MS의 전환 사례를 통해 대형 전통기업이 클라우드 구독 모델로 전환할 수 있었던 통찰력과 결심, 그리고 실행력을 엿볼 수 있다.

구독 모델로의 전환을 희망하는 기업은 고객 중심주의라는 원칙을 고수하는 것은 물론, 경영진과 조직 구조를 재조정해야 한다. 또한 구독 모델에 적응할 수 있는 경영진과 조직 구조를 구축하고, 운영 문화와 서비스 문화에 적응할 수 있는 조직을 구축해야 한다. 그렇지 않으면 전환은 추진해나가기 어려울 것이다.

그 밖에도 성장형 사고방식은 기업의 전환에 매우 중요하게 작용한다. 직원 개인과 조직 모두 전환이라는 문제에 성장형 사고방식을 대입하고, 불확실성을 적극적으로 포용하며, 전환에 따른 도전을 수용하고, 수많은 고객의 피드백에서 적극적으로 학습하며, 모든 실패를 배움과 성장의 기회로 삼아야 한다. 그래야만 기업 내부에 학습형 조직 문화를 구축할 수 있고, 빠르게 변하는 시장 환경에서 조직의 활력을 유지할 수 있다. 정확한 전환의 방향을 향해 끊임없이 나아가야 비로소 전환에 성공할 수 있다.

이중모델 운영은
전환을 위한 한 방법이다

전환이 누가 봐도 옳은 선택이고, 전통 모델을 철저히 버려야 한다는 것을 의미한다면, 창업자나 경영진 모두 큰 압박감을 느낄 것이다. 그러나 다행스러운 것은 구독 모델로의 전환을 원하는 기업 중 상당수는 혁명을 통해 기존의 자신을 뒤엎을 필요는 없을 것이라는 점이다.

전통 모델과 구독 모델을 병행하는 이중모델을 통해 기업을 전환의 길로 인도하는 동시에, 심각한 재무위기에 이르지 않고 기업 전환의 '연착륙'을 실현할 수 있다. 이는 MS, 오라클, SAP 등 대형기업을 포함한 많은 기업이 사용하는 전환의 방식이다. 중국 시장에서 부동산 소프트웨어 업체인 밍위안윈(明源雲) 역시 이중모델 운영을 통해 전통적인 라이선스 모델에서 구독 모델로의 전환을 진행하고 있다. 이번 장의 뒷부분에서 밍위안윈의 전환 사례를 자세히 소개할 것이다.

MS, 오라클, SAP 등 대형 소프트웨어 기업들의 궁극적 목적은 클라우드 구독 모델로의 완전한 전환으로, 이중모델 운영은 단지 수단일 뿐 목적이 아니다. 하지만 아마존, 알리바바, 텐센트 등 초대형 플랫폼 및 생태계 기업의 경우 이중모델 운영은 전환의 '연착륙'을 위한 과도기적 모델일 뿐만 아니라 자사의 플랫폼에서 기존 모델과 공존할 수 있는 모델이기도 하다. 두 모델은 서로 충돌하지도 않고 상호 보완을 통해 고객에게 보다 다양한 선택권을 제공함으로써 날로 다양해지는 고객의 니즈를 만족시키고 있다. 교체가 아닌 공생, 전복이 아닌 통합을 통해 플랫폼과 생태계를 더욱 풍부하고 입체적이게 함으로써 사용자의 활약도와 충성도를 높이는 것은 물론 궁극적으로는 자신의 생존력을 강화했다.

알리바바를 예로 들어보자. 타오바오는 모든 사용자에게 대량의 상품을 제공해 사용자가 타오바오 플랫폼에서 상품을 자유롭게 검색하고 구매할 수 있는 환경을 제공해 사용자의 쇼핑 니즈를 만족시켰다. 타오바오 주린은 상품을 '소유'하기를 원하지 않는 사용자에게 또 다른 가능성, 즉 사용자가 마음에 드는 상품을 빌릴 수 있는 서비스를 제공했다. 하지만 렌탈 서비스를 제공하는 측은 타오바오가 아니라 하이얼, 삼성 등과 같은 브랜드 업체 또는 이얼싼, 뉘션파이 등과 같은 렌탈 서비스 업체처럼 독립적인 제3자 브랜드 또는 렌탈 서비스 업체다. 타오바오 주린을 통해 사용자는 타오바오 플랫폼에서 사고 싶은 제품은 사고 빌리고 싶은 제품은 빌릴 수 있다.

여기서 특별히 강조하고 싶은 점은 공생 모델이 모든 기업에 적합한 것은 아니고, 플랫폼과 생태계를 구축한 기업만 공생 모델의 도입을 고려해 볼 수 있다는 사실이다. 플랫폼과 생태계를 구축한 기업들은 양자 또는 다자 시장을 구축하고 있기 때문에 사용자의 니즈가 다양하고 세분화되어 있어 공급체 기업들이 그들의 니즈에 맞는 상품과 서비스를 제공할 수 있다. 또한 플랫폼과 생태계를 보유한 기업의 경우 가치 요소의 다양성 때문에 복잡한 비즈니스 모델에 적응할 수 있는 다원화된 조직 문화를 자체적으로 구축해야 한다. 이는 구독 모델과 상품 거래 등 전통 모델 간의 공생과 통합에도 좋은 토대가 된다. 이러한 기반은 단순히 상품과 서비스를 제공하는 기업은 갖추기 어렵다. 그런 점에서 공급-수요 매칭의 다양화와 통합, 다원화와 포용성을 가진 조직 문화는 공생 모델이 플랫폼과 생태계를 갖춘 기업에 존재할 수 있는 근본 원인이 된다.

구독 모델로 전환하면서도 전통적인 상품 거래 모델을 유지하려는 기업에게 또 하나의 절충안이 있다. 기업 내부에서 구독 비즈니스를 육성(Incubating)하다가 적당한 시기에 구독 비즈니스를 완전히 독립시키고 독립된 부서로 격상해 독자적으로 경영하도록 하는 것이다. 이 방법의 장점은 전환의 리스크를 상대적으로 통제할 수 있고, 신규 회사에 대한 자본 지배력을 유지하는 동시에 신규 부서를 기존 부서에서 완전히 분리해 스타트업과 같은 독립 경영권과 유연성, 창의성을 보장해 줄 수 있다는 점이다.

협력과 개방, 구독 비즈니스를
성공으로 이끄는 해법

전통적 상품 거래 모델 기업의 대부분은 기업과 고객의 관계가 상품 거래가 끝나는 즉시 종료된다. 쌍방 간에는 상품의 A/S를 제외하면 더 이상의 관계는 존재하지 않는다. 이에 반해 구독 비즈니스에서는 고객이 구독을 구매해야만 양측의 서비스 관계가 시작된다. 만약 고객이 기업이 제공하는 서비스에 만족하지 못했다면 언제든지 구독을 취소하거나 약정 만료 후 갱신을 하지 않으면 된다. 이러한 상황이 기업에게는 고객 이탈과 고객생애가치 손실을 가져다준다는 점에서 고객 유지율과 갱신율은 구독 비즈니스의 장기적이고 지속적인 발전을 좌우하는 중요한 요소다. 기업은 고객에게 양질의 서비스를 지속적으로 제공해야만 고객의 지속적인 구독을 확보할 수 있고, 고객생애가치를 확대할 수 있다.

그렇다면 고객 유지율과 갱신율을 높일 수 있는 방법은 무엇일까? 자체 연구개발을 통해 양질의 상품과 서비스를 제공하는 것 이외에 광범위하고 효과적인 외부 협력 파트너 네트워크를 구축해야 한다. 이들 협력 파트너와의 상호보완을 통해 고객에게 경쟁력과 매력이 한층 강화된 상품과 서비스를 제공해야 한다. 이는 성공으로 가는 지름길이자, 반드시 거쳐야 하는 길이다.

본질적으로 보자면 이는 구독 비즈니스의 서비스 속성에 의해 결정된다. 구독 기업은 반드시 장기적으로 양질의 서비스를 제공하는 방식을 통해 끊임없이 변하는 고객의 니즈를 만족시켜야 한다. 이러한 니즈가 때로 기업의 핵심 상품과 서비스 범위를 넘어서기 때문에 개방과 협력은 선택이 아닌 필수 사항이 된다.

앞서 제2부에서 알아본 디지털 시대의 열 가지 구독 모델 역시 거의 대부분 개방과 협력을 필요로 한다. 예를 들어 디지털 콘텐츠 분야에서 DB 모델을 채택한 기업은 자체적으로 DB를 구축하거나, 제3의 협력 파트너와 공동으로 구축할 수도 있다. 좀 더 넓게 보자면 협력 파트너와 공동으로 DB를 구축하는 편이 더 좋은 방식이라 할 수 있다.

개방과 협력 분야에서 넷플릭스와 린다닷컴(Lynda.com)의 발전 방향은 정반대였다. 넷플릭스는 동영상 스트리밍 구독 서비스를 구축하자마자 디즈니 등 콘텐츠 제작사와 광범위한 전략적 제휴를 진행했다. 하지만 넷플릭스가 고속 성장에 힘입어 콘텐츠 제작 분야에 뛰어들어 〈하우스 오브 카드〉를 위시한 콘텐츠 시장에서 막대한 성공을 거두자 전통적인 대형 콘텐츠 제작사들을 크게 위협했다. 2017년 8월 디즈니는 2019년부터 더 이상 넷플릭스와 제휴 협약을 연장하지 않을 것이며, 넷플릭스에 자사의 콘텐츠를 공급하지 않겠다고 선언했다.

린다닷컴은 창립 이래 오랫동안 창업자 린다 와인맨(Lynda Weinman)이 연구 개발과 교육 프로그램 업로드를 자체적으로 했지만, 강사, 마케팅 업체, 매체를 포함한 협력 시스템을 점차 도입하기 시작했다. 개방과 협력을 통해 린다닷컴은 수강생들에게 다양한 수업을 선택할 수 있도록 다양한 기회를 제공함으로써 결과적으로 더 많은 수강생을 유입할 수 있었다. 이는 또한 수강생의 유지율과 갱신율을 높이는 데 도움이 되었다.

구독제 전자상거래 분야에서 달러 쉐이브 클럽을 위시한 주기성 소모품 모델이나 RTR로 대표되는 공유 옷장 모델, 스티치 픽스로 대표되는 상품 추천 모델 모두 고효율의 협력 파트너 네트워크 구축을 필요로 한다. 예를 들어 스티치 픽스는 전 세계 700여 개 브랜드, 3000여 명의 파트타임 재택 스타일리스트와 광범위하게 협력하고 있다. 이들 협력 파트너들은 이미 스티치 픽스의 주력 사업 부문의 일부분이 되어 공급망과 남다른 안목으로 상품을 선별하는 구매팀의 핵심이다.

전환 기업에게 개방과 협력은 마인드이자 일종의 전략이다. 전략을 세우는 것은 상대적으로 쉽지만, 마인드를 바꾸는 것은 결코 쉽지 않다.《히트 리프레시》에서 사티아 나델라는 MS의 CEO 자리에 오른 뒤 주요 경쟁사와 협력을 추진한 일화를 소개했다. 그중에는 애플, 구글, 어도비 외에도 한때 빌 게이츠와 스티븐 발머의 비웃음을 샀던 리눅스(Linux)의 대표주자인 레드햇(Red Hat)도 포함되어 있었다. 사티아 나델라는 책에서 경쟁자와의 협력을 이렇게 평가했다.

"파트너 관계-특히 경쟁자와의 파트너 관계-는 자사의 핵심 사업을 강화하는 데 필히 도움이 되지만, 궁극적인 목적은 고객에게 부가가치를 제공해 주는 것이다. 플랫폼 업체에게 이는 경쟁자와 협력해 플랫폼의 가치를 높이는 데 도움이 되는 신제품을 연구 개발한다는 의미다.

우리가 파트너 관계를 맺는 주요 목표 중의 하나는 MS의 앱을 경쟁사의 플랫폼에 출시하는 것이다. 예를 들면 구글의 안드로이드 운영 시스템과 애플의 iOS 시스템 등이다. 다양한 운영 시스템을 채택한 휴대폰에 본사의 앱을 사전에 설치해 두면, 소비자는 휴대폰을 구입한 뒤 MS의 앱을 별도로 다운로드할 필요가 없다."

MS와 애플, 구글, 그리고 레드햇 리눅스가 오랫동안 사이가 매우 좋지 않은 경쟁관계였던 것은 유명하기에 사티아 나델라가 위에서 말한 이야기에 담긴 뜻을 충분히 이해할 수 있으며, 또 MS CEO의 신분으로 그러한 말을 하는 데 얼마나 큰 용기와 담대한 포부, 흔들리지 않는 자신감이 필요했을지 헤아릴 수 있을 것이다. MS조차 구글, 레드햇과 협력하는 정도인데 협력하지 못할 상대가 무엇이 있겠는가?

개방과 협력을 여전히 회의적으로 생각하는 기업의 창립자와 경영진이라면 이 점을 기억해야 한다. 비즈니스 세계에 영원한 적은 없다. 가슴을 활짝 열고 협력과 개방을 추구하면 호의와 풍성한 결실을 얻게 될 것이다.

밍위안윈 스토리: 소프트웨어 라이선스 업체에서 SaaS 서비스 업체로의 탈바꿈

밍위안윈은 중국 선전(深圳)의 부동산 소프트웨어 업체로 부동산 개발 업체, 분양업체, 시공업체, 관리업체 등 산업 사슬에 속한 고객에게 소프트웨어와 관련 서비스를 제공한다. 십여 년 동안 한 분야에 전념한 덕분에 밍위안윈은 헝다(恒大), 비구이위안(碧桂園), 완커, 바오리(保力) 등 주요 부동산 업체의 주목을 받으며 중국 부동산 소프트웨어 시장의 선두주자가 되었다.

2013년 중국의 모바일 인터넷 산업 환경이 성숙 단계에 접어들면서 PC 시대에서 모바일 인터넷 시대로의 전환은 대세의 흐름이었다. 밍위안윈은 여전히 시장에서 선두 자리를 유지하고 있었지만, 창업자 가오위(高宇)는 모바일 인터넷으로의 전환은 외면할 수 없는 현실이라고 판단했다. 가오위는 한편으로 모바일 인터넷이라는 기술 발전의 흐름에 순응하면서, 또 한편으로 전통적인 라이선스 모델보다 더 큰 우위를 점하고 있는 구독 모델과 그것이 소프트웨어 업계에 몰고올 잠재적인 거대한 충격에 주목했다.

고민 끝에 가오위는 전사적으로 전환과 혁신을 추진하겠다고 결정을 내렸다. 가오위는 경영팀을 이끌며 '부동산 관리+IT 업계의 리더'였던 회사의 비전을 '부동산 생태체인 스마트 비즈니스 서비스의 리더'로 업그레이드하고, '클라우드 사업으로의 전환에 전력을 다한다'

는 전략 목표를 세웠다.

전환 목표를 세운 밍위안원의 경영진은 전환의 중점을 어디에 둘지 심도 있게 연구한 끝에 두 가지 발전 방향을 제시했다. 첫째, 부동산 분야에서 거래량이 가장 큰 구매앱에 중점을 두고 부동산 업계의 공급-수요를 연결해 주는 클라우드 구매조달 플랫폼을 구축한다. 둘째, 밍위안원의 주력 부문인 분양 현장에 중점을 두고 부동산 컨설턴트에게 분양과 관련된 SasS 서비스를 제공한다. 둘을 비교하자면, 상대적으로 양자 거래 시장에 속하는 전자는 전형적인 플랫폼 모델이므로 밍위안원으로서는 더 큰 도전이었다. 밍위안원의 주력 분야인 부동산 분양을 기반으로 확장하는 후자는 운신의 여지는 더욱 좁았지만 밍위안원의 업무 이해도가 높아서 고객가치도 한층 쉽게 구현할 수 있었다. 훗날의 결과가 증명하듯, 밍위안원은 경험이 축적되어 있고 이해도가 훨씬 높은 분양 SaaS 서비스 분야로의 전환에 성공했다.

분양 현장의 부동산 컨설턴트를 겨냥한 SaaS 서비스를 상품과 서비스 모델로 기획할 당시, 밍위안원 경영진은 과거의 소프트웨어 라이선스 모델을 고수할 것인지 아니면 구독 모델로 철저히 전환할 것인지 중요한 기로에 서 있었다. 2013년 중국의 클라우드 컴퓨팅 IaaS가 성장하면서 성숙 단계를 향해 나아가고 있는 상황에서 밍위안원 경영진은 클라우드 서비스가 대세가 될 것이며, 또한 시나리오화를 주요 특징으로 하는 소셜 CRM 역시 클라우드 구독 모델을 통해서만 생명력을 유지할 수 있다고 판단했다.

가오위는 시나리오화앱에서 사용자 시나리오에 맞는 상품과 기술은 지속적인 반복과 진화를 통해서만 경쟁력을 유지할 수 있다고 생각했다. 모바일 인터넷 세상의 핵심 경쟁력은 기업이 현재 어떤 좋은 아이디어와 상품을 가지고 있느냐가 아니라 팀이 사용자 시나리오에 대한 통찰을 계속 유지할 수 있는지, 빠르게 반복(Product Iteration) 과정을 진행해 업데이트된 제품을 출시해 사용자의 니즈를 만족시켜 줄 수 있는지에 달렸다. 이러한 기본적인 판단에 입각해 밍위안윈은 '시나리오화앱'을 개발할 때 클라우드 구독을 기반으로 하는 SaaS 서비스 모델을 채택했다.

전환의 전략 목표를 기준으로 밍위안윈은 단계별 전술을 세웠다. 먼저 비즈니스 모델에서 밍위안윈은 단일한 라이선스 모델에서 구독과 라이선스 두 가지 모델을 동시에 운영하는 모델로 전환했다. 그리고 라이선스 모델을 점차 구독 모델로 대체하기 시작했다. 기술적 측면에서는 PC에서 모바일 인터넷으로 전향하면서 모바일 인터넷 기술 관련 핵심 인재들을 적극적으로 영입했다.

기업 문화 측면에서는 밍위안윈은 '노력하는 사람을 중심으로 하고, 사용자의 성공을 돕겠다'는 비전을 제시하며 사용자 시나리오와 불만을 수집했다. 창립자 가오위는 전 직원에게 '밍위안윈은 제2의 창업기를 시작한다', '밍위안윈의 모든 직원은 6개월 동안 테스트 기간에 돌입한다'는 등의 전체 메일을 보냈다. 이러한 메일은 전환에 대한 전사적인 공감대와 역량을 결집해 밍위안윈의 대대적인 전환을 알리는 신호탄이 되었다.

조직 변혁을 위해 밍위안윈은 파트너 시스템을 추진하기 시작했다.

조직 구조를 '제품 업체-경영 업체-사업 단위(Business Unit)'의 세 개 층으로 구축한 뒤, 각 층은 경영 주체가 되어 자체 경영과 독립채산 단위가 되었다. 이와 함께 밍위안원은 비즈니스 파트너제를 핵심으로 하는 인센티브 시스템을 만들어 직원들에게 보상을 실시했다. 그 밖에도 고객 만족도 청취 시스템을 통해 고객의 성공률과 고객 만족도가 전환으로 인해 낮아지지 않도록 관리했다. 당시의 상황을 가오위는 이렇게 소개했다.

"2014년 밍위안원이 전환에 착수했을 당시 내부적으로 다양한 의견이 쏟아져 나왔습니다. 전환의 방안이 지나치게 보수적이며 인터넷화가 부족하다고 지적하는 사람이 있는가 하면, 전환에 대한 인식 부족으로 전환에 대한 회의적 태도를 버리지 못하는 사람도 있었죠. 이러한 부정적인 상황은 회사에 커다란 혼란을 가져다줬습니다. 많은 사람이 회사를 떠나기도 했고, 일부 사업이 침체에 빠지기도 했습니다. 1년여에 걸쳐 밍위안원의 실적이 눈에 띄게 떨어지자 직원들의 사기가 크게 떨어지기도 했습니다. 1년여에 걸쳐 전환을 지속적으로 추진하는 과정에서 몇몇 분야에서의 전환이 초기 성과를 거두면서 직원들이 희망을 갖기 시작했습니다. 회사의 전환은 이를 계기로 점차 바닥권을 벗어나기 시작했습니다."

밍위안원이 신산반(新三板, 비상장 중소기업용 장외 주식시장)에 공개한 재무보고서 데이터에 따르면, 2014년 전환에 착수한 이래 밍위안원의 클라우드 구독 모델 기반의 SaaS 서비스 매출 비율이 지속적으로 급상승했다고 한다. 2018년 연말까지 밍위안원의 SaaS 서비스 매출이 전체 영업수입에서 차지하는 비율은 약 30%로, 빠르게 증가하는 추세다. 이러한 성과는 밍위안원의 전환이 여전히 진행 중이기는 하지만, 초기 성공을 거두었다는 의미로 해석할 수 있다.

제10장

전망: 구독이 어떤 업종을 변화시킬 것인가?

디지털 시대에 구독은 전통적인 비즈니스를 본질적으로 그리고 지속적으로 변화시키고 있다. 모든 비즈니스 모델은 시대적 발전의 산물이다. 새로운 비즈니스 모델이 주변에서 점차 주류로 나아가고 강한 세력이 되어갈 때, 그 속에 숨은 비즈니스 논리를 찾아내고, 이를 거울 삼아 자신이 몸담고 있는 업계와 기업을 조망해 보아야 한다.

시대의 흐름을 읽고, 비즈니스 논리와 업계 발전 추세를 결합해 심도 있게 분석해야만 자신에게 맞는 비즈니스 모델을 찾고, 또 미래의 성공으로 향하는 열쇠를 얻을 수 있다. 또 시장의 흐름에 발맞춰 고객 중심주의를 견지해야 고객의 변화를 정확히 파악하고 그 변화에 적절히 대응할 수 있다. 나아가 치열한 시장 경쟁에서도 우위를 차지할 수 있을 것이다. 이 책의 마지막 장에서는 앞서 구독 모델에 대한 분석을 바탕으로 구독 모델의 전반적인 적용을 위한 특징과 범위를 설명하고자 한다. 또한 구독 모델을 적용하는 데 적합한 업계에 대해서도 분석할 것이다. 이들 업계의 현재 혹은 곧 일어날 변화를 인식하고, 업계의 발전 추이를 정확히 판단해 시장의 발전과 자신의 이익에 맞는 판단을 내리는 데 조금이라도 도움이 되기를 바란다.

구독 모델의 충격에 취약한 업종의 특징

현재 많은 업종이 구독 모델로부터 충격을 받고 있다. 결론적으로 다음과 같은 특징을 지닌 업종이 구독 모델의 영향을 받을 확률이 높은 편이다. 아래의 다섯 가지 특징 중 적어도 하나라도 해당하는 업종에 몸담고 있다면, 비즈니스 모델을 구독 모델로 어떻게 바꿀 것인지 또는 구독 모델의 도전에 어떻게 맞설 것인지 고민해 볼 필요가 있다.

- 전문 서비스 업종을 포함한 콘텐츠 업종. 구독 모델로부터 가장 큰 충격을 받는 업종으로는 신문/출판, 음악, 케이블 TV 등의 콘텐츠를 핵심으로 하는 업종, 교육/훈련, 컨설팅 서비스, 회계, 변호사, 의료 건강 등 전문 지식과 기술을 핵심으로 하는 전문 서비스 업종을 들 수 있다. 그 원인은 크게 두 가지로 볼 수 있다. 첫째 콘텐츠의 디지털화로 인해 콘텐츠의 공급 효율이 크게 높아지고 거래 비용이 대폭 감소했다. 둘째 모바일 결제 기술이 성숙 단계에 들어섰고, 사용자의 모바일 결제가 보편화되었다.

- 제품 서비스화된 업종 또는 소프트웨어를 통해 재정의된 업종. 앞으로 기업 고객과 개인 소비자 모두 상품을 구매하지 않고 서비스의 사용을 우선 선택하게 될 것이다. 이러한 추세는 IT 업종에서 특히 두드러져 연산 및 저장, 네트워크 설비부터 DB, 미들웨어, 애플리케이션 소프트웨어 등에 이르기까지 제품을 중심으

로 하는 업종 모두 'XaaS(Everything as a Service)'와 비슷한 서비스 방식으로 클라우드에서 제공될 것이다. 이러한 업종을 '소프트웨어를 통해 재정의된 업종'이라고 부를 수 있다.

- 사용 빈도가 높은 소비 업종. 속옷, 간편식이나 편의식, 반려동물 사료 등 사용 빈도가 높은 상품의 경우, 소비자는 구매를 반복하는 것이 아니라 구독을 선택할 경향이 크다. 이는 사용자의 시간과 상품 비용을 크게 낮춰주는 것은 물론, 사용자의 생활 속의 번거로움을 해결해 심리적 부담을 덜어주기도 한다.

- 개인화 소비 업종. 젊은 소비자의 자아의식이 눈을 뜨면서 개인화 소비를 추구하는 소비 시대가 도래했다. 이로 인해 천편일률적이고, 공장에서 찍어낸 듯한 공산품이 점점 신세대 소비자로부터 외면을 받고 있다. 그런 점에서 구독 모델은 개인화 소비 니즈를 만족시킬 방법을 고민 중인 업체에 좋은 선택이 될 수 있다. 앞으로는 진정한 고객 중심주의 비즈니스의 시대가 도래할 것이다. 특히 패션, 뷰티 제품 등 소비자의 개성과 밀접한 관련이 있는 업종의 경우, 소비자 맞춤형 상품과 서비스를 제공하지 못한다면 위기에 직면할 수도 있다.

- 반복노동 업종. 가사 관리를 비롯한 노동력 시장은 구독 모델로부터 큰 영향을 받게 될 것이다. 사람들은 보모, 청소부 등을 오랫동안 고용하기보다는 인터넷 플랫폼에서 서비스를 구독하려할 것이다.

TV: '동영상 스트리밍 + 구독'을 통한 혁신 추구

전통적인 TV 산업의 주요 비즈니스 모델은 광고, 수신료, 홈쇼핑이다. 광고 모델은 방송사에서 TV 프로그램에 광고를 삽입하는 방식으로, 고객에게 광고료를 받아 수익을 창출한다. 이는 방송사의 가장 전통적인 비즈니스 모델이자, 전통적인 방송사의 가장 중요한 비즈니스 모델이기도 하다. 수신료 모델은 TV 운영업체가 시청자에게 수신료를 받는 것을 가리킨다. 수신료는 미국 TV 운영업체의 주요 수익 모델 중 하나지만 중국 시장에서는 콘텐츠 시장의 성숙도와 개방성 부족, 충분하지 못한 경쟁 시스템으로 크게 빛을 보지 못했다. TV와 리테일, 배송의 조합으로 이루어진 홈쇼핑 모델은 TV 홈쇼핑 채널 또는 프로그램을 플랫폼으로 삼고, 생방송 또는 녹화 방송을 통해 상품 정보를 시청자에게 제공하는 쇼핑 방식을 가리킨다.

2004년 인터넷에서 온라인으로 흐릿한 동영상의 방송이 시작되었다. 이는 새로운 시대의 탄생을 의미했다. 2005년 2월 15일 '너 자신을 방송하라(Broadcast Yourself)'는 슬로건을 내건 미국 유튜브가 인터넷 동영상 공유의 포문을 열었다. 그 후 동영상 사이트들이 잇달아 등장했다. 이때부터 사용자가 영상을 직접 제작하고 업로드하고, 동영상을 시청하고 공유하는 방식이 세계적으로 크게 유행하면서 다채로운 인터넷 동영상 시대가 시작되었다.

십여 년 동안 동영상 기술의 발전에 힘입어 인터넷 동영상의 품질이 꾸준히 향상되고, 사용자의 경험이 점차 개선되면서 인터넷 동영상을 시청하는 인터넷 사용자가 점점 증가하고 있다. 인터넷 동영상은 처음에는 '광대놀음'이라는 비웃음을 샀지만 점점 주류로 떠오르며 전통적인 방송사, TV 콘텐츠 제작사, TV 운영업체가 반드시 직시해야 할 하나의 비즈니스가 되었다. 중국 인터넷 정보센터(China Internet Network Information Center, CNNIC)가 발표한 〈중국 인터넷 보고서〉의 데이터에 따르면 2018년 6월 중국의 인터넷 동영상 사용자는 중국 전체 인터넷 사용자의 76%에 해당하는 6억 900만 명이라고 한다.

전통적인 TV를 시청하던 방식에서 온라인으로 인터넷 동영상을 시청하는 방식으로 사용자의 관심이 옮겨가고 있다. 하지만 강력하고 효과적인 비즈니스 모델을 구축하지 못한다면 인터넷 동영상의 발전은 지속되지 못할 수 있다. 이러한 상황에서 넷플릭스의 급부상은 모든 것을 바꿔 놓았다.

2007년 넷플릭스가 온라인 동영상 스트리밍 유료 구독 서비스를 출시하면서, 사용자는 매달 7.99달러~11.99달러에 이르는 구독료를 지불해 온라인에서 영화와 TV 프로그램을 무제한 시청할 수 있게 됐다. 2019년 이후로 넷플릭스의 구독료는 조금씩 조정되고 있다. 2020년 넷플릭스의 전 세계 구독자 수는 1억 9000만 명을 넘어섰다. 이는 컴캐스트 등 미국 케이블 TV의 사용자 수를 모두 더한 것보다 높은 수치로, 넷플릭스는 전 세계 매스미디어 산업의 신흥 강자가 되었다.

TV 앞을 떠나는 사람들이 점점 늘어나는 이유는 무엇일까? 넷플릭스는 구독 모델을 통해 전통 TV 산업을 어떻게 바꾸었나? 이러한 변화는 일시적 현상인가, 아니면 거스를 수 없는 대세인가?

첫째, 보여주던 방식에서 찾아보는 시청 방식으로의 변화는 콘텐츠를 발견하는 데 소요되는 불필요한 시간을 없애거나 단축했다. 전통적인 TV 시청자라면 TV를 켜면 무슨 내용인지도 모르는 프로그램을 멍하니 보거나 여러 채널을 돌린 후에 볼 만한 게 없다며 시간을 낭비한 적이 있을 것이다. 이와 달리 넷플릭스 등 동영상 스트리밍의 구독자는 자신이 무엇을 보고 싶어 하는지 분명히 알고 있다. 예를 들어 〈하우스 오브 카드〉의 팬이라면 넷플릭스 플랫폼에서 〈하우스 오브 카드〉시리즈 중 원하는 시리즈를 골라 시청할 수 있다. 또 만약 NBA 샌 안토니오 스퍼스(San Antonio Spurs)의 열혈 팬이라면 스퍼스가 나오는 경기를 라이브 영상으로 시청할 것이다.

둘째, 광고를 없애 사용자의 시청 경험을 향상했다. 전통적인 방송사의 주요 수입원은 광고다. 사용자는 종종 하이라이트가 되는 장면에서 삽입된 광고를 강제로 시청해야 하기 때문에 시청 경험의 품질이 크게 떨어진다. 동영상 스트리밍 서비스 구독자라면 이러한 불편한 경험을 겪을 가능성이 없다. 모든 동영상 스트리밍 서비스는 유료 구독자에게 광고 없는 시청 서비스를 제공해 준다. 이를 통해 사용자의 시청 경험이 크게 향상되는 것은 물론, 사용자는 자신이 좋아하는 영화나 TV 프로그램에 온전히 집중할 수 있다.

셋째, 빅데이터에 기반한 정확한 푸시 기술이 콘텐츠 추천의 정확성을 강화했다. 전통적인 방송사는 시청자의 개별 취향과 시청에 대한 데이터가 부족하기 때문에 시청자에게 맞춤형 콘텐츠를 제공할 수 없다. 넷플릭스 등 동영상 스트리밍 서비스 업체의 가장 큰 장점은 방대한 사용자 데이터를 확보해 빅데이터에 기반한 사용자 페르소나를 진행할 수 있다는 점이다. 이러한 정확한 페르소나를 바탕으로 동영상 스트리밍 서비스 업체는 사용자에게 취향과 시청 습관에 맞는 콘텐츠를 추천해 전송할 수 있다. 현재 사용자에게 시간대별로 다양한 콘텐츠를 제공하는 방식은 동영상 스트리밍 서비스 업체의 표준 구성이 되었다. 이를 통해 서비스 업체는 '사용자가 원하는 것을 추천해준다'는 방식으로 사용자의 경험과 활약도를 크게 향상할 수 있다.

넷째, SNS 공유를 통해 구독자의 교감과 취향이 중요시됐다. 전통적인 방송사는 기본적으로 일방적으로 콘텐츠를 전송한다. 방송국에서 프로그램을 전송하면 시청자가 수동적으로 시청한다. 방송사와 시청자, 그리고 시청자 간에도 교감과 소통은 이루어지지 않는다. 이에 반해 동영상 스트리밍을 시청하는 구독자는 고객 서비스 채널을 통해 서비스 업체와 소통할 수 있고, SNS 공유를 통해 가족, 친구와 충분히 교감할 수 있다. 교감과 취향이 강조되면서 '보는 TV'에서 '노는 TV'로 진화할 수 있었다.

위에서 설명한 원인을 종합해 볼 때, 유료 구독 모델이 전통적인 TV 산업에 변화를 가져다주었고, 유료 구독 기반의 동영상 스트리밍 서비스가 더 나은 사용자 경험을 제공하고 사용자의 충성도가 강화된 시청 습관을 유도한다는 점에서, 이러한 변화는 거스를 수 없는 대세라 할 수 있다.

디지털 음악: '음원 스트리밍 + 구독'을 통한 혁신 추구

가상화, 쌍방향성, 대중화, 무손실(Zero Loss) 등의 특징을 지닌 디지털 음악(Digital Music)은 현재 음악을 재생하는 주요 형태로 전 세계적으로 20여 년의 발전을 거쳤다.

1993년 독일 프라운호퍼(Fraunhofer) 연구소와 프랑스 톰슨 멀티미디어(Thomson Multimedia)사가 MP3 오디오 압축 기술을 공동으로 개발하는 데 성공하며 디지털 음악의 새 지평을 열었다. 1998년 한국의 새한미디어가 세계 최초로 MP3 플레이어 MPMan F10을 출시했다. 2001년 10월 스티브 잡스가 이끄는 애플이 제1세대 아이팟(iPod)을 출시한데 이어, 2003년 아이튠즈(iTunes) 온라인 뮤직 스토어를 출시하며 '플레이어 + 온라인 뮤직 스토어'라는 디지털 음악 마케팅 모델을 선보였다. 이는 디지털 음악 시대에 처음으로 진정한 의미의 성공을 거둔 비즈니스 모델이다. 그 후 애플의 아이튠즈는 전 세계 디지털 음악 시장을 점차 제패하기 시작했다. 2013년 시장조사 전문연구기관 아심코(Asymco)에 따르면 애플 아이튠즈의 2012년 연간 매출은 약 69억 달러로, 이는 전 세계 디지털 음악 시장의 75%에 이르는 점유율이라고 한다.

애플 아이튠즈가 전 세계 디지털 음악 시장을 선도하는 시대에 사용자가 뮤직 스토어에서 돈을 내고 원하는 노래를 다운로드하는 방식은 디지털 음악의 중요한 비즈니스 모델이었다. 2000년 이래, 인터넷이 급속히 발전함에 따라 사람들은 디지털 음악을 더욱더 편리하게 들을 수 있게 되었지만, 무료 다운로드와 불법 복제물이 범람하는 결과를 초래했다. 또 한편으로 '플레이어 + 뮤직 스토어'를 기반으로 하는 싱글 유료 다운로드 모델은 다양한 음악을 소비하는 데 제한적일 뿐만 아니라 사용자의 가성비도 낮은 편이었다. 이러한 여러 요인들이 복합적으로 작용하면서 디지털 음악의 발전을 가로막아 전 세계 디지털 음악 시장은 점점 내리막길을 걷기 시작했다.

2008년 스웨덴의 음원 스트리밍 플랫폼인 스포티파이가 등장하며 디지털 음악의 스트리밍 미디어 시대를 열었다. 그 후 유튜브, 애플 뮤직(Apple Music) 등 디지털 음악 플랫폼이 연달아 시장에 진출하면서 디지털 음악이 고속 성장 단계로 진입했다. 2010년 이후 스포티파이, 유튜브, 애플 뮤직, 아마존 등 플랫폼의 약진 속에서 유료 구독이 점차 디지털 음악의 중요한 비즈니스 모델이 되었다. 또한 이는 전 세계 디지털 음악 업계가 2015년부터 회복세로 접어드는 계기가 되었다. CNNIC가 발표한 〈중국 인터넷 보고서〉의 데이터에 따르면 2018년 6월까지 중국의 인터넷 음악 사용자는 5억 5,500만 명으로 중국 전체 인터넷 사용자의 69.2%에 달한다고 한다.

그렇다면 디지털 음악 업계의 유료 다운로드 모델이 빠르게 구독 모델로 전환된 원인은 무엇일까? 구독이 미래 디지털 음악의 중요한 비즈니스 모델로 꼽히는 이유는 무엇일까?

첫째, 사용자 선택의 폭과 가성비라는 점에서 구독 모델이 유료 다운로드 모델을 크게 앞선다. 이는 구독 모델이 단기간에 다운로드 모델에 변혁을 가져온 주요 원인이다. 애플 아이튠즈에서 노래 한 곡당 다운로드 가격은 99센트인데 반해, 스포티파이에서는 매달 4.99달러 또는 9.99달러의 구독료를 내면 광고 없이 무제한 음악 감상 서비스를 이용할 수 있다.

이처럼 애플의 아이튠즈에 비해 스포티파이의 구독자는 더욱 저렴한 가격으로 무제한 음악 서비스를 이용할 수 있다. 구독료를 지불한 후에 듣고 싶은 곡이 늘어나도 돈을 내야 하는 부담이 없고, 음악을 고를 수 있는 선택의 폭도 늘어났다. 이러한 사용자 경험은 거부할 수 없을 만큼 매력적이다.

구독 모델이 디지털 음악 산업으로 도입된 이래 애플 아이튠즈의 시장 점유율이 점차 하락하고 있다. 2018년 초 애플은 3월부터 음반사의 아이튠즈 LP 파일 업로드 접수를 중단한다고 선언했다. 애플 아이튠즈 뮤직 스토어의 콘텐츠도 점차 도태될 것이다. 이는 애플이 만든 음악 다운로드 모델이 도태될 것임을 의미한다.

둘째, 편리성이라는 점에서 유료 구독을 기반으로 하는 음원 스트리밍 서비스가 유료 다운로드 모델보다 뛰어나다. 유료 다운로드 모델에서 사용자는 음악 파일을 다운로드한 뒤에 로컬에 저장해 두고 음악을 듣고 싶을 때 파일을 열어야 한다. 반면, 음원 스트리밍 모델에서는 사용자가 음악 파일을 다운로드하거나 저장할 필요 없이 플레이어를 틀고 온라인에서 직접 음악을 들으면 된다. 이러한 점은 유료 다운로드 모델보다 편리할 뿐만 아니라, 사용자의 로컬 저장 공간도 절약할 수 있게 해준다.

셋째, 음질 부문에서 음원 스트리밍은 무손실에 가까운 디지털화 방식으로 오리지널 음원에 가까운 뛰어난 음질을 제공했다. 이를 통해 음원 스트리밍으로도 아티스트의 목소리를 최대한 복원할 수 있고, 음악의 디테일한 표현, 음성 정보량 및 구현 능력 등의 방면에서 일반적인 음악 다운로드 방식인 MP3보다 훨씬 뛰어나다.

시장 연구 기관인 미디어 리서치(MIDiA Research)가 발표한 연구 보고서에 따르면 2018년 6월 전 세계 음원 스트리밍 유료 구독자 수는 2억 2,900만 명을 돌파했다. 이는 2017년 동기 대비 38% 증가한 수치로, 대단히 빠른 증가세다. 미디어 리서치에 따르면 스포티파이, 애플, 아마존, 텐센트 4대 선두주자가 전 세계 음악 유료 시장에서 75%의 시장 점유율을 차지하고 있다고 한다. 이는 사실상 전 세계 디지털 음악 시장을 거의 독점하고 있는 것이다.

전 세계 디지털 음악 시장의 경쟁 구도가 이미 기본적으로 형성됐지만, 이것이 선두주자가 계속해서 앞설 것이라거나 그 뒤의 업체들에게는 기회가 없음을 의미하는 것이 아니다. 혁신은 업계의 시장 구도를 재편하는 중요한 작동 요소이기 때문이다. 스포티파이의 창립자 겸 CEO 다니엘 에크(Daniel Ek)는 경제 잡지 〈패스트 컴퍼니(Fast Company)〉와의 인터뷰에서 이렇게 말했다. "장기적으로 보면 스포티파이는 일종의 안전망을 갖고 있습니다. 하지만 우리의 성공은 우리가 동종업계의 다른 경쟁자를 따돌릴 수 있는 속도와 혁신을 유지하는 데 달려 있을 것입니다."

노동 및 전문 서비스: '인력 플랫폼 + 구독'을 통한 전통적인 고용 시스템의 혁신

인터넷 기술의 발전과 전체 노동 계층의 연령 구조가 변화함에 따라 전 세계 노동력 시장에 커다란 변화가 나타나고 있다. 점점 많은 사람, 특히 젊은 세대가 인터넷 플랫폼을 통해 유연근무의 취업을 실현하고 있다. 이들은 인터넷 플랫폼에서 다양한 역할을 수행한다. 예를 들면 라이드 헤일링(Ride-Hailing) 운전사, 음식 배달원, 육아 돌보미, 가사 돌보미, 펫시터, 쇼핑몰 모델, 무인 편의점의 물품 관리, 공유자전거 수리 등은 업체나 작업 부서 등에 고용되지 않고 자신만의 기술을 앞세워 플랫폼을 통해 근로소득을 벌 수 있다.

국제고용서비스연맹(CIETT)의 데이터에 따르면 전 세계 인력자원 시장의 소득 구조에서 유연근무 고용의 비율은 70%에 이르고, 그 시장 규모는 약 500조에 이른다. 그중 미국의 유연근무 고용 비율은 35%, 일본은 40%에 이른다. 일본 시장에서 유연근무 고용 회사 Dip 코퍼레이션의 주가는 2013년부터 2016년까지 50배가 증가했다. 세계 4대 인력자원 기업 중의 하나인 리크루트(Recruit)는 유연근무 고용 업무의 수입이 이미 인력자원 전체 수입의 51%에 달한다.

유연근무 고용의 급속한 발전은 한편으로 인구 연령 구조의 변화를 반영하는 동시에, 또 한편으로 고용 비용의 지속적인 상승으로 인해 부담을 덜기 위한 기업의 이성적인 선택이라고 볼 수 있다. 또한 모바일 인터넷의 발전이 일정한 수준에 다다라서 나타나는 필연적 결과라 할 수 있다. 유연근무 고용의 본질은 '노동력의 고용' 대신 '노동에 따른 비용의 지불'로, 반복적·임시적·단편적·항목별 노동 서비스를 거래의 단위로 삼아 거래하는 것이다. 요컨대 기업은 더 이상 노동력을 고용하는 것이 아니라 노동 서비스를 구매하고, 근로자는 업체에 고용되는 것이 아니라 노동 서비스를 제공하는 것이다. 이러한 혁명적인 변화를 통해 사람들은 공장과 회사라는 전통적 노동력 고용 시스템에서 벗어나 보다 자유롭고, 개방적이며, 유연한 취업 시스템을 실현하게 되었다.

유연 근무제 시대에 노동 서비스의 상품화가 구독 모델에 좋은 토대를 마련함으로써 유료 구독 모델에 기반한 노동 서비스 거래 플랫폼의 등장이 가능해졌다. 앞에서 설명한 것처럼 단순 노동을 특징으로 하는 업종일수록 구독 모델을 통한 혁신이 적합하다.

58따오자(58到家)는 중국의 온라인 가사 서비스 플랫폼으로, 오랫동안 아이를 돌봐줄 보모를 구하려면 이곳에서 구독료를 내고 보모를 찾고 교체할 수 있다. 구독 서비스 기간 동안 별도의 비용을 내지 않고 보모를 교체할 수 있다.

단순 노동 시장 이외에 전문 지식과 기술을 핵심으로 하는 전문 서비스에도 커다란 변화가 나타났다. 의료 보건, 법률, 회계, 컨설팅 등의 전문 서비스가 대표적이다. 춘위이셩(春雨醫生)은 AI 기술과 의사의 전문 지식이 협업하는 모바일 원격의료 앱으로, 첨단 기술을 활용해 환자들이 자신의 상태나 건강 정보를 좀 더 명확히 파악할 수 있도록 돕는다. 의사의 진료를 받는 과정에서 좀 더 신속하고, 경제적이며, 전문적인 의견과 서비스를 얻을 수 있다.

2015년 춘위이셩은 기업 고객을 위한 '개인 의사' 서비스를 제공하기 시작했다. 그 후 개인 사용자를 위한 의료 서비스로 영역을 확대했다. 현재 사용자는 정기적으로 구독료를 내고 개인 의료 서비스를 구독할 수 있다. 가격제는 크게 두 가지 기준으로 나뉘는데 하나는 주간, 월간, 연간에 이르는 구독 기간이고, 나머지 하나는 주치의부터 부(副)주임의사, 주임의사에 이르는 의사 등급이다. 의사 등급에 따라 서비스 가격도 달라진다.

본질적으로 말해서 춘위이셩의 개인 의사 서비스는 구독 모델에 기반한 의료 컨설팅 서비스다. 서비스를 구독하는 기간 동안 환자와 의사는 구독 서비스 관계를 맺게 된다. 이러한 모델을 통해 환자는 온라인에서 의료 컨설팅 서비스를 받을 수 있다. 이러한 변화는 전통적인 의료 시스템에 적지 않은 충격을 가져다줄 것이다. 법률, 회계, 컨설팅 등 전문 서비스 분야에서도 유사한 서비스 플랫폼이 계속해서 등장하고 있다.

그렇다면 왜 구독 모델이 노동과 전문 서비스 업종에 변화를 가져올까?

첫째 사람들의 단순하고 번거로운 단순 반복 노동에서 벗어나기를 원하는 니즈는 구독을 기반으로 하는 노동 서비스의 발전을 이끄는 중요한 동력이다. 집 청소, 반려동물 목욕시키기, 도관 청소, 보모 등 정기적으로 반복해야 하는 노동을 사람들은 유료 구독 서비스의 방식을 통해 해결하고자 한다. 부유하지만 시간적 여유가 없는 사용자라면 돈을 내고 서비스를 구입하는 편이 몸과 마음의 부담을 훨씬 덜어줄 것이다. 존 워릴로우는 《구독경제 마케팅(원제: The Automatic Customer)》에서 이렇게 말했다. "구독 후 잊혔던 가치 제안이 커다란 가치를 갖게 된다. 당신은 정규적인 수익과 안정적인 일을 얻게 되고, 당신의 사용자는 늘 번거로운 일을 해야 하는 부담에서 벗어날 수 있다."

둘째 리스크에 대한 통제와 규정을 준수하고자 하는 니즈를 만족하기 위해 정기적으로 전문 서비스를 받고자 하는 사람들의 바람은 구독에 기반한 전문 서비스의 발전을 이끄는 중요한 요소가 된다. 춘위이 셩의 개인 의사 서비스를 구독하는 사용자의 경우 질병과 건강관리를 더 잘하고 싶은 욕구를 지녔을 것이다. 개인 법률 서비스를 구독하는 사용자의 경우 법적 분쟁이 생겼을 때 보다 전문적인 법적 대응 의견 혹은 정부감독기관의 각종 법률적 규정에 보다 적합한 법률적 의견을 구하고 싶을 것이다. 개인 회계 서비스를 구독하는 사용자라면 경영 관리나 개인 재테크에서 보다 전문적인 회계 서비스를 얻거나 혹은 재무 감독 리스크에 대비하기를 희망할 것이다.

인력을 고용해야 하는 기업의 입장에서 봤을 때, 모든 기업은 노동력이 점점 희소해지면서 인건비가 점점 상승하는 문제에 필연적으로 직면하게 된다. 구독을 기반으로 하는 노동과 전문 서비스는 유능한 인재를 찾는 기업의 니즈를 만족시킴과 동시에 인건비와 인재 조달에 대한 부담을 덜어줄 수 있다.

가정과 개인의 입장에서 보자면, 구독을 기반으로 하는 노동과 전문 서비스는 삶의 질을 높여줄 뿐만 아니라 리스크 통제와 규정을 준수하고자 하는 니즈를 만족시켜 준다.

마지막으로 노동과 전문 서비스를 제공하는 서비스 제공자의 입장에서 보면, 구독 기반의 노동과 전문 서비스는 보다 유연하게 근무 시간을 배치해주고 장기적으로 안정적인 서비스 순환매출을 보장해준다.

결론적으로 구독 모델은 노동과 전문 서비스 시장에 변혁을 가져와 미래 기업의 고용 모델과 개인의 취업 방식을 뒤바꿔놓을 것이다.

온라인 교육:
구독을 통해 서비스의 본질로 돌아가다

1990년대 이후 온라인 교육은 현대 교육 시스템에 커다란 충격을 가져다주고 있다. 미국 온라인 교육의 시조라 불리는 린다닷컴은 구독료를 정기지불한 사용자가 모든 강의 동영상을 즉시 조회하고, 다운로드할 수 있는 서비스다. 린다는 사용자가 정식으로 구독 서비스를 결제하기 전에 30일간의 무료 사용 서비스를 제공한다. 이를 통해 사용자는 직접 수업을 경험해 보고 구독 여부를 결정할 수 있다. 린다닷컴은 개인 사용자는 물론, 기업과 정부, 대학에도 서비스를 제공하고 있다.

린다닷컴은 온라인 교육의 선구자로, 인터넷 기술을 활용해 교실 수업 위주의 모델을 바꾸어놓았다. 이보다 더 중요한 사실은, 전통적인 교육·훈련 분야의 비즈니스 모델에도 혁신을 일으켰다는 점이다. 전통적인 교육 시스템은 교육 상품에 대해 사전에 결제하는 방식인데, 이러한 모델은 교사 중심의 모델로 학생이 강의의 품질에 만족했는지에 상관없이 일시불로 납부해야 한다. 린다닷컴은 학생이 일시불로 사전에 납부하는 방식을 뒤엎었다. 무료 수업 서비스를 신청할 수 있을 뿐만 아니라 결제 후 일정 기간을 사용한 뒤에 구독을 취소하거나 만기 시 갱신하지 않아도 되는 것이다.

온라인 교육 기술과 콘텐츠의 급속한 발전, 그리고 코로나 사태로 인한 비대면 온라인 교육의 활성화로 구독 모델은 온라인 교육의 비즈니스 모델에 커다란 변화를 가져다줄 것이다. 앞으로 '유료 구독'이 '유료 강의'를 대신해 온라인 교육의 급성장을 이끄는 중요한 비즈니스 모델이 될 것으로 전망된다.

첫째, 구독 모델은 온라인 교육의 서비스 속성을 복원했다는 점에서 교육의 본질에 더 부합한다.

온라인 교육은 본질적으로 단순한 상품이 아니라 일종의 서비스다. 그래서 일회성의 지식 상품의 공급이 아닌 지속적인 서비스 과정이라는 특징이 있다. 구독 모델에서 온라인 교육은 지속적인 서비스 과정으로서 존재한다. 사용자는 온라인으로 강의를 구독한 뒤, 일정 기간 동안의 학습을 통해 해당 강의가 자신의 니즈에 맞는지 확인할 수 있다. 만약 자신이 원하던 것이라면 계속 구독할 것이고, 그렇지 않다면 구독을 취소할 수 있다. 이를 통해 사용자는 현혹하는 마케팅에 속아 넘어가거나, 비싼 강의료로 곤란에 처하지 않아도 된다. 요컨대 선택 비용이 낮아진 것이다. 선택의 여지가 늘어난 만큼 사용자 만족도도 그만큼 높아진다.

둘째, 구독 모델 교육은 학생 중심의 교육으로, 교사 중심의 전통적 교육 모델을 근본적으로 뒤바꿀 것이다.

전통적인 교육 모델에서 교사는 정해진 일정대로 수업하고 학생은 그 수업을 듣는다. 학생이 교사에게 수업에 관한 어떠한 요구도 제시할 수 없는 상황은 대부분의 온라인 교육 플랫폼에서 개선되지 못했다. 하지만 구독 모델에서는 학생은 자신의 학습 진도와 니즈에 따라 교사에게 수업에 관해 요구할 수 있고, 교사는 학생의 요구에 따라 수업을 조정해야 한다. 그렇지 않으면 학생은 구독을 취소해 교습 관계를 종료할 수 있다. 장기적으로 보면 구독 모델에 기반을 둔 온라인 교육은 '만족하지 않으면 구독을 취소할 수 있다'는 서비스를 제공할 것이다. 그 결과 학습의 주도권이 순전히 학생에게 돌아갈 것이다.

셋째, 구독 모델은 공급-수요 양측의 약속과 이익 보장 시스템을 통해 전통적인 온라인 교육 모델의 '돈을 내도 양질의 교육을 살 수 없다'는 국면을 바꿔놓고, 온라인 교육 부문의 장기적이고 지속 가능한 발전에 도움이 될 것이다.

구독 모델의 핵심은 기업과 고객이 서로 약속하는 데 있다. 온라인 교육 분야에서의 구독 모델은 한편으로 온라인 교육 서비스 업체에게 장기적이고 안정적인 현금흐름을 보장해주고, 또 한편으로는 사용자의 선택 시스템을 통해 학생의 이익을 보장해준다. 이러한 완전히 새로운 상호 제어 시스템을 통해 온라인 교육 서비스 업체는 학생에게 양질의 만족스러운 교육 서비스를 지속적으로 제공함으로써 학생의 지속적인 구독 결제를 확보할 수 있다. 과거 학생들이 많은 돈을 내고도 열악한 온라인 교육 서비스를 참을 수밖에 없었던 상황과 달리 구독 모델은 온라인 교육 부문의 지속적이고 건전한 발전을 촉진하는 데 도움이 될 것이다.

한 가지 직시해야 할 점이 있다. 린다닷컴이 DB 모델로 구독형 온라인 교육 서비스를 선보인 이래, 구독 모델이 온라인 교육 부문에서 크게 보급되지 못한 원인은 무엇일까? 이는 온라인 교육 부문의 사용자 습관, 온라인 교육 기업의 동력 부족, 벤처캐피털의 수익 압박 등과 밀접한 관련이 있다.

그럼에도 사용자의 자아의식이 높아지고, 양질의 온라인 교육 서비스에 대한 니즈가 확대되면서 구독 모델이 온라인 교육 부문의 혁신을 이끄는 하나의 중요한 동력이 될 것이 분명하다. 또 나아가 온라인 교육 분야의 근본적인 개혁을 이끌어 점차 교육 서비스의 본질로 돌아가는 발판이 될 것이다.

정보와 통신: 구독을 통해 소프트웨어 업계의 비즈니스 논리가 완전히 바뀌다

지난 100여 년 동안 컴퓨터와 통신 기술을 핵심으로 하는 정보 기술은 눈부신 발전을 거듭하며 인류의 일과 생활 방식을 크게 바꿔놓았다. 모든 정보 기술 중에서도 소프트웨어를 핵심으로 하는 실행기술은 줄곧 산업을 선도해왔다.

1970년대 MS와 오라클은 탄생과 함께 빠른 속도로 성장했다. 이러한 현상은 소프트웨어가 하드웨어를 벗어나 독립된 상품이 되기 시작했음을 보여준다. 상품화된 소프트웨어 업계가 빠르게 발전하면서 자립형(Stand Alone) 애플리케이션은 오늘날 주요 애플리케이션의 특징이 되었다. 넷스케이프(Netscape) 브라우저의 등장과 넷스케이프 커뮤니케이션즈사의 IPO로 상징되는 1990년대 중반부터 네트워크화, 서비스화된 소프트웨어가 발전하기 시작해 인터넷이 역사의 무대에 등장하며 소프트웨어 업계의 발전을 이끄는 원동력이 되었다.

2006년 스탠포드 대학교 출신의 마틴 카사도(Martin Casado)는 네트워크 보안 및 관리 프로젝트인 에탄(Ethane)을 이끌었다. 이 프로젝트의 주요 목적은 집중식 제어장치를 통해 네트워크 관리자가 네트워크를 기반으로 하는 보안 제어 전략을 편리하게 정의하고 응용함으로써 전체 네트워크 통신의 보안을 제어하는 데 있다. 이러한 프로젝트에서 발견한 내용을 토대로 마틴 카사도와 그의 지도 교수였던 닉 맥커운(Nick McKeown) 교수(당시 Clean Slate 프로젝트의 Faculty Director)는 오픈플로우(Openflow)라는 개념을 제시했다. 그 후 닉 맥커운 교수는 2008년 ACM SIGCOMM(미국 컴퓨터 학회(ACM)의 컴퓨터 네트워크 전문가 그룹)에서 학술 논문을 발표하면서 처음으로 오픈플로우라는 개념을 상세하게 소개했다.

오픈플로우를 통해 네트워크를 프로그래밍할 수 있다는 특성을 토대로 닉 맥커운과 그의 팀(캘리포니아 대학교 버클리캠퍼스의 스콧 셴커(Scott Shenker) 교수 포함)은 소프트웨어 정의 네트워크(Software Defined Network, SDN)의 개념을 제시했다.

중국과학원 원사(院士) 메이홍(梅宏)은 SDN의 본질은 네트워크를 하드웨어-제어-애플리케이션 세 계층으로 나눠 애플리케이션의 프로그램 구조를 통해 네트워크 설비를 마음대로 프로그래밍함으로써 네트워크 설비의 하드웨어를 바꿀 필요 없이 새로운 형태의 네트워크 프로토콜과 입력 구조를 구현할 수 있다고 설명했다.

SDN의 기술적 원리를 바탕으로 정보 기술 분야에서 소프트웨어 정의 컴퓨팅(SDC, Software-Defined Computing), 소프트웨어 정의 스토리지(SDS, Software-Defined Storage), 소프트웨어 정의 데이터 센터(SDDC, Software-Defined Data Center) 등의 SDx(소프트웨어 정의, Software Defined Anything) 추세가 나타났다. SDx 개념은 심지어 인간이 살아가는 물리적 세계인 '소프트웨어 정의 도시'라는 개념으로 확장되기도 했다. 2013년 9월 가트너(Gartner)는 2014년 10대 전략 기술 및 추세 보고서에서 '소프트웨어가 모든 것을 정의한다(Software Defined Anything)'는 내용을 전략 기술 항목의 첫 번째로 넣었다.

메이훙 원사의 설명에 따르면, 소프트웨어 정의 기술의 본질은 '하드웨어 자원의 가상화, 관리 기능의 프로그래밍'이다. 즉, 하드웨어 자원을 가상의 자원으로 추상화한 뒤 시스템 소프트웨어를 이용해 가상화된 리소스를 관리하고 제어한다. 하드웨어 자원의 가상화를 토대로 사용자는 애플리케이션 프로그램을 만들어 접근 자원의 다양성이라는 니즈를 만족시킬 수 있다. 현재 소프트웨어가 모든 것을 정의한다는 개념은 VMware, MS, 시스코, HPE, IBM 등 세계적인 제조업체로부터 큰 지지를 받으며, 모두 각자의 영역에서 SDx를 적극적으로 개발하고 있다.

마크 안드레센은 〈월스트리트저널〉에 '소프트웨어가 전 세계를 집어삼키고 있다'는 예측성 글을 실었다. "점점 더 많은 대형 기업과 업계가 소프트웨어에서 벗어날 수 없다. 인터넷 서비스가 영화, 농업에서 국방 부문에 이르기까지 구석구석 우리 주변에 깔리게 될 것이다. 수많은 승자가 실리콘밸리식 혁신 기술 기업에서 나오게 될 것이다. 그들은 이미 구축된 업계 구조에 침투해 뒤엎을 것이다. 향후 10년 동안 소프트웨어에 의해 와해되는 업종이 더욱 늘어날 것으로 예상된다."

정보 기술 분야에서 기술과 비즈니스 모델은 줄곧 산업 발전을 이끄는 원동력이었다. 기술적 측면에서 '소프트웨어가 모든 것을 정의할 것'이라고 한 가트너나 '소프트웨어가 전 세계를 집어 삼키고 있다'고 주장한 마크 안드레센 모두 본질적으로 소프트웨어가 디지털화, 스마트화 시대에 핵심적인 지위와 가치를 갖고 있음을 설명하고 있다. 또 한편으로 비즈니스 모델 측면에서 소프트웨어의 비즈니스 모델은 지난 20년 동안 중대한 변화가 일어났다.

MS와 오라클이 상품화된 소프트웨어 시대를 연 이래 주요 모델은 라이선스 모델이었다. 이것은 '라이선스를 한번 구매하면 평생 사용한다'는 특징을 갖고 있다. 1999년 '소프트웨어 애플리케이션이 클라우드를 통해 7×24시간 동안 사용자에게 서비스를 제공할 수 있다'는 완전히 새로운 콘셉트를 토대로 전(前) 오라클의 부사장이었던 마크 베니오프가 세일즈포스를 창립했다. CRM 툴을 시작으로 세일즈포스는 20년이라는 시간을 거치며 2020년 시가총액 1,790억 달러에 이르는 초대형 클라우드 서비스 기업이 되었다.

세일즈포스의 성공은 소프트웨어 업계를 완전히 새로운 비즈니스 모델 시대, 즉 인터넷에서 필요에 따라 비용을 내고 구독하는 방식으로 고객에게 서비스를 제공하는 시대로 이끌었다. 이러한 모델은 소프트웨어가 줄곧 의존해 왔던 라이선스 모델을 근본적으로 뒤엎었을 뿐만 아니라, 나아가 클라우드 서비스 전체 영역으로 확장해 현재 클라우드 서비스 분야의 주요 유료 모델로 자리 잡았다.

기술적 측면에서 소프트웨어가 모든 것을 정의하고 전 세계를 집어삼키고 있다면, 비즈니스 모델 측면에서 구독은 소프트웨어의 비즈니스 모델을 완전히 뒤바꿔놓고 있다.

그렇다면 구독은 소프트웨어 기업에 어떤 가치를 가져다줬는가?

첫째, 구독은 소프트웨어의 공급과 서비스 모델을 바꿔놓았다. 상품화된 소프트웨어 시대에는 개인이든 기업이든 소프트웨어를 로컬에 설치하고, 이후의 업데이트 역시 로컬에서 진행해야 한다. 이 때문에 소프트웨어 상품의 공급과 서비스 비용이 높아지게 됐다. 만약 일부 고객이 필요로 하는 맞춤형 개발 서비스까지 추가한다면 소프트웨어의 공급과 서비스 비용이 대부분의 소프트웨어 업체에게는 악몽과도 같을 것이다. 중국 소프트웨어 업체 중 상당수가 '크지도 못하고, 살아남기도 힘든' 원인 역시 바로 여기에 있다.

세일즈포스와 유사한 SaaS 기업의 경우 소프트웨어의 설치와 업데이트 모두 클라우드에서 이루어지고, 사용자는 등록 계정만 가지고 즉시 사용 가능하기에 공급 및 서비스의 한계 비용이 소프트웨어 라이선스 방식과는 비교도 안 될 만큼 낮아진다. 그런 점에서 구독 모델은 소프트웨어의 공급 및 서비스 방식을 변화시키는 방식을 통해 소프트웨어의 비용 구조를 완전히 바꾸어놓았고, 나아가 소프트웨어의 비즈니스 모델에 혁신을 가져왔다.

둘째, 구독은 '라이선스를 한 번 구매하면 평생 사용한다'는 소프트웨어의 유료 모델을 '필요에 따라 비용을 내고 구독한다'는 모델로 바꿔놓았다. 고객은 사용자 수와 사용 기능에 따라 정기적으로 SaaS 서비스 업체에 구독료를 지불한다. 이러한 모델을 통해 소프트웨어 업체의 주요 수익 모델이 일회성 라이선스 허가 수입에서 장기적으로 안정적인 구독료 수입으로 바뀌고, 나아가 소프트웨어의 수익 구조를 철저히 바꿔놓았다. 그 결과 순환매출은 클라우드 구독을 기반으로 하는 SaaS 기업의 수요 수익원이 되었다.

셋째, 구독은 소프트웨어의 수익과 비용 모델 변환을 통해 기업과 고객 사이의 관계를 일회성 거래 관계에서 장기적 서비스 관계로 철저히 변화시켰다. 구독 모델에서 소프트웨어 기업은 지속적으로 상품의 기능과 성능, 사용자 경험을 개선해 고객을 지속적으로 만족시켜야 높은 고객 유지율과 전환율을 보장하고 나아가 고객생애가치를 높일 수 있다. 그렇지 않으면 고객은 구독을 취소하거나 만기시에 갱신하지 않을 것이다. SaaS 서비스 업체는 이러한 상황을 극히 원하지 않을 것이다.

상술한 몇 가지 이외에도 구독이 소프트웨어와 클라우드 서비스 업계에 가져다준 변화는 전방위적이다. 기업의 조직 구조, 작업자의 능력 조건, 기업 문화 등등 여러 분야에서 나타나고 있다. 클라우드 서비스가 소프트웨어의 주요 상품과 서비스 형태로 이미 자리 잡은 오늘날, 구독 모델은 더욱 각광을 받으며 클라우드 서비스 분야의 핵심적인 비즈니스 모델이 되고 있다.

리테일: 구독제 전자상거래가
개인화 소비 혁신을 이끌다

지난 십여 년 동안 전자상거래의 발전은 전통 소매업계에 커다란 충격을 가져다줬다. 상점의 매출이 점점 하락하고, 매장 수가 점점 줄어들며 도산하는 소매업체가 늘어나는 등 전통 소매업계는 잔혹한 현실을 마주했다.

업종별로 보면 월마트, 까르푸(Carrefour), 메트로(Metro) 등 유명한 창고형 할인점은 물론 자라(ZARA), 에이치&엠(H&M), 갭(GAP), 유니클로(Uniqlo), 포에버21(Forever 21) 등 SPA 브랜드, 또는 리닝(李寧), 메이터스방웨이(美特斯邦威, Meters/bonwe) 등과 같은 중국의 토종 브랜드도 실적이 대폭 감소하거나 대규모 폐점과 같은 사태를 겪었다.

혁신자로서 전자상거래 신흥 강자들의 앞길은 탄탄대로일까? 결론적으로 말하면 그도 여의치 않다. 중국의 경우 전자상거래 업계는 점점 치열한 시장 경쟁에 직면해 있다. 한편으로 온라인의 유입량 증가가 줄어들면서 전자상거래 플랫폼 간 경쟁이 유입량 증가 경쟁에서 유지 게임으로 바뀌었다. 고객 확보 비용이 점점 높아지고 있는 것이다. 또 한편으로 고객의 소비 수준이 크게 향상되면서 소비자의 니즈는 점점 개인화, 다원화, 세분화되고 있다. 니즈의 변화 역시 갈수록 빨라지고 있다. 십여 년 동안 급성장을 거듭한 중국의 전자상거래 업계 역시 전환의 갈림길에 서 있다.

사실상 전통 소매업이나 전자상거래 모두 전환이라는 도전과 압박에 직면해 있다. 2017년 10월 징둥 창립자 류창둥(劉强東)은 경제 전문 잡지 〈차이징(財經)〉에 '제4차 리테일 혁명에서의 조직 변화'라는 글을 발표하며 경계 없는 리테일이야말로 리테일 혁명의 본질이라고 지적했다. 글에서 류창둥은 현재 진행되고 있는 제4차 리테일 혁명을 이렇게 설명했다.

"앞으로 10년에서 20년 동안 소매업은 제4차 리테일 혁명을 맞이하게 될 것이다. 이번 혁명은 소매업이 아니라 소매의 인프라를 바꿔놓을 것이다. 소매의 인프라가 유연화, 스마트화, 협동화되면서 '경계 없는 리테일' 시대의 도래를 이끌어 비용, 효율, 경험을 업그레이드할 것이다.

리테일에 신구(新舊)의 구분은 없다. 리테일의 본질이 비용과 효율, 경험이라는 점은 변한 적이 없기 때문이다.

제4차 리테일 혁명은 인터넷 전자상거래를 기초로 하는 동시에, 인터넷을 뛰어넘는 첫 번째 혁명이다. 지난 20년간 인터넷의 보급은 소매업의 디지털화에 좋은 기반을 마련하며 대량의 데이터를 축적하는 데 기여했다. 최근 몇 년 동안 연산 능력의 비약적 발전과 스마트 알고리즘의 부상까지 더해지면서 소매업의 스마트 비즈니스화에 성숙의 조건을 마련했다.

기존 세 번의 혁명과 달리 제4차 리테일 혁명은 혁신적일 것이다. 백화점, 프랜차이즈와 대형 매장이 여러 분야에 걸쳐 장기적으로 커다란 충격을 받게 될 것이다. 하지만 혁신이라는 관점에서 보면 '비용,

효율, 경험'을 둘러싼 점진적인 혁신에 불과하다. 결론적으로 말해서 이들이 해결해야 할 문제는 크게 두 가지일 뿐이다. 첫째, 상품 가격을 좀 더 낮출 수 있는가(비용, 효율)? 둘째, 고객은 더 간편하게 물건을 구입할 수 있는가(경험)?

하지만 현대의 소비자는 저렴한 가격과 편리함 그 이상의 것을 원한다. 예를 들어 현대의 소비자는 상품의 부족이 아니라 선택의 과잉, 높은 가격이 아니라 조악한 품질, 성능 미달이 아닌 개성 부족 때문에 고민한다. 낡은 사고방식에 사로잡혀 단지 가격을 통제하거나 세력을 확장하는 것으로는 오늘날 소비자의 불만을 해결해 줄 수 없다. 이제는 '비용, 효율, 경험'에 대해 새롭게 정의할 때가 됐다."

마지막에서 류창둥은 미래 소매업의 청사진을 제시했다.

"곧 다가올 제4차 리테일 혁명에서는 스마트 기술이 전체 소매 시스템의 자금과 상품, 정보 흐름을 계속해서 최적화하고, 공급 측은 효율 향상-비용 감소를 실현하고, 수요 측은 '당신보다 당신을 더 잘 아는', '어디서든 마음대로', '보는 즉시 손에 넣을 수 있는' 경험의 업그레이드를 실현할 것이다. 미래 소매업의 인프라가 상당한 수준으로 유연화, 스마트화, 협동화될 것이다."

이번의 리테일 혁명에서 구독 모델은 소매업을 어떻게 바꾸게 될까?

첫째, 사람이 물건을 찾지 않고 물건이 사람을 찾아갈 것이다. 검색 모델이 추천 모델로 전환하면서 상품의 매칭 효율이 크게 향상될 것이다. 전통적인 소매업체와 전자상거래 모두 사람이 물건을 찾는 모델로, 소비자는 방대한 양의 상품 중에서 서핑하고 검색하면서 상품을 찾아야 한다. 그러다 보니 쇼핑 효율은 떨어지고 비용은 증가한다. 또한 천편일률적인 상품 진열 인터페이스도 소비자의 개인화 수요를 만족시킬 수 없다. 구독제 전자상거래 모델에서는 판매업체가 소비자의 니즈에 따라 개인화 상품을 추천함으로써 사람이 물건을 찾는 방식을 바꾸어 물건이 사람을 찾아가는 방식을 실현한다. 이를 통해 소비자의 쇼핑 효율은 크게 향상되고 비용은 감소하게 된다.

둘째, 상품 판매에서 서비스 판매로 전환해 소비자의 사용 경험을 향상시킨다. 전통적인 소매업과 전자상거래의 단순한 상품 판매 방식이 규격품 판매 위주의 산업화 시대에는 통용되었지만, 개인화 소비 시대에는 소비자의 환심을 사기 어렵다. 구독 모델 업체의 경우 소비자에게 상품 이외에도 개인화 소비 니즈를 해결해 줄 수 있는 쇼핑 솔루션 서비스를 제공한다. 예를 들어 스티치 픽스의 소비자가 구매하는 것은 단순히 의상이 아니라 개인화 니즈에 부합하는 패션 옵션과 매칭 서비스다. 이러한 서비스는 AI와 인간 스타일리스트가 협업해 제공한다. 이것은 전통적인 소매업체와 전자상거래에서는 실현하기 어렵다.

셋째, 사용자의 스몰데이터가 C2B(Consumer to Business, 소비자와 기업 간 전자상거래) 스마트 비즈니스를 이끌고, 백엔드 협동 공급 사슬이 핵심 요소가 될 것이다. 구독제 전자상거래는 본질적으로 데이터 비즈니스라고 할 수 있다. 데이터와 알고리즘의 뒷받침이 없다면 구독제 전자상거래도 불가능하다. 구독제 전자상거래는 사용자의 스몰데이터를 기반으로 소비자의 니즈에서 출발한 C2B 모델을 구현한 것이다. B2C(Business to Consumer, 기업과 소비자 간 전자상거래), C2C(Consumer to Consumer, 소비자와 소비자 간 전자상거래) 모델과 달리 C2B는 백엔드 공급 사슬에 대한 요구조건이 더 높다. 한결 민첩하고 스마트하며 유연한 공급 사슬 시스템을 구축해야만 구독제 전자상거래의 운영을 효과적으로 뒷받침할 수 있다.

구독제 전자상거래의 발원지인 미국 시장에서 구독제 전자상거래는 2011년 이후 미국인의 생활 곳곳에 파고들었다. 양말이나 속옷부터 여성용품, 패션 의류, 반려동물 용품, 완구와 서적, 간편식과 편의식에 이르기까지 없는 것이 없다.

구독제 전자상거래의 급속한 발전 외에도 미국에서는 주오라(Zuora)로 대표되는 구독 기술 서비스 플랫폼도 등장했다. 이들은 온라인 구독 서비스 업체에 정산 및 결제 솔루션을 제공한다. 2018년 4월 주오라는 뉴욕증시에 상장했다.

중국 시장의 경우 구독제 전자상거래가 크게 번성하고 있다. 2017년 알리바바가 구독제 전자상거래 분야에서 꾸준히 사업을 추진하고 있는데, 의류 렌탈 플랫폼인 이얼싼(YCloset)과 뉘션파이에 지속적으로 투자하는 한편, 타오바오에서 전문 렌탈 서비스를 공략하는 타오바오 주린을 론칭했다. 이를 통해 삼성, 하이얼 등 많은 국내외 브랜드를 입주시키는 데 성공했다. 뿐만 아니라 수많은 스타트업 역시 구독제 전자상거래 시장으로 계속해서 진출하고 있는데, 패션, 꽃, 반려동물 사료 등 틈새시장에서 구독제 전자상거래 비즈니스를 활발히 전개하고 있다.

참고문헌

- Sarah L. C. Clapp. The Beginning of Subscription Publication In The Seventeenth Century[J]. Modern philology, 1931, (11): 199-224.

- David Skok. SaaS Metrics 2.0-A Guide to Measuring and Improving what Matters[EB/OL]. http://www.forentrepreneurs.com/saas-metrics-2/, 2017/2019-03-05.

- Wiki.Customer Lifetime Value[EB/OL].http://en.wikipedia.org/wiki/Customer_lifetime_value#cite_note-6, 2019/2019-03-05

- 曾鸣. 智能商业[M]. 北京: 中信出版社, 2018: 118-121.
  - 쩡밍,『스마트 비즈니스』, 베이징, 중신출판사, 2018: 118-121.

- 陈庆伟, 李晓慧. Stitch Fix: 数据驱动的服装零售公司[J]. 企业管理, 2018年, (7): 99-101.
  - 천칭웨이, 리샤오후이, '스티치 픽스: 데이터 중심의 패션 소매기업', 〈기업관리〉, 2018년, (7): 99-101.

- 朱卓雅 . 从纸牌屋的崛起反观奈飞模式[J]. 金田, 2013, (11): 437-441.
  - 주자오야, '〈하우스 오브 카드〉의 인기를 통해 살펴본 넷플릭스 모델', 〈진티엔〉, 2013, (11): 437-441.

- 李宇, 美国奈飞公司的发展策略及其对传统电视业的启示[J]. 视听界, 2018, (11): 93-97.
  - 리위, '미국 넷플릭스의 발전 전략과 전통 영상산업에 대한 교훈', 〈스팅지에〉, 2018, (11): 93-97.

- 祁琪, 从财务视角分析〈纽约时报〉数字化转型的问题[J]. 东南传播, 2018(10): 11-15.
  - 치치, '재무적 관점에서 분석한 〈뉴욕타임즈〉 디지털화 전환에 따른 문제, 〈둥난촨보〉, 2018(10): 11-15.

- 新华社新闻研究所国际传播研究中心, 数字化背景下的报业转型―〈纽约时报〉创新报告 2014[J]. 新闻与写作, 2014, (6): 26-31.
  - 신화사 뉴스연구소 국제 미디어연구센터, '디지털화 시대의 신문업계의 전환―〈뉴욕타임즈〉 혁신보고서 2014', 〈뉴스와 글〉, 2014, (6): 26-31.

- 张宸, 数字时代纽约时报的变革举措―〈2020 报告〉的几大看点[J]. 新闻与写作, 2017, (4):

27-30.

- 장천, '디지털 시대 뉴욕타임즈의 변혁 조치—⟨2020 보고서⟩에 관한 몇 가지 주요 내용'. ⟨뉴스와 글⟩, 2017, (4): 27-30.

- 史安斌, 沈晓波. 破 '墙' 建 '桥' 与报业的数字化转型[J]. 青年记者, 2016, (13): 82-85.

  - 스안빈, 선샤오보, '벽을 부수고 다리를 세우다 및 신문업계의 디지털 전환'. ⟨청년기자⟩, 2016, (13): 82-85.

- 马克·贝尼奥夫, 卡莱尔·阿德勒. 云攻略[M] (원서: Behind the Cloud), 徐杰 译. 深圳: 海天出版社, 2010.

  - 마크 베니오프(Marc Benioff), 칼리 애들러(Carlye Adler), 『클라우드 공략』, 쉬지에 옮김, 선전 하이티엔 출판사, 2010.

- Zachary M. Seward. Twilio 上市, 为什么说这是今年科技界最有趣的 IPO[EB/OL]. http://www.sohu.com/a/86400635_355020.2016/2019-03-05.

  - Zachary M. Seward, '트윌리오 상장을 올해 IT계에서 가장 흥미로운 IPO라고 부르는 이유', http://www.sohu.com/a/86400635_355020.2016/2019-03-05.

- 王坚, 在线[M]. 北京: 中信出版社, 2016: 92-119.

  - 왕젠, 『온라인』, 베이징: 중신출판사, 2016: 92-119.

- 卡特里娜·莱克. Stitch Fix 公司 CEO: 让个人风格走向大众市场[EB/OL]. http://www.hbrchina.org/2018-05-08/6008.html, 2018/2019-03-05.

  - 카트리나 레이크(Katrina Lake), '스티치픽스 CEO: 개인 스타일로 대규모 시장에 진입하다', http://www.hbrchina.org/2018-05-08/6008.html, 2018/2019-03-05.

- 殷丽萍, 上 Rent The Runway 租件晚礼服[J]. 中外管理, 2016, (4): 30-31.

  - 인리핑, 'Rent The Runway에서 드레스를 빌리자', ⟨중와이관리⟩, 2016, (4): 30-31.

- David Skok. SaaS Metrics 2.0-A Guide to Measuring and Improving what Matters[EB/OL]. http://medium.com/fast-company/inside-the-2-6-billionsubion-box-wars-dcaf6ad0bce5, 2017/2019-03-05.

- Chris Von Wilpert. How Amazon Generate $136 Billion In Sales[EB/OL]. https://sumo.com/stories/amazon-marketing, 2018/2019-03-05.

- 约翰·沃瑞芳. 用户思维[M] (원서: The Automatic Customer), 林南 译. 北京: 中国友宜出版公司, 2015: 128-129.

  - 존 워릴로우(John Warrillow), 『사용자 사고』, 린남 옮김, 베이징: 중국 요우이 출판사, 2015: 128-129.

- 亚历山大·奥斯特瓦德. 价值主张设计[M] (원서: Value Proposition Design). 余锋,

曾建新, 李芳芳 译. 北京: 机械工业出版社, 2018: 8-9.

- 알렉산더 오스터왈더(Alexander Osterwalder), 『가치제안디자인』, 위펑 · 쩡젠신 · 리팡팡 옮김, 베이징: 지시에공예 출판사, 2018: 8-9.

- Rahul Vohra. 创企如何避免 "自杀式" 发展? 他以血泪创业史量化 PMF[EB/OL]. https://new.qq.com/omn/20181117/20181117A0RXCG.html.2018/2019-03-05.

  - 라훌 보라, '스타트업은 어떻게 '제 살 깎아먹기'식 발전을 피할 것인가? 피눈물의 창업사로 PMF를 계량화하다', https://new.qq.com/omn/20181117/20181117A0RXCG.html.2018/2019-03-05.

- 马尔科姆 · 格拉德威尔. 引爆点[M](원서: Tipping point). 钱清, 覃爱冬 译. 北京: 中信出版社, 2014: 19-22

  - 말콤 글래드웰(Malcolm Gladwell), 『티핑 포인트』, 치엔칭 · 탄아이동 옮김, 베이징: 중신출판사, 2014: 19-22.

- 萨提亚 · 纳德拉. 刷新[M](원서: Hit Refresh). 陈召强、杨洋 译. 北京: 中信出版社, 2018.

  - 사티아 나델라(Satya Narayana Nadella). 『쇄신』. 천샤오창 · 양양 옮김, 베이징: 중신출판사, 2018.

저성장 시대 고속성장을 이끄는 강력한 경제 패러다임
구독경제

초판 1쇄 발행 2021년 04월 05일
초판 4쇄 발행 2021년 10월 26일

지은이 마오웨이(毛葦)
펴낸곳 보아스
펴낸이 이지연
등 록 2014년 11월 24일(No. 제2014-000064호)
주 소 서울시 양천구 목동중앙북로8라길 26, 301호(목동) (우편번호 07950)
전 화 02)2647-3262
팩 스 02)6398-3262
이메일 boasbook@naver.com
블로그 http://blog.naver.com/shumaker21

ISBN 979-11-89347-08-6 (03320)